한국의 사찰 현판 3

한국의 사찰 현판 3

신대현 지음

혜안

책을 펴내며

『한국의 사찰 현판』 1권이 2002년에 나왔으니 어언 10년이 되었고, 이 3권도 2005년의 2권 이후 6년 만이다. 세 권 모두 월간 『여성불교』에 '현판순례'라는 이름으로 10년 간 연재하던 원고를 모은 것인데, 이 3권에는 2005년부터 2008년 연재를 마칠 때까지 실었던 글들을 담았다. 이 책의 출판을 위해 전의 원고를 다시 꼼꼼히 살펴보고 부족한 곳을 보완했는데, 이런 과정은 새로 원고를 쓰는 것만큼이나 힘들었다.

사찰의 현판을 대중에게 소개하고, 거기에 적힌 내용을 역사의 자료로 삼아야 한다고 말한 것은 이 책에서가 처음이 아닌가 한다. 사실 1권이 나오기 전까지는 역사 문화 방면의 연구자들 사이에서도 현판은 그다지 큰 주목을 받지 못했던 것 같다. 자찬하는 것 같아 면구하지만, 『한국의 사찰 현판』 이후에야 비로소 현판에 관한 관심이 부쩍 늘게 되었다고 생각한다. 1권이 나왔던 2002년만 해도 현판이 유물로서 박물관에 진열되었다는 이야기를 들은 적 없었지만, 지금은 사찰 박물관마다 어김없이 진열장 안에 자리잡고 있다. 박물관이 없는 어느 사찰에서는 유리 액자에 넣어 정성스레 보관하고 있는 것도 보았다.

사찰 현판에 담긴 이야기를 단순히 한 사찰에만 국한해서 볼 건 아닌 것 같다. 현판에는 불교사 연구에 필요한 역사가 담겨 있어서,

금석문과 문헌을 아우르는 중요 사료로서 재인식될 필요가 있는 것이다. 또 현판에는 당시 사회의 평범한 사람들이 어려운 여건 아래에서 사찰이라는 공동체를 중심으로 분투한 이야기가 펼쳐져 있어 일반 사람들이 읽어도 도움 되고 재미가 넘친다. 요즘 각종 문화 방면에 스토리를 입히는 일이 화두인데, 현판에는 이런 재미있는 이야기꺼리가 아주 가득해 가히 문화 창출의 보고라고 할 수 있다.

하지만 아직도 사찰 현판에 대해 만족할 만큼 깊이 있게 연구가 되고 있는 것 같지 않다. 어느 사찰에 어떤 현판이 몇 점 있는지 정확히 파악되어 있지도 않고, 문화재로 지정된 것 역시 단 한 점도 없다. 여전히 현판 연구는 미흡한 것이다.

조선시대 현판만 대략 수천 점이 될 것으로 생각되는데, 이들을 잘 보존하고 연구하기 위해서는 각 사찰을 포함해 불교계 차원에서 좀더 큰 관심을 기울여야 한다. 그리고 여기서 그칠 것이 아니라 기관과 단체에서 전국에 있는 현판을 전수全數 조사하고 목록화해서 실질적 사료로서 활용될 수 있게 해야 한다.

물론 현판 연구에는 어려움이 따른다. 우선 내용이 한문으로 되었다는 점이 가장 어려운 부분일 것이다. 이 점은 전문연구자에게도 분명 꽤 부담스러운 난관이다. 더군다나 사찰 현판에 쓰인 한문은 일반적으로 통용되는 문법만 갖고서는 정확히 해석되지 않는다. 경전이나 고전 같이 정제된 언어로만 이루어지지 않고 그 당시 쓰이던 생생한 언어가 자유롭게 사용되었기 때문인데, 이런 글에 익숙하지 않으면 속뜻을 제대로 해석해 내기 어렵다. 그래서 한문을 어지간히 아는 사람이라도 마치 이두문이 섞인 한문을 대하는 것과 비슷한 곤혹감을 느끼게 된다. 이 책에서는 이 같은 난점을 염두에 두고 최대한 이해하기 쉽도록 번역하고 해석하느라 노력했다.

여기에 실린 현판은 전국의 사찰들을 직접 찾아가 조사한 것이 대부분이지만, 실물이 전하지 않고 그 내용만 다른 곳에 전하는 것도 소개했다. 이곳에 싣지 않으면 그나마도 잊힐지도 모르겠다는 우려가 커서다. 또 실물은 있지만 박물관이나 유물수장고에 들어가 있어 직접 못 본 것도 있다. 이런 것은 사진이나 탑본이 실린 영인본을 통해서 읽어나갈 수밖에 없었다. 기관이나 단체가 아닌 한 개인으로서 조사해야 했던 한계였지만, 아무래도 직접 만져보고 살펴보지 못한 아쉬움은 남는다.

1, 2권에서는 '스토리'가 담긴 것들만 골랐었다. 사찰의 중건과 중수에 관련해 제법 흥미롭게 펼쳐졌던 에피소드 중심으로 뽑아서 실은 것이다. 하지만 모든 현판마다 스토리가 있지는 않다. 그 일에 관계되었던

사람들 이름을 죽 적어넣은 '시주질施主秩'로만 채워진 현판도 아주 많다. 사실 사료적 측면에서 본다면 이런 시주질도 꽤 중요하게 여겨져야 한다. 여기에 나오는 인물들을 데이터베이스에 넣으면 그 자체로 훌륭한 불교사, 불교문화사의 연표年表고 인명사전이 될 것이다. 또 시주질 외에 불사에 관련된 여러 자잘한 이야기들을 모은 부분인 '부기문附記文'도 의미를 두고 보아야 할 것이다.

그래서 이 책에서는 시주질을 포함한 부기문만을 별도로 설명했고, 아울러 시문詩文 현판도 따로 여러 점 소개했다. 현판이 사료로서 인정받으려면 다양한 내용의 현판이 소개되어야겠다고 생각해서다. 또 앞서의 두 권에서 충분히 못 다루었던 현판의 의미에 대해 좀더 자세히 말한 점도 1, 2권에서 안 나오는 이 3권만의 특징이다.

또 북한의 사찰은 현판을 어떻게 보관하는지가 오래 전부터의 관심사였다. 틀림없이 좋은 자료가 많을 텐데, 궁금하기 짝이 없다. 그래서 북한 중에서도 금강산에 자리한 사찰에 관련된 현판 몇 점을 이 책에 담았다. 실물은 못 보았지만 그 내용이 다른 기록에 전하는 것을 뽑은 것이다. 앞으로 '북한 사찰의 현판'이라는 테마로 별도로 조사되었으면 하는 바람이다.

3권을 마무리하고 머리말을 쓰기 위해 지난 1, 2권을 다시 넘겨보았다.

글 쓴 사람 입장에서 과거 자신이 썼던 글을 다시 읽는 일은 언제나 가슴을 찌르는 화살같이 고통스럽다. 왜 좀더 잘 쓰지 못했나 하는 자책이 일어서다. 그런데 이번만은 그 자학의 강도가 견딜 만했다. 5년, 10년 된 글임에도 그런대로 봐줄 만한 구석도 있구나 생각되었다. 그 이유가 내 글이 만족할 만해서가 아니라 오로지 현판이라는 주제의 법고창신法古創新한 산뜻함 때문임을 깨닫기까지는 그리 오래 걸리지 않았다.

이제 그동안 미루었던 3권이 출판되니 커다란 부담감 하나를 던 것 같다. 원고를 다시 고치고 사진을 준비하는 과정이 꽤 힘들어서 기진맥진해 버려 앞으로 더 이상 쓸까 싶었는데, 막상 끝내고 나니 4권도 어서 준비하고픈 의욕이 솟는다. 앞으론 시문 위주로 구성하면 좋겠다고 미리 내용도 머릿속에 그려본다. 그러나 부족한 능력도 그렇거니와, 자료 수집의 어려움 같은 것들을 생각하면 쉽지 않은 일이다. 어쩌면 가당찮은 욕심일지도 모르겠다.

2011년 6월
당주동 서재에서

차 례

책을 펴내며 5
차 례 10

I. 우리의 사찰 현판 13

순천 선암사(I)「선암사 대승암 중건기」14
순천 선암사(II)「강선루기」23
경남 양산 통도사「영산전 중수겸 단확기」31
경남 고성 장의사「고성부 거류산 장의암 중창기」39
고창 선운사「만세루 중수기」47
창녕 관룡사「화왕산 관룡사 극락암 중수기」57
영천 오도암「오도암 중건기」65
남원 선국사「선국사 중수기」72
여천 흥국사「공북루 중수기」85
합천 해인사(I)「장경각 중수기」93
합천 해인사(II)「궁현당 중수기」101
영광 연흥사「대웅전 중수 서문」109
보성 대원사「대법당 시왕전 중창 단청기」116
전라남도 무안 목우암「축성각기」129
전라남도 무안 원갑사「원갑사 중수기」137
장성 백양사「백암산 정토사 쌍계루기」144

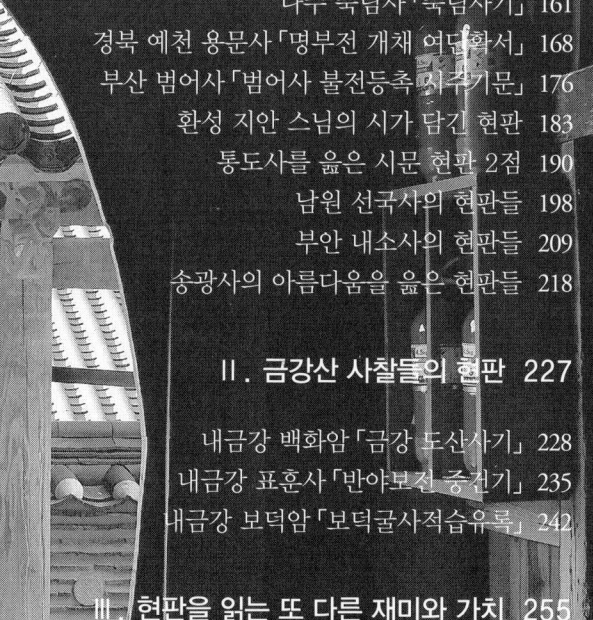

김천 직지사 「금릉 서령 직지사 천불전 중창기」 152
나주 죽림사 「죽림사기」 161
경북 예천 용문사 「명부전 개채 여덟 화서」 168
부산 범어사 「범어사 불전등촉 시주기문」 176
환성 지안 스님의 시가 담긴 현판 183
통도사를 읊은 시문 현판 2점 190
남원 선국사의 현판들 198
부안 내소사의 현판들 209
송광사의 아름다움을 읊은 현판들 218

II. 금강산 사찰들의 현판 227

내금강 백화암 「금강 도산사기」 228
내금강 표훈사 「반야보전 중건기」 235
내금강 보덕암 「보덕굴사적습유록」 242

III. 현판을 읽는 또 다른 재미와 가치 255

현판의 부기문附記文에 대해서 256

찾아보기 269

Ⅰ. 우리의 사찰 현판

순천 선암사(Ⅰ)

선암사 대승암 중건기

선암사는 호남의 대표적 사찰이고 주변의 경관도 워낙 좋아서 많은 사람들이 사랑해마지 않는 절이다. 이곳을 가보면 우리나라 고찰의 풍모가 바로 이런 것이구나 하고 느끼곤 한다. 절 입구에 놓인 무지개다리 승선교를 지나 누각인 강선루에 오르면 절 이름 그대로 선경仙境에 들어섰구나 하는 감탄이 절로 나온다.

　선암사의 산내암자 가운데 대승암大乘庵이 있는데, 이번에 소개하는 현판은 바로 이 대승암의 중건을 기념하기 위해 지은 것이다. 대승암의 역사를 알 수 있는데다가 현판을 지은 이가 조선후기 4대 문장가 중 하나로 꼽히는 영재寧齋 이건창李建昌(1852~1898)이어서 더욱 흥미로운 현판이다. 이 현판은 처음에 이건창이 불교에 대해 가지고 있던 생각을 말하면서 시작되고, 초야에 묻혀 지내고 있는 자신에게 어느 날 대승암에서 스님이 와서 중건기를 부탁하는 이야기까지 묘사되어 있다.

　나는 20년 동안 조정에서 관리로 지내다 문득 자리에서 물러나게 되었다. 그로부터 한 사람의 평범한 백성으로 돌아

선암사 내경

가 시골에 묻혀 지냈다. 어느 해 그믐에는 문을 닫아걸어 놓고 벽을 향해 앉아서 일평생의 덧없음에 괴로워하며 어찌할 줄 몰라하기도 했다. '나'라는 위인은 문장 짓는 것만을 좋아한다. 그래서 성현의 마음 씀씀이를 공부했고, 유교와 불교를 함께 공부하여 그 서로 같고 다름, 득과 실을 분석하기도 했다. 그리하여 옛날 한때는 그에 관해 글을 지으며 스스로 즐긴 적도 있었다.

그런데 이 시기를 살고 있는 선비로서 한 가지 묻고 넘어가지 않을 수 없는 게 하나 있으니, 선禪을 공부하는 스님들은 어찌하여 깊고 험한 산과 바위틈에 살며 서로 교류도 하지 않으면서 어떻게 소식을 듣고 지내는지, 나 홀로 괴이하게 생각하고 있었다.

나는 때때로 어깨에 봇짐 하나 메고 솜옷 입고서 길을 떠나 이른바 탑묘塔廟(절)를 찾아가곤 했다. 암자에 있는 사람들 중 글월을 아는 사람이 나를 찾아오는 경우도 있었는데, 마치 이로움을 찾는 사람들이 명예를 따라가는 식이다. 나도 또한 그 사람들이 어떻게 공부하는지 살펴보았는데, 모두 다 근면하고 공부에 정진하고 있었다. 쉽게 다가

선암사 「대승암 중건기」 현판

가기가 어려웠지만 또한 톱니처럼 세심하기도 했다. 하룻날에 마음을 발원하면 여러 해 동안 정진하여 마침내 사람들의 이목을 모았다. 비록 불교가 그 쓰임새가 당장은 없다고 하더라도 천하의 국가를 다스릴 윤리로서 마땅한 것이었다. 그러므로 옛날의 역사책을 보면 노력하는 사람들과 뜻있는 선비들의 충성과 정성이 이룬 공적과 열렬함의 자취가 나와 있는 것이다. 그것은 지금도 마찬가지니, 세상에는 참으로 감격할 줄 알고 생각할 줄 아는 군자들이 있어 세상의 어지러움을 크게 탄식하며 커다란 말씀으로 우리들을 꾸짖기에 여념이 없다.

나는 그저 홀로 자그마한 재주에 얽매여 그들의 자취를 좇는 한 무리에 불과한데다 그들 무리에 속해 세상을 등지지 못하고 있을 뿐이니, 내가 그들에 대해 이러쿵저러쿵 말하는 것은 참으로 망령된 일일 것이다.

순천 선암사의 경붕景鵬 스님은 그 제자들과 함께 3년에 걸쳐 대승암을 중건했다. 제자 화영華永은 나에게서 절에 걸어놓을 글 한 편을 받기 위해 북으로 800리를 달려왔으나 마침 내가 외출해 있어서 만나지 못했다. 그 뒤 경붕 스님이 다시 화영을 보내왔으나 또 못 만났다. 그러자 다시 또 보내 그때야 만나게 되었다. 화영은 내 앞에 꿇어앉아 재삼 부탁하며 경붕 스님의 말을 전했다.

"스님께서 선생의 글을 받아오지 못하면 돌아오지 말라고 하셨습니다."

이건창에게 현판 글을 부탁한 선암사의 노장 경붕 익운 진영

아, 사정이 이러할진대 내가 어찌 더 사양할 수 있었겠는가?

평소 이건창은 한문으로서이 유학, 정신적 귀의처로서의 불교였으며, 더 나아가서 이 둘의 장점이 어우러진 정신세계를 도모해 왔음을 느끼게 해준다. 그는 종종 절에 갔었고 그때마다 많은 스님들과 교류를

했었다고 말하고 있다. 처음에는 문학 이야기가 주된 화제였겠지만 자연스럽게 불교의 철학에 대한 심도 있는 논의가 오갔을 것이다.

이 글에서 재미있는 것은 대승암의 경붕 스님이 제자를 이건창에게 보내 중건을 기념하는 글을 받아오게 했는데, 세 번째 찾아가서야 겨우 만날 수 있었다는 이야기다. 아마도 처음 두 번은 이건창이 일부러 피했을지도 모르겠다. 그러니 경붕이 세 번째 제자를 보내면서는 글을 받지 못하면 아예 돌아올 생각을 말라고 엄명을 내린 것이다. 뒤에서도 말하겠지만 아마도 이건창과 경붕은 서로 친분이 깊었기에 그러하지 않았나 싶다.

다음에 이어지는 내용에서 이건창은 대승암이 창건되고 나서 이어진 법맥을 열거하고, 경붕 스님이 이룬 중건에 대해 말하고 있다. 그리고 끝에서는 대승암이 전국에서 모여든 학인·선승들의 수도처가 되고 있고, 나아가 불교에 대한 이해가 깊은 유생들도 후원하고 있으니 참으로 아름다운 일이라고 했다. 그 자신 유학자로서 불교의 철학에 심취했던 그로서는 당연한 찬사일 것이다.

> 대승암을 창건한 이는 여훈如訓 스님이다. 그 뒤를 이어 이 암자에 머무르며 도를 전해왔던 이는 환성喚性·상월霜月·보응普應·와월臥月·침명枕溟 등이었고, 그 문도가 천여 명이 넘는다. 침명의 법은 함명函溟·화산華山·설저雪渚·경붕으로 전해졌는데, 함명은 많이 늙었고 설저는 이미 입적했다. 경붕은 그의 수제자로서 암자의 일을 맡고 있는 경운擎雲과 의논해서 함명의 진영을 조성하려 하고 있다.
> 암자가 창건된 지 180년이 되었다. 지금의 전각으로는 명부실·방장방·판도방이 있지만 모두 낡아 거처할 만하지 못했다. 그래서 경붕 스님이 널리 기부를 장려해서 불사를 시작했는데, 모두 들어간 비용이 3,000여 관이 넘고 걸린 시간도 300일이나 된다. 암자를 위해

이건창의 글씨

다시 수리하거나 혹은 중건을 하거나 혹은 창건하기도 하여 지금은 모두 55칸이나 된다. 또 사방에서 찾아오는 학인들이 사용하는 땔감이며 쌀이며 소금 등의 비용 역시 이 암자에서 마련하며, 그리고 그 가운데 약간은 유생들을 위해서도 사용한다니 장하고 아름다운 일이다. 이런 일이 널리 알려져 발원과 그 뜻이 앞으로도 장구히 이어지기를 바란다. 아, 이런즉 어찌 글로 남기지 않을 수 있으랴?

광서 16년 경인년(1890) 12월에 전 승지 쌍수거사 이건창이 지었다.

이건창이 소개한 법맥은 대부분 당대에 그 이름을 널리 알린 고승들로서 화엄학을 이끌었던 법맥이기도 하다. 이것은 지금도 선암사가 자랑스러워하는 부분이다.

창건주 여훈은 문장이 뛰어나고 선禪에도 조예가 깊어 제자들이 많이 따랐던 고명한 학승이다. 주로 금강산 정양사正陽寺에 머물렀던 것으로만 알려져 있었는데 이 현판을 통해 그가 1710년에 대승암을 창건했다는 새로운 사실을 알 수 있게 되었다. 또 환성 지안(1664~1729)

은 당시 화엄학의 제일인자라는 칭송을 받았고, 상월 새봉(1687~1767)은 선암사에서 출가하여 당대 최고의 학승으로 꼽혔었다. 침명 한성(1801~1876)은 선암사에서 30년 동안 강석을 열었으며, 함명 태선(1824~1902)은 평생 화엄학을 연구하여 이건창이 이 글을 지을 무렵에는 화엄 종주로서 한창 이름을 떨치고 있었다. 이건창에게 글을 부탁한 경붕 익운(1836~1915)도 '교학의 늙은 호랑이'로 불릴 만큼 화엄학의 대가였다. 실로 기라성 같은 법맥인데, 그 말석에 이름이 오른 경운 원기(1852~1936) 역시 대승강원을 중심으로 화엄학 연구와 강의에 매진하여 선암사가 당대 강학의 중심지가 되는 데 커다란 역할을 했다. 이렇게 놓고 보면 대승암을 중심으로 이어진 사자상승이 화엄학을 연결고리로 하여 이루어져 있고, 결국 선암사가 근대 화엄학의 메카였던 것을 알 수 있다. 이 같은 선암사의 화엄학 법맥에 대해서는, 경운 원기가 지은 현판을 소개하는 자리에서 더 자세히 설명해보겠다.

끝으로 한 가지 이건창과 경붕에 대한 얘기를 몇 마디 해야겠다. 이 글은 1890년(고종 27)에 지었다. 연대기에 따르면 이 해에 그는 지금의 서울시장에 해당하는 한성부 판윤이었고 이듬해 승지가 되었다. 그런데 이 글 말미에 보면 그는 자신의 직함을 전前 승지라고 적고 있다. 그가 승지를 그만둔 해가 1892년인데 1890년에 '전 승지'라고 쓴 것은 참으로 이상한 일이다. 연대기가 잘못 되었을까? 여기에 대해서는 아직 확실하게 생각이 정리되지는 않았지만, 어쩌면 1890년에 종이에 적어준 글을 1892년에야 현판에 적어넣었기 때문에 그렇게 되었는지 모르겠다.

그리고 현판 말미에 자신의 호를 '쌍수거사雙修居士'라고 했는데 '쌍수'란 글자 그대로 유교와 불교를 함께 닦는다는 뜻이니, 자신이 불교를 잘 이해하고 있다는 강조로 들린다. 이 호가 그의 연보에는 보이지 않는 것으로 보건대 불교계에 대한 '립서비스' 같은 느낌도 든다.

이건창은 자신에게 현판 글을 부탁한 경붕 익운과 평소 돈독한 친분이 있었던 모양이다. 이 글을 써준 것도 그렇거니와, 나중에 경붕 스님이 입적한 뒤 만든 진영에 찬문도 써주었던 사실도 그런 생각을 들게 한다. 그 찬문을 읽어보면서 경붕 스님의 행적을 떠올려보는 것도 현판을 이해하는데 도움이 될 것 같다.

1연의 '대붕'은 경붕 스님을, 4연의 '남녘'은 선암사를 상징하는 것임을 알 수 있다.

대붕이 남으로 물 한번 치고 삼천리를 날아	大鵬圖南 水擊三千
찰간 우뚝 세워 성함을 이루었네	刹竿特堅 用作熾然
비로자나 누각도 손가락 튕겨 나타나니	毘盧樓閣 彈指現前
남녘 어딘들 보현보살이 멀리 있으리	南行百城 不離普賢

仙巖寺大乘庵重建記

余束髮宦于□朝踰二十年 迄無一事 建堅自爲鮮民 多居田野 歲暮閉門向壁 愧念平生忽焉 不自知奚 以爲人 惟性好爲文章 因以究夫聖賢之用心 傍及二氏 析其同異得失之 故時 亦筆之爲書聊 以自娛 然當世之士 未有過而問焉 獨怪禪家者流 其所居多嵯岦 修阻與人 不涉之境 不知何從以聞 余往往偏擔繭 足而來 求爲其所謂塔廟 庵寮之文者 其踵相屬與好利者之趁走名譽幾相似也 余又因以審其人之所以爲術與大 所以見於行事類 皆勤勵精辨 視艱如易 視鉅如細 一日發乎其心不歲年 而必有震動人之耳目 雖其所用無 當乎倫理政敎天下國家之 故而古史書中 勞人志士 忠忱功烈之跡 猶髣髴依俙於今世 世苟有能感慨思

惟之君子 其必喟然太息而不暇徒爲大言 以詞誶已也 而余獨以區區之一技 甘爲其徒之役 而不辭世 又鮮與可以同此太息者 方且以余爲□於辭 而佞於其說也 順天仙庵寺僧景鵬 旣重建大乘庵之三年與其弟者 華永北走八百里求余爲之記値 余出不遇 旣又再遣永而又不遇 又遣之及見余 永跽又再請繼以景鵬之言曰 文不出則勿還 噫 若是而可以辭哉 盖始創庵者曰如訓 前後居庵以傳習其道者 曰喚性 曰霜月 曰普應 曰臥月 曰枕溟 聚徒皆千數 枕冥之傳曰函溟 曰華山 曰雪渚 曰景鵬 渚先沒 函老矣 鵬諮畵於函與其後進之秀者擎雲主庵事 距創庵時一白八十年矣 其殿曰冥府室 曰方丈房 曰辦道者 皆圮不可居 鵬廣募積聚以擧其役 凡計用貨之數三千餘貫 用日之數三百有 奇 爲庵 或修或改或創 計楹之數五十五 又以其扔爲四方來學者 薪米鹽䜴之費 計歲入錢米之數 若干用以崇儒壯麗鼓 召歆動彈能極效 滿願足志 以遺其來長久無期 噫 若是而又可以無記哉

大淸光緖十六年庚寅嘉平節 前承旨雙修居士 李建昌誌

강선루기

순천 선암사(Ⅱ)

전라남도 순천에 자리하는 선암사는 송광사와 더불어 순천의 명산 조계산의 양대 사찰이다. 송광사는 삼보사찰 가운데 하나로 널리 알려져 있지만, 선암사 역시 그 못잖은 오랜 역사와 숱한 문화재가 전해 내려오는 대찰이다. 특히 고려시대에 대각국사 의천義天(1055~1101)이 포교를 위해 이곳에 머무르면서 많은 건물들을 커다랗게 다시 지은 것은 선암사의 역사에서 상당한 의미를 부여하는 부분이기도 하다. 그래서 선암사는 칠곡 선봉사, 개성 영통사와 함께 의천 스님과 관련된 3대 사찰로 꼽기도 한다.

지금 보는 「강선루기降仙樓記」는 선암사 경내로 들어가는 입구에 있는 누각인 강선루를 짓고 그에 관한 이야기를 적은 것이다. 강선루란 '신선이 내려오는 누각'이라는 의미다. 선암사라는 절 이름이 '신선바위가 있는 절'이라는 뜻이므로 신선이 바로 이 누각으로 내려왔다는 말이 되니 그 의미가 서로 잘 연결되는 것 같다. 선암사에 가보면 강선루 앞에 시내가 흐르고, 이 시내 위에는 신선이 밟고 하늘로 올라갔다는 뜻의 승선교昇仙橋가 있다.

이 글을 지은 사람은 20세기 초 선암사 역사에 뚜렷한

선암사 강선루

족적을 남긴 경운 원기擎雲元奇(1852~1936) 스님이다. 원기 스님은 당시의 대표적 사경승寫經僧이자 신망 높은 종교지도자였다. 경전을 베끼는 일, 곧 사경에 대한 강조는 이 현판에도 잠깐 보인다. 뒤에서 나오겠지만, "누를 짓고 『수능엄경』을 베낀 다음 대주大呪를 외우며 『수능엄경』을 대들보 위에 올려놓았다"는 것이 그것이다. 그냥 흘려들으면 별 생각 없이 읽히겠지만 원기 스님이 사경을 특히 중요시했다는 점을 염두에 둔다면 나름대로 의미를 강조한 것임을 알아차릴 수 있다.

그는 선암사에서 경붕 익운景鵬益運(1836~1915)에게 배운 뒤 1865년부터 후학을 지도했다. 특히 선암사를 다시 짓는 불사와 포교에 힘을 쏟았는데, 1913년 송광사와 함께 순천의 환선정喚仙亭을 사들여 도심포교당으로 바꾸어 백련결사를 주도하기도 했다. 순천 시가지를 한눈에 볼 수 있는 죽도봉공원에서 남쪽으로 조금 떨어진 곳에 있는 환선정은 지금은 활터가 되어 있다. 원기 스님은 또 일제가 우리의 전통불교를 말살하고 그 자리를 자기네들의 불교로 채워넣기 위해 만든 '원종圓宗'에 대항하기 위하여 1911년 영남과 호남의 승려들이 송광사에서 모여 조선불교임제종을 창립하자 그 관장管長으로 선출되었고, 1929년에는 조선불교선교양종교무원이 창립될 때 교정敎正으로 추대되기도 했다. 앞서 말했듯이 원기 스님의 수행 가운데는 사경 활동이 두드러진다. 1880년 명성황후의 뜻으로 양산 통도사에서 금자법화경 14축을 사경했고, 1896년부터 선암사에서 6년 동안 화엄경을 모두 베꼈다. 보통 근행勤行이 아니고서는 엄두도 내지 못할 일이 사경인데, 원기 스님의 성품을 잘 알 수 있게 해주는 대목이다.

이처럼 학식 있고 수행력 높은 원기 스님의 이 현판문은 강선정을 짓게 된 배경을 얘기하면서 시작한다.

불기 2957년(1930)에 유신維新의 풍

원기 스님이 그린 그림

「강선루기」 현판

조가 불어와 모든 사람들이 안락함을 도모하기 위해 곳곳에서 초가집을 헐어버리고 기와집을 즐비하게 지었다. 이런 풍조는 누각·정자·돈대·사당에까지 이어져, 쓰러지고 허물어진 것은 반드시 수리하여 기와를 새로 잇곤 했다. 산중의 절 역시 시세를 좇아 전각을 수리하여 금벽휘황한 곳이 많았다. 이 강선루 역시 이러한 까닭으로 지은 것이다.

허나, 이른바 신선이라는 것은 설혹 바람을 몰고 난새의 등에 올라타 명산 절도에 간다고 하더라도 잠시 누각에 내려와 있을 뿐이니 요행으로라도 그 모습을 보려는 마음을 갖기 힘든 것이다. 그런즉 누에 내려오거나 올라가거나 하는 것을 그 누가 알 수 있으리오?

옛날 한무제漢武帝가 만기萬機를 손에 잡는 복을 누리면서도 애써 신선이 되려 했으나 만나지 못했었다. 그리하여 스스로 곡기를 끊고 선약을 복용함으로써 다소간 병을 나을 수 있었다. 하물며 보통 사람의 재능으로서야 어떻게 신선의 황홀한 자취를 따를 수 있겠는가? 만일 물욕을 버리지 않고 헛되이 장생할 수 있는 비결을 얻어 천만 년 동안 살고자 하는 욕심이 터럭만큼이라도 있어서 비록 봉래산과 영주산을 건너 곡기를 끊고 지내는 사람과 함께 아침 저녁으로 만난다 하더라도 신선을 알아볼 수는 없을 것이다. 그런즉 성천成川(평안남도)의 강선루나 이곳 승평昇平(순천)의 환선정喚仙亭 모두 역시 그냥 말로만 그렇게 편액을 건 것이지 정작 신선을 만나 그 술법을 얻은 사람은 아직 없었던 것이다.

　우리 종교(불교)에서는 공空을 갖춘다는 말이 있다. 따라서 신선됨을 구하지 않으니, 신선이 스스로 찾아오는 것이다. 그런즉 하필 신선을 바깥에서 찾을 일이 아니라, 삼공三空에 비추면 그것이 곧 신선의 몸인 것이다. 한 번 생각해 보자. 맑은 바람 불어오고 달 밝은 밤에 손에 『반야경』한 권을 들고 석장을 흔들며 강선루에 올라가 단정히 결가부좌한다. 그리고 나서 눈을 감고 아무것도 듣지 않으며 오로지 그윽하게 나와 사물이 모두 공인 이치를 관觀하면, 능엄의 10종선十種仙도 삼천리 밖에서부터 모두 눈에 들어오고 말을 걸어올 것이 아닌가. 그런즉 양자楊子가 말한, "성인聖人은 신선을 받들지 않는다"는 것이 바로 그런 뜻인 것이다.

위에서 강선정의 뜻과 관련하여 신선에 대한 이야기를 많이 하고 있다. 사실 불교와 도교는 수행방법에서 비슷한 과정이 있어서인지 우리 사찰에서도 종종 도교적 색채가 보이기도 한다. 또 굳이 절이 아니더라도 예로부터 도교에서 말하는 불로장생은 많은 사람들의 꿈이기도 했을 것이다. 그래서 신선에 관한 전설은 숱하게 전하지만, 막상 신선을 직접 본 사람은 없으니 신선이라는 건 그렇게 쉽게 만날 수 있는 존재는 아니라는 것이다. 따라서 신선을 맞이하는 곳인 선암사의 강선성이 그만큼 의미가 있다는 뜻인 것 같다. 원기 스님은 그런 이야기를 하기 위해 한나라 무제(B.C. 156~86)를 예로 들고 있다. 그는 한나라를 중흥시킨 영주인데 만년에 신선을 신봉하여 도술을 닦는 방사方士들을 궁궐에 초빙하여 높은 누각을 짓고 신선의 강림을 고대하기도 했다.

그리고 인용문 끝 부분에 나오는, "성인은 신선을 받들지 않는다"고 말했던 양자는 곧 중국 춘추전국시대(B.C. 475~221)의 도가 철학자인 양주楊朱(B.C. 440~360?)를 말한다. 위魏나라 사람으로 그의 이 말은 『법언法言』「군자君子」편에 보인다. 누가 "신선은 있습니까?" 하고 묻자, "내가 듣기로 신농씨도 죽었고, 황제와 요임금, 순임금 모두 떨어져 죽었다고 하더군…… 신선은 사람들에게 이익 됨이 없네" 하며 신선의 현실적 존재를 부정했고, 이어서 부연하여 말하기를, "성인은 신선을 받들지 않는데, 그것은 그들의 술법이 정도正道가 아니기 때문이다[吾聞 伏羲神農歿 黃帝堯舜落而死……仙亦無益子之彙矣 或曰 聖人不師仙 厥術異也]"라고 말했다. 아마도 사람들이 너도 나도 신선이 되기 위하여 헛된 노력을 하는 것을 경계했던 것이 아닌가 한다.

그래서 이 글을 지은 원기 스님도 사람들이 괜스레 헛된 욕심을 갖지나 않을까 염려했는지, "성천의 강선루나 승평의 환선정 모두 역시 그냥 말로만 그렇게 편액을 건 것이지 정작 신선을 만나 그 술법을 얻은 사람은 아직 없었다"고 한 것 같다. 성천 강선루는 성천객사成川客舍에 부속된 고려시대 누각으로, 아깝게도 6·25전쟁 때 없어졌다고 알려져 있다.

이어서 선암사 주변의 산세와 강선루를 낙성하던 날의 장관에 대해 말하고, 이 불사를 주관한 주지에 대한 칭찬도 잊지 않고 언급하고 있다.

웅장하도다! 선암사가 자리한 이 산은 곧 장군이 커다랗게 자리잡고 앉은 형국이다. 좌우 봉우리들 가운데 뒤로 쳐진 것은 하나도 없고 모두 앞으로 모여들어 절터를 감싸듯이 안고 있다. 좌우 양쪽 봉우리의 입술에 해당되는 곳에 입이 열려 있고, 동서에서 흐르는 두 시내가 힘차게 산을 휘둘러 가면서 커다란 소리를 내는 형국이다. 두 시내에서 나오는 소리는 혀[舌]를 이루었다. 이 혀를 누르는 입 위쪽 부분에 누각을 짓고 『수능엄경』을 베낀 다음 대주大呪를 외우며 『수능엄경』을 대들보 위에 올려놓았다. 필시 항하사의 집금강신이 옹호해줄 것이 아닌가! 그렇게 고금의 누각 중에서 으뜸을 다툴 이 강선루가 지어진 것이다.

　길일을 택하여 대비주를 외우며 낙성하니, 이로 인하여 우리 절의 경치가 전보다 다섯 배는 좋아진 것 같다. 참으로 여러 신선들이 수레를 타고 장차 이곳으로 내려올 것 같으니, 강선루라는 누각의 이름은 헛된 것이 아니다.

　주지 월영月㳋 공은 막중한 이 일을 맡아 원만히 이루어 놓았으니, 마치 작은 물방울들이 모여 바다를 이루고 한올 한올 털을 모아 담요를 짠 것과 같다고 할 수 있다. 나는 졸필로써 겨우 이 일의 한 부분만을 서술하여 앞으로 더 나은 글을 기다릴 따름이니 어찌 감히 이 글을 기문이라고 말할 수 있을까 보냐.

　불기 2957년 경오년 6월 본산의 승려 석옹 김경운이 지었다.

선암사 주변의 산세를 설명하면서, 장군이 내려올 것 같은 형국이라는 말은 바로 선암사 풍수에 관한 설명이기도 하다. 이 장군형상의 산세는 선암사 가람배치에도 영향을 주었다. 무슨 말인가 하면, 다른 사찰과 다르게 선암사에는 사천왕문이 없는데 그 이유는 조계산의 주봉이 장군봉이라 장군이 지켜주기 때문에 불법의 호법신인 사천왕상을 따로 만들지 않았다는 것이다. 이렇듯이 우리 사찰의 문화 현상에는 나름대로 다 어떤 이유가 있고 무의미한 것은 하나도 없으니 그저 아무렇지 않게 보고 지나칠 것이 아니다.

降仙樓記

佛紀二九五七 入於維新風潮 蒸民皆圖安逸 處處撤茅茨 瓦屋櫛比 至若樓亭臺樹頹圮者 必修整欠缺者 皆刱葺 山中佛界之琳宮梵刹 亦從時勢之風 定時日而修理 金碧鮮明 此降仙樓之所以作也 然所云仙子 設或有御風駕鸞往來於名山絶島之時 暨下降于此樓 不可以僥倖得見之心 攀其脩然輕裝而相接也 則降與不降 誰能知之 昔漢武帝 以若萬乘之福 力徒切希冀之心 終不見髣髴仙流 自斷以節食服藥差可少病 又況以凡質欲接 其恍惚之蹤耶 若未盡物慾 徒希得其長生之訣 能住世千萬歲之心一毫有之 雖足涉蓬萊瀛州與諸辟穀輕舉者 朝夕相從 不可得以認之也 然則成川之降仙樓 昇平之喚仙亭 亦徒稱扁額而已 遇仙而得其術者未曾有也 可尙哉 惟我宗敎所說我法俱空 空病亦空則 不求仙 而仙人自至 又仙流何必求之於外 能深透三空之 其身卽仙也 正値風淸月明之夜 執手般若一卷 振錫登臨 結跏端坐收視返聽 深觀物我俱空之理則 楞嚴之十種仙類皆瞠眼饒舌 倒退於三千里外矣 故知楊子所言聖人不師仙 卽其義也 雄哉 本山將軍大坐之形左右峰巒無一背走抱絡寺址 而兩巒之脣終成一口 東西兩溪狂奔疊嶂響動一局 而兩磵之聲終成一舌 鎭此一舌一口之上 而建一樓寫楞大呪及隨求大呪藏于上樑 必有恒河沙執金剛神常作擁護與華嚴毘盧樓閣 相甲乙於古今樓之成也 涓吉日誦二大呪而落之 洞天之景致倍蓰於前 然而後眞箇仙車 若將下臨 樓名之降仙 似非虛稱 此乃住持月泳公擔重任之餘 馳騖東西 勞身焦思鳩資於有志君子之門 而如是就緖 可謂積涔成海 聚毛成氈 余以拙筆僅叙一端以待如杠之筆而已 何敢自稱日記

佛紀二千九百五十七年庚午六月日 本山沙門石翁金擎雲誌

時住持李月泳虛寶 監督李擎傘根皡 刻手朴寬俊

경남 양산 통도사

영산전 중수겸 단확기

통도사는 삼보사찰 가운데 하나로 불보佛寶사찰로 부른다. 석가여래의 진신사리가 바로 이곳에 있어서다. 신라의 자장慈藏 스님이 중국에서 공부하고 귀국할 때 가져온 진신사리를 통도사에 봉안한 게 643년이니 그 역사가 무려 1400년에 가깝다. 통도사는 그때부터 지금까지 줄곧 그야말로 우리나라의 대표적 사찰로 꼽히고 있다.

통도사에는 현판이 아주 많다. 우리나라 최고 사찰로서의 위상에 걸맞게 자료가 풍부한 것이다. 그 가운데 하나인 「석가여래 사리기」는 통도사에 진신사리가 봉안된 경위가 적힌 현판인데, 『한국의 사찰 현판』 2권에 이미 소개한 바 있다.

이번에 소개하는 통도사의 또 다른 현판은 「영산전靈山殿 중수겸重修兼 단확기丹雘記」로, 제목 그대로 '영산전을 중수하고 단청한 일에 대한 이야기'다. 영산전은 통도사의 여러 전각 가운데 가장 오래된 건물로 1704년에 지었다. 조선시대 후기 사찰 전각의 훌륭한 사례로 건축사 연구자에게 관심의 대상이 되어 왔는데, 이 현판에 의해 1792년에 낡고 헌 부분을 고쳤음을 알 수 있으니 그들에게도 좋은 자료가 될 듯하다.

이 현판은 1792년(정조 16) 양산 군수가 지었는데, 글 끝에 '지군知郡'이라는 직함이 나온다. 그렇지만 직함 뒤에 새겨진 이름이 알아보기 어렵게 뭉개져 있는 점은 아쉽다. 200년이 넘은 것이라 세월의 무게를 감당하기 어려웠는지 전체적으로 흐릿한데다가 지은이의 이름은 어느 때인가 일부러 지워버린 흔적이 뚜렷하다. 왜 그랬는지는 알 수 없다. 이 원님이 나중에 커다란 죄를 지어서 누군가 혹시라도 거기에 연루되는 것이 두려웠을까? 아니면 어떤 이유에서건 그의 이름이 현판에 걸려 많은 사람들이 보게 되는 것을 아주 못마땅하게 여겼던 사람의 소행이었을지도 모르겠다. 하지만 통도사에 있는 또 다른 현판 중에 이 현판과 같은 해에 지어진 것이 있는데 거기에도 지군이라는 직함이 나오고 그 뒤에 이름이 보인다. 그래서 이 현판을 지은 주인공을 알 수 있으니, 바로 성종인成種仁이라는 인물이다. 그에 대해서는 사전류에는 전혀 나오지 않지만, 1787년부터 1788년까지 전라남도 강진의 현감을 하고 있었고, 그 전에는 1784년에 수찬修撰으로 있었으며, 그 뒤 1787년까지 교리校理·장령掌令·정언正言과 부사과副司果·사복시司僕寺·정正·헌납獻納 등을 지냈던 것을 『일성록』·『국조보감』·『여유당전서』 등에서 확인할 수 있었다. 정사에서 알 수 있는 그의 이력은 여기까지가 전부지만, 이 현판으로 인하여 1792년에 양산 현감으로 있었던 것을 추가로 알 수 있고, 또 그 직전에는 단성丹城, 곧 지금의 산청山淸 현감을 했을 가능성도 높다.

이제 이 현판의 전문을 살펴보도록 한다.

내가 정사를 돌보는 짬에 한 스님이 찾아와서 인사를 했다. 용모가

통도사 영산전과 삼층석탑

도 닦는 사람답고 또 그 말이 아주 부드러운 것이 티끌 하나 없이 깨끗해 보였다. 이름을 물어보니 거기巨磯라 한다. 나는 그런 스님이 있다는 게 자못 이상했다. 그러던 어느날 내가 단성에서 축서산 아래(통도사)에 와 쉬고 있었을 때의 일이다. 그곳의 전각은 매우 크고 훌륭했으며, 기둥이며 초석들은 꽤나 오래되어 보였다. 그렇지만 서까레며 기와 등은 새것으로 바꾸어 아주 훤한 모습이었다.

'대단하군. 부처의 힘이 참 대단해. 어찌 이렇게 멋지게 누각을 다시 지었을꼬?'

혼잣말처럼 하는 내 말에 절의 스님이 다가와 은근히 말하기를,
"이것은 모두 거기 스님의 노력 덕분이지요."
라고 한다. 나는 의아스러워 다시 물어봤다.

"거기 스님은 대관절 어떤 분이기에 이런 일을 다 하셨소? 거기 스님은 부처님 계신 곳에서 사람들에게 불법을 강의하고, 저녁에는 흐르는 물 앞에서 손가락을 튕기는 분으로만 알고 있었는데, 어떻게 하여 이런 일을 다 하셨지?"

내 말에 다시 그 스님은 거기 스님이 오로지 정성스런 마음으로 모연하여 있는 힘껏 불사에 매진했던 이야기를 자세히 들려주었다. 나는 감탄하며 말했다.

"거기 스님은 과연 능력 있는 분이구려! 석가부처님의 도가 전하기로 통도사만 한 데가 없고, 불사리를 모신 곳으로 이만 한 곳이 없지요. 하지만 이 절을 지나는 사람마다 영산전이 쇠락한 것을 보게 되는데, 어떤 이는 탄식하면서 옛날을 애석해합디다. 이는 힘이 두루 미치지 못했기 때문이지만 한편으로 성의가 그만큼 안 따랐기 때문 아니겠소."

아아! 이제 거기 스님은 늙었다. 늙게 되면 성의도 따라서 쇠해지고 게을러지게 되는 것이건만 분연히 전각을 중수하는 데 앞장서 세존의 가르침을 전하는 절을 옛 모습대로 한 것이다. 장하다! 부처를 섬기고 그 도에 깊은 경지를 이룬 사람이라면 이만한 일은 해야 하지 않겠나?

나는 불교를 잘 모른다. 하지만 요즘의 선비들이 거기 스님 하듯이 마음을 쓴다면 천하의 일이 두루 평온해지지 않을까. 거기 스님이 내게 기문을 청하므로 이에 이 글을 써서 드렸다. 이 스님은 바로 우리와 같은 (학문과 문장을 좋아하는) 부류라 할 만하다. 건륭 57년 임자년에 지군知郡 □□□이 썼다.

다시 한 번 현판의 내용을 정리해 보자. 1792년 양산 군수인 필자에게 거기 스님이 문득 찾아와 인사를 한다. 얘기해 보니 여느 스님 같지

않고 수행자의 풍모가 여실하여 인상이 깊었던 모양이다. 그런데 그 뒤 우연히 통도사에 들른 성종인이 영산전을 보니 새로 중건되어 있었다. 누가 했는지 물어보니 전에 봤던 그 거기 스님이 했다고 한다. 앞서도 말했듯이 영산전은 1704년에 세운 고건축이니 이 전각에 눈길이 갔던 것도 당연한 일이었을 것이다. 송종인은 전에 만났던 거기 스님을 다시 떠올리며 노구를 무릅쓰고 힘든 불사를 이룬 일에 대해 감탄해 마지않는다. 나아가서 선비들이 다 거기 스님의 마음을 본받는다면 나라가 절로 태평해질 거라고 생각하며, 거기 스님이야말로 나라를 걱정하는 자신과 동류가 아니겠느냐면서 끝을 맺는다. 이것이 현판의 대강의 줄거리다.

위 문장 중에 거기스님을 가리켜, "(낮에는) 부처님 계신 곳에서 사람들에게 불법을 강의하고, 저녁에는 물가에 서서 손가락을 튕기는 분"으로 묘사한 것이 재미있다. 이 말은 낮에는 사람들 가르치기 바쁘고 저녁에는 스스로 선매禪昧에 빠져 참선에 여념이 없는 스님으로만 알고 있었는데, 어떻게 영산전을 중수하는 불사까지 할 수 있었는가 하는 감탄의 말이다. '손가락을 튕기는'彈指 것은 묘리를 얻어 남에게 드러냄이 저녁에 흘러내리는 물가에서도 또렷하게 들릴 정도라는 의미다. 계곡에 흘러내리는 물, 그것도 고요한 밤에 듣는 계곡의 물이 얼마나 시끄러운지는 들어본 사람만이 안다. 그런 와중에서도 깨달음이 선연하게 드러난다는 뜻이다.

이 현판은 대화체가 많아서 읽는 재미가 있는데, 문장이 언관言官 출신답게 아주 깔끔한 편이다. 꽤 잘 된 현판문 중 하나라고 말하고 싶다. 또 이 글 시주질에 나오는 전좌典座·화상和尙 등의 승직僧職은 다른 곳에서는 보이지 않는 직책이다. 그리고 이들이 대체로 15냥에서

통도사 「영산전 중수겸 단확기」 현판(앞과 끝)

10냥까지의 시주금을 냈다고 나와 있는데, 당시의 화폐 가치를 요즘과 비교해 본다면 경제사적으로도 요긴한 자료가 될 수 있을 것 같다.

끝으로 사족을 하나 달아보겠다.

현판이라는 게 이 「영산전 중수겸 단확기」처럼 비석이나 책에 적은 문헌과는 달리 재미있는 스토리를 가진 경우가 많다. 그것은 쓰는 사람이 다른 매체에 비해 부담을 덜 느껴 마음에 있는 그대로를 적었기 때문이 아닐까 생각한다. 다시 말해서 그만큼 불필요한 수사修辭가 들어가 있지 않고(격식 차리는 한문에는 불필요한 수사가 많아 종종 작자의 본의가 왜곡되고 오해가 빚어지는 경우가 상당하다), 가공이 덜 된 생생한 이야기가 담겨 있다는 뜻이 된다. 따라서 현판이야말로 당시 사찰에서 일어났던 일들을 가식 없이 전달하는 중요한 자료가

통도사 금강계단

되는 것이다. 다른 절에서는 현판 한두 점도 있기 어려운데, 통도사에는 수십 점의 현판이 전하고 있으니 그야말로 현판의 보고인 셈이다. 하지만 아쉽게도 지금까지는 통도사 측에서 이런 현판을 제대로 활용하고 있는 것 같지 않다. 박물관에 잘 보관하고 있는 것은 고마운 일이지만, 그 내용을 활자화해서 많은 사람들에게 알리는 일이야말로 다른 곳에 비해 풍부한 사료를 지닌 측에서 해야 할 일이 아닌가 생각한다. 더군다나 통도사는 우리나라 굴지의 대찰이 아닌가. 사실 지금 소개한 현판도 실물을 직접 본 것이 아니라 영인본 『통도사지』에 실린 현판 탑본搨本을 보았을 뿐이다. 여기에 실린 탑본은 책에 실릴 때 축소가 잘못 되어서인지 아래쪽이 한두 자씩 보이지 않아 완전한 해독을 할 수 없었다.

나는 2권에서 「통도사 식가어래 사리기」 현판을 소개할 때도 이와 비슷한 얘기를 한 적이 있다. 통도사에서 보관중인 현판들을 정밀 조사하여 공개하면 좋겠다고 했는데, 아쉽게도 아직까지 그런 일은 일어나지 않았다. 현판은 대부분 가치가 높은 자료들이니 보다 많은 사람들과 공유하면 참으로 우리나라 불교사에 기여하는 바가 많을 것이라고 확신한다. 통도사에서 운영하고 있는 성보박물관이 현판 특별전을 여는 것도 한 방법이 아닐까.

靈山殿重修兼丹艧記

余視政之暇 有僧來謁 貌若有道者 其言颯然無塵意 問其名則巨磯也 余竊異之 一日余自丹城憩鷲栖山下 有佛殿□□傑特 楹礎頗舊 而樓桶棟甍奐然以新 余 曰 甚矣 佛力之□□ 誰爲改刱者 寺僧勤曰 此敎師巨磯之力也 余疑之 曰 磯一招 □□ 使其講法於蓮花之壇 彈指於流水之夕則可矣 磯何能致此之□ 僧具道磯 專誠募緣奮力□構狀 余呀然 曰 磯果能爾乎 □□方之 爲釋迦道者 莫不以通度 寺 爲歸淂非以佛骨之所藏 然而過是寺者見靈山殿之毀 隨或嗟咨歎惜 而莫有 □□者 是則 力或未周 而誠有不及也 嗟乎 磯且老矣 老則誠與□就衰倦 乃慨然 修殿 使世尊示詮之所復舊觀 嗚呼 □□慕佛而深於其道者 能若是乎 向日驟淂 於言貌者□□矣 然余非知佛者也 卽當世之士 用心如磯之爲則天下事□□做 者哉 磯謂余地主以記請 遂書此贈之 又以風吾黨云爾
乾隆五十七年壬子流月 知郡 □□□述
大施主秩 □寬爲亡師通政性□ 文□□ 允演爲亡師嘉善□□ 文百貫 日逢堂遇 旻 文十五兩 幻菴堂取學 文十五兩 前僧統嘉善偉□ 文十二兩 前僧統嘉善體寬 文十五兩 前僧統維那最心 文十兩 前住持通政永□ 文十兩 李亨馥妻崔氏 文十 五兩 崔致崑 文十三兩 朴厚種 文十兩 □馥仁妻宋氏 文十兩 首座鏡幸 文五兩 本寺秩 時僧統宇心 時和尙耿觀 前僧統泰性 前和尙義弘 維那最心 內典座定□ 書記幸俏 外典座有□ 首僧勝玉 引勸三星堂瑞澄 化主 智峰堂巨磯 內都監最心 外都監智聰 永守 別座□□
緣化秩 都木手義弘 副片手□成臣 畵圓指演 片手有逢 供養主奉贊 福坦

고성부 거류산 장의암 중창기

경남 고성 장의사

  이 현판은 경상남도 고성군 거류면 신용리 거류산巨流山 중턱에 자리한 장의사藏義寺에 전하는 것이다.
  고성固城은 남해안에 자리하여 육지보다는 바다가 더 가깝다. 내륙의 힘찬 산세의 여운이 아직 남아 있으면서도, 왠지 모르게 겨울바다의 동경 같은 것이 느껴지는 곳이다. 근래에는 부근에서 공룡 발자국 화석이 많이 발견되어 이것으로 관광 자원화 하려는 노력이 보인다. 요즘 흔히 보이는 리조트처럼 대단위 관광단지가 조성된 것은 아니지만 오히려 그만큼 한적하고 조용한 맛은 있다. 짬을 내어 여행을 계획하는 분들에게는 후보지로 추천할 만한 곳이다.
  장의사가 자리한 거류산은 거류면의 중심에 위치하고 있는데, 해발 570m로 이 지역에서는 비교적 높은 산에 해당한다. 절의 뒤쪽에는 기암괴석이 웅장하게 솟아 있으며, 울창한 수목이 어우러져 뛰어난 경관을 자랑한다. 또 경내 바로 뒤쪽에는 죽로차竹露茶 밭이 있다.
  장의사의 역사는 알려진 것이 별로 없다. 장의사가 소개된 책이나 사전에는 1592년(선조 25) 임진왜란 때 화재로 전소되었다고 하는데, 그에 관련된 기록이나 구전이 있는

장의사 내경

것은 아니다. 역사가 너무 드문드문히 남은 것이다.

사실 고성 장의사를 아는 사람은 꽤 드물 것 같다. 고성에 사는 사람이야 알기는 하겠지만 다른 지역에 사는 사람이 장의사에 가본 것은 물론이고 그런 절이 있는지나 알고 있을까 싶다. 대부분의 사찰 탐방이 이른바 명찰이나 고찰, 혹은 기도처 위주로만 되어 있는 관계로 절 꽤나 다녀본다는 사람들조차 이름이 나지 않은 절을 찾는 경우는 아주 드물기 때문이다. 이웃 일본은 천사千寺 순례라는 것이 있어서 생전에 1000곳의 절에 가는 것을 필생의 목표로 삼는 불자가 많다고 한다. 우리나라도 도선사의 '108사 순례' 같은 탐방이 있지만 좀더 범위를 넓힐 필요가 있다. 물론 일본과 우리의 환경이 같다고 할 수는 없어도, 굳이 이름이 알려진 절만 찾는 우리의 사찰 탐방 관습도 바뀔 필요가 있다.

　내가 장의사를 처음 찾은 것은 2005년 11월 고성의 전통사찰을 조사하는 일 때문이었다. 가기 전에 늘 그 절의 역사가 어떤지 미리 알아보는 것이 현장에서 제대로 조사를 할 수 있는 중요한 요령 중 하나다. 하지만 그때는 장의사에 관련된 자료가 거의 없어서 조금 당혹스러웠다. 조사를 마치면 글을 써야 하는데 '누가 언제 창건했다'는 한 줄만 가지고는 도저히 글을 만들어 낼 수 없기 때문이다. 할수없이 현장에서 역사의 흔적을 찾아내는 방법밖에는 없었다. 그러다가 "별 것 아닌데……" 하면서 주지스님이 다락에서 꺼내 보여주는 현판을 보고는 눈이 번쩍 뜨였다. 보여준 현판은 2점이었는데, 한눈에 둘다 고기록임을 알아볼 수 있었다. 나는 속으로, '저거면 되겠다' 하고 쾌재를 불렀다. 현판이면 자다가도 벌떡 일어나는 자칭 타칭 현판 전문가인데다가, 장의사에 대한 사료가 거의 전무하다시피한 상태에서 드디어 이 절의 역사를 어느 정도는 알 수 있게 되었다는 안도의 마음이 교차했기 때문이다.

　과연 내 기대대로 두 점의 현판은 다른 곳에서는 전혀 알 길이 없었던 장의사 역사의 일단을 보여주었다. 역시 현판이 우리가 잊고 있던 자료의 보고임을 새삼 다시 깨닫게 해주었다. 장의사의 경우도 이제 이 두 점의 현판에 적힌 내용을 잘 연구하고 고증한다면 나름대로 훌륭한 절의 역사를 찾을 수 있게 될 것이다.

　장의사에서 새로 발견된 두 점의 현판 가운데 하나를 소개하는데, 길지 않으므로 한 번에 읽어보기로 한다.

　　오래된 옛 기록을 찾아보니 장의암을 세운 것은 당나라 태종 정관

「장의암 중창기」 현판

6년(632)의 일이라고 한다. 그 이래로 새로 짓거나 수리한 기록이 분명 있겠지만 시간이 오래되어 지금은 별다른 자취가 남아 있지 못하여 알아낼 도리가 없다. 그래서 이 절의 사적을 밝히는 일은 누가 보더라도 어려운 일이 되고 말았다. 지난 을유년(1885) 대홍수가 났을 때 샘물이 불어 커다란 바다를 이룬 듯하여 산골짜기가 다 바뀔 정도였고 이 절의 가람도 그만 산사태로 무너져버리고 말았다. 불상 한 분만을 겨우 구했을 따름이니 보는 사람치고 어찌 슬프지 않은 사람이 있었겠는가?

 이때 마침 성담 법운聖潭法雲 대사가 용화사龍華寺에서 이곳으로 왔다가 이 절이 그런 상황에 처하여 모든 것이 쓸려가 버렸음을 보고는 탄식해 마지않았다. 그리고 새로 짓기 위한 계획을 세웠다. 허나 일은 크고 힘은 솜처럼 약하고 가벼우니 어떻게 쉽게 도모할 수 있겠는가! 나름대로 계획하고 실천해 보았지만 본래 뜻을 같이한 사람이 많지 않았던 터라 이리저리 경영해 보아도 돈이나 곡식은 나오지 않았다. 하지만 굳은 결심을 포기할 수 없었다. 이에 널리 시주자들에게 알려서 겨우 약간의 돈을 모을 수 있었다. 그리하여 정해년(1887) 2월에 불사를 시작했다. 산사태가 난 왼쪽 옆으로 몇 걸음쯤 떨어진 곳으로 옮겨 새로 터를 잡았다. 그렇게 하여 부처님 앞에 향을 태울 수 있게 되었으니 창건 때와 다름 없게 되었다.

 그렇게 4년이 지나갔다. 화주 성담 대사는 그때의 일을 써줄 것을 내게 부탁하면서 이렇게 말했다.

현판에 나오는 장의사의 옛터로 생각되는 차밭

"내가 다년간 고심참담한 일을 했지만, 그거야 우리 승려들의 일상사 아니겠소? 단지 조용히 아무말 안 하면서 하는 게지. 그러나 이 일에는 많든 적든 공을 들인 신도들이 많은데, 그들의 이름은 알려야 마땅한 게 아닌가요?"

내가 듣고 보니 과연 옳은 말이라, 이렇게 그 일에 대해 간략하게나마 적어넣게 될 것이다. 때는 광서 17년(1891) 신묘년 8월이며, 한암 스님의 제자 수룡 호징水龍浩澄이 지었다.

위의 현판문에서 중요한 점을 몇 가지 짚어본다. 먼저 장의사가 632년에 창건되었다는 것인데, 이 해에 고성은 신라의 영토였으므로 선덕왕 1년에 해당한다. 아쉬운 것은 창건주가 누구고 절 이름의 유래가 무엇인지 나와 있지 않다는 점이다. 특히 창건주에 대해서는, 현재 나와 있는 사전류 등에는 632년에 원효元曉 스님이 창건했다고 나와 있고, 또 실제로 이 지역의 대다수 사찰의 창건주는 원효 스님으로 전해온다. 장의사 역시 예로부터 전해오는 원효 스님 창건설을 그대로 따랐을 것이다. 그러나 원효 스님은 617년에 태어나 648년(진덕왕 2)에 출가했으니 연대에 문제가 있다. 아마도 현판에 창건 연대만 있고 창건주를 적지 않은 것은 이처럼 전해오는 이야기와 실제 간의 괴리감을 알고 있었기 때문이 아닌가 한다.

또 하나 특기할 점은 장의사 역사에서 중대한 전환점이 조선시대 후기인 1885~1887년에 걸쳐 있었다는 점이다. 1885년 대홍수로 인해 산사태가 나서 절이 밀려내린 토사에 묻혀버린 탓에 한동안 폐허나 다름이 없었다. 그런데 용화사에서 오신 성담 스님이 각고의 노력을 기울인 끝에 원래 자리에서 조금 떨어진 곳에 새로 절을 짓게 된 것이다. 현판에는 '왼쪽 옆으로 몇 걸음쯤 떨어진 곳'이라고 구체적으로 명기하고 있는데, 이 자리는 맨 앞에서도 말했듯이 지금 죽로차 밭이 있는 부근으로 보인다.

그 밖에도 성담 법운 스님이 갖은 고생을 하면서 절을 새로 짓는 불사를 이룬 이야기가 나오는데, 이것은 성담 스님의 말마따나 '승려에게 늘 있는 일'이니 여기에서 새삼 말한들 무슨 소용 있을까. 성담 스님은 용화사에서 왔다고 했는데, 인근의 통영 용화사일 것이다. 용화사 역사에서 성담 스님의 존재는 알려져 있지 않으니 당연히 이 부분을 추가해야 할 것이다.

현판을 지은 사람은 수룡 호징 스님이다. 이분은 이 현판이 지어진 이듬해인 1892년 진주 청곡사靑谷寺에서 업경전 시왕탱을 그릴 때 증명 소임을 맡았는데 당시 청곡사에서 가장 웃어른 중 한 사람이었던 것 같다—증명 소임이란 일의 잘되고 못되었음을 판단하고 결정하는 사람을 말한다. 그러니 이 현판을 지을 당시에 이미 노장으로 존경받던 스님임에 분명하다. 청곡사는 진주뿐만 아니라 서부 경남 지역에서도 굉장히 큰 절 축에 속했었는데 그런 호징 스님이 이 현판을 썼다는 것은 장의사를 새로 짓는 불사가 꽤 큰 의미를 지닌 일이었다고 생각해 볼 수 있겠다.

固城府巨流山藏義庵重刱記

遠探古記則 斯庵之刱開卽唐太宗貞觀六年之初 而從玆以來應有重刱重修之年記矣 別無歷歷所記之文蹟 故今不得表現則 陳蹟之事 難以凡見所知者也 去乙酉年大有水災 水泉大洋山谷易處 玆庵古基 忽爲山汰 所擠伽藍之基 □爲墟址 獨有一席佛像 自全如斯之 時見聞者 凱不悲憾哉 聖潭法雲大師 自龍華適接于此處 當者斯庵如是 掃墟之境 歎咄不已 敢發重刱之計料 則事巨力綿 安可易營易圖哉 謀之度之 本無同心之人 經之營之又 無錢穀之資 然而不棄初心 普告於檀門 僅求畧干之財 而自丁亥仲春 經始古基山汰之傍左邊 數步之許 徒而刱開 以安奉香□初刱無異矣 覆簀四載之後 化主聖潭大師 請記其事于余曰 吾之多年惱心勞力之功 緇徒之常事 只在於冥冥無言之中 然大小施家之功 表而現揚乃可宜也云 故遂其言 序其事小有謹記焉 光緒十七年辛卯八月日 煥庵門人水龍浩澄記
堂中秩 化主都監 聖潭法雲 持殿上佐 性愃 供養主上佐 寬宥 引勸化主戊寅生安

喆權 丁丑生黃氏兩主 大木片手秩 白東鶴 朴源駿 蓋瓦土役片手 金又武大 鐵釘片手 白鏡水 幼學 咸平牟有根書 刻手 慶州人金廷哲

고창 선운사

만세루 중수기

앞서 선암사의 「강선루기」를 보았는데, 이번에는 선운사의 만세루에 관한 현판이다. 강선루가 '신선이 내려온 누각'이라는 뜻이라면, 만세루는 글자 그대로 천세만세를 기원한다는 의미를 갖는다. 거기에 대해서는 뒤에 좀더 자세히 말하겠는데, 그 전에 먼저 누각의 명칭에 대한 설명을 해야겠다.

 내가 보기에 우리 절에 들어선 건물 가운데 누각만큼 그 이름이 다양한 것도 없는 것 같다. 전각은 대웅전이나 극락전처럼 안에 모신 불상 명호에 따라 이름이 결정되고, 요사에 제법 다양한 명칭이 붙지만 그래도 누각에는 미치지 못한다. 몇 개만 열거해 보더라도 서른 가지 가까운 서로 다른 이름을 들 수 있으니, 가운루駕雲樓(의성 고운사), 가학루駕鶴樓(청송 대전사), 반학루伴鶴樓(예천 용문사), 운학루雲鶴樓(청양 장곡사), 강선루降仙樓(선암사), 대선루待仙樓(선암사), 광명루光明樓(대구 달성군 남지장사), 관명루觀溟樓(여수 은적암), 관향루觀香樓(대구 관음사), 남덕루覽德樓(안동 봉황사), 보화루寶華樓(은해사), 봉덕루鳳凰樓(남해 용문사, 여수 흥국사), 망양루望洋樓(종로 청룡사), 대조루對潮樓(강화 전등

선운사 전경

사), 만경루萬經樓(강진 백련사), 무루전無漏殿(고흥 수도암), 범영루泛影樓(불국사), 법왕루法王樓(봉은사), 봉래루蓬萊樓(내소사), 쌍계루雙溪樓(백양사), 안양루安養樓(부석사·직지사), 사자루獅子樓(경산 원효암), 청풍루淸風樓(봉선사, 청도 신둔사) 등이다. 이런 여러 이름 가운데 가장 많이 쓰인 것은 범종루梵鍾樓와 보제루普濟樓(화엄사·범어사·금산사·태안사·남원 선국사·곡성 태안사), 침계루枕溪樓(송광사·대흥사·김룡사 대성암), 우화루雨華樓(안동 봉정사·김제 숭림사), 그리고 지금 살펴볼 만세루(고창 선운사·파주 보광사·청도 운문사)가 아닐까 한다.

이렇게 누각의 이름이 다양할 수 있는 것은 절 주변의 산세, 곧 풍수적인 견지에서 비보裨補의 의미로 누각의 이름을 삼거나, 혹은 그 절에서 특별히 의미 있는 역사적 사건이나 신앙을 상징해서 짓기 때문이다. 따라서 누각의 이름을 가만히 따져보면 그 절의 중요한 역사와 사격寺格을 암시하는 내용이 함축되어 있는 경우를 많이 보게 되니 누각의 이름을 보면서 그냥 지나칠 일이 아니다.

선운사는 동백꽃으로 유명한 곳이다. 이곳의 동백은 다른 곳에 비해 한 달 정도 늦게 피니 4월이면 대웅전 뒤 산자락에 만개한 붉은 동백을 만끽할 수 있다. 사실 나는 신앙이나 불교문화가 아닌 주변 경관으로만 절이 기억되는 것이 약간 불만이지만, 어쨌든 지금은 동백꽃이 선운사의 상징처럼 되어버린 것은 분명하다. 선암사의 상사화相思花도 그런 경우일 것이다. 상사화란 수선화과에 속하는 꽃으로 일명 개난초, 혹은 꽃무릇이라고도 부른다. 잎이 작렬하듯이 아주 붉은 게 특징인데, 꽃이 필 때는 잎이 없고, 잎이 달려 있을 때에는 꽃이 없어 꽃과 잎이 서로 그리워한다는 의미로 상사화라는 이름이 붙었다고 한다. 헌데 선암사의 상사화가 특히 유명한 것은 세간의 이룰 수 없는 사랑 때문에 죽은 스님의 혼령이 상사화가 되었다는 전설 아닌 전설이 전해서다. 마침 우연히 스님들의 처소인 요사 쪽에 이 상사화가 많이 피었기로 이런 황당한 얘기가 나온 것 같다. 아무리 생각해도 아름다운 사건도 아니고 있을 성 싶지도 않은 일인데 선암사와 관련되어 전해지는 게 도통 이해되지 않는다. 하지만 사람들이야 그저 그런 일이 애틋해

선운사 만세루와 내경

보이고 해서 일부러 상사화를 보러 오는 사람도 적지 않은 모양이니, 어쨌든 선암사를 알리는 데는 동백꽃과 함께 역할을 톡톡히 하고 있어 선암사 홍보대사로 임명이라도 해야 하는 것은 아닌지 모르겠다(참고로 선암사 외에 전라남도 영광의 불갑사와 용천사 역시 상사화가 멋지게 피기로 유명한 곳이다).

이미 인식되어 버린 것을 가지고 억지로 바꿀 수야 없는 노릇이겠지만, 사찰 측에서 다른 문화상징을 찾아내어 그에 못잖은 관심을 갖도록 노력을 기울였으면 하는 바람도 있다.

지금부터 「만세루 중수기」의 전문을 살펴보는데, 처음은 '만세'의 의미에 대해 설명하고 있다.

대저 사찰을 세우는 것은 법전法殿을 중심으로 하므로 대웅전이 주를 이룬다. 그런데 누각을 만세루로 이름 짓는 것은 무슨 까닭일까? 크고 작은 공양물을 올리면서 아침저녁으로 때맞추어 축원을 드리는 곳이기 때문이다. 나라에서 재상宰相을 위해 대루원待漏院을 두어 정사를 돌보게 하는 뜻과 하등 다른 바가 없는 것이다. 그러나 누각의 용도는 그보다 더 크다. (만세루는) 명나라 태창 원년 경오년(1620) 봄에 요의了義가 창건한 이래 강희 19년 경신년(1680) 봄에 혜정惠淨 스님이 중수했다. 우리 임금님 치세의 신미년(1751) 가을에 갑자기 불이 나서 천불전·사왕문·만세루와 같은 전각과, 벽안당碧眼堂·해납료海納寮·칠성료七星寮·청심당淸心堂·양봉당養鳳堂·양계당養鷄堂과 같은 요사 등 모두 500칸이 넘는 건물이 불길에 사라져 버렸다. 나중에는 기와 조각과 초석만 남은 게 마치 큰 전쟁이라도 치른 것 같았다. 바람은 고목에서 슬피 울고 달은 텅빈 누대에서 조문하는 듯하니, 운수에 다함이 있고 흥폐에 때가 있음을 말하는 것이 아니고 무엇이랴?

만세루가 누구에 의해 처음 지어졌는가를 말하고, 1751년의 대화재로 다른 전각과 함께 없어졌음을 소상하게 밝히고 있다. 이것은 뒤에 나오는 중건 연도와 더불어 비단 한 건축물의 연혁뿐만 아니라 선운사 역사를 아는 데도 중요한 자료가 된다.

위에서 말한 대루원이란 아침에 대궐 안으로 일찌감치 출근한 관료가 대궐문이 열리기 전까지 기다리는 곳을 말한다. 중국에서는 당나라 때부터 있었고, 우리나라에서도 조선시대인 1616년(광해군 8)에 창경궁을 지을 때 대루원을 경복궁의 서문西門인 영추문迎秋門 밖에 두었었다. 세종 때의 대시인 이승소李承召(1422~1484)가 지은 「이른 아침에[早朝]」라는 시 중에 "대루원에 앉아 꾸벅꾸벅 졸며 동녘 밝을 때 기다리니 장안 집집마다 차례차례 문 열리네[東華待漏曙光催 萬戶千門次第開]"라는 멋들어진 싯귀도 바로 이 대루원의 정경을 읊은 것이다. 입궐하기 위해 꼭두새벽부터 출근한 관료들이 아직 열리지 않은 대궐문 앞에 모여앉아 끼리끼리 담소도 나누고, 또 시에서처럼 잠이 부족하여 꾸벅꾸벅 조는 사람도 있었으리라.

현판에는 이어서 만세루가 중건되는 과정과 시기 등을 말했는데, 특히 사계절의 정취를 가장 먼저 느끼는 누각의 멋스러움에 대한 표현이 무척 재미있다.

> 대중들이 신화信和와 서훈瑞訓, 두 선백禪伯을 화주(시주를 모으는 사람)로 추대하자 두 스님은 즉시 모연募緣(시주)을 시작했다. 그리하여 이듬해 1752년 봄 처음 공사를 시작하여 해를 넘기지 않고 내외에 마쳤음을 알릴 수 있게 되었다. 마치 귀신을 부리고 하늘의 도움을 받은 것처럼 옛날 모습보다 새로 만든 모습들이 더욱 아름다웠다. 두 스님의 가르침을 이어받아 천불전·사왕문·해납료 등을 짓고 아울러 천불까지 갖추었으니, 잿더미 속에서 절의 모양새를 일구었다고 할 만하다.…… 산명수려한 곳에서 바위들이 서로 빼어남을 다투고, 만학萬壑이 하늘로 더 높이 솟아 올라가려 함은 자연스런 일 아닌가? 봄이면 꽃 피는 것을 바라보고, 여름이면 단비 내리는 것을 즐기며, 가을에는 바위에 달빛이 교교히 비추임을 바라보고, 겨울이면 흰눈을 감상할 수 있다. 자연이 수시로 그 모습을 바꾸는 것을 바라보며 천만가지 물상을 즐기는 것, 이것이 바로 누각에서 경관을 바라보는 커다란 기쁨인 것이다.
> 나는 내장산으로부터 이곳으로 와 (선운사의 산내암자인) 석상암石床庵에 머물며 1년 동안 주지로 있었다. 이런 인연으로 파섬披暹 스님이 나더러 이렇게 말했다.
> "누각 지어진 지 어언 10년이 다 되었소. 그렇건만 아직 그에 관한

기록이 하나도 없으니 되겠소? 이제 스님께서 글 하나 지어주시오."

"저는 글을 지을 만한 사람이 못 된답니다. 외려 깨끗한 곳을 더럽히는 일이 될지도 몰라요. 마땅히 대가를 찾아가 청하는 게 나을 듯합니다."

"아니오. 제가 스님께 요청 드리는 것은 단지 문장으로만 따지는 게 아니라, 그저 사실만이라도 잘 적어주기를 바랄 따름이라오."

스님께서 이렇듯 거듭 은근히 권하시니, 나는 내 모자람을 생각지 않고 감히 글을 짓게 되었다. 단지 누가 이 불사를 이루었고, 또 시주는 누가 했는지에 대해서만 적어 후세 사람들이 옛것을 보는 것이 마치 지금 일 보듯이 감흥을 느낄 수 있도록 했다. 아울러 (신화와 서훈) 두 스님과 뜻을 같이했던 많은 사람들도 함께 참여했으니, 그 모든 것이 다 이 누각이 쇠락하지 않기를 기원했기 때문이다.

이 글은 처인處仁 스님이 1760년(영조 36), 만세루가 중건된 지 8년 뒤에 지었다. 이분에 대해서는 알려진 바가 없는데, 다만 이 글을 통해서 내장사에 있다가 선운사의 산내암자인 석상암 주지로 있었던 것을 알 수 있을 뿐이다.

이렇듯 여러 사람들의 정성으로 지어진 선운사 만세루는 현재 전라북도 유형문화재 제53호로 지정되어 있다. 하지만 이 현판을 참조하지 않아서인지(혹은 있는지조차 몰랐는지 모르지만) 만세루의 연혁에 대해서는 문화재청 홈페이지를 비롯하여 현지 안내판 등 어느 곳에도 아무런 언급이 없다. 현판은 중요한 사실을 말하고 있는데도 우리는 눈길조차 주지 않고 있으니 안타까울 뿐이다.

현판 끝에는 불사 동참자의 공덕을 새긴 시주질이 있는데, 여기에다 적지는 않았지만 그 가운데는 대종사大宗師로서 포허 성감飽虛性鑑과 설파 상언雪坡尙彦(1707~1791)이 나온다. 설파 상언 스님은 선운사에서

만세루 내경

희섬希暹 스님에게 출가하여 호암 체정虎巖體淨의 법맥을 이었는데, 훗날 화엄학의 대가로 이름을 날렸다. 이 현판이 작성된 때가 쉰네 살이었는데 이미 대종사로 불렸을 정도니 그의 명성을 짐작할 만하다. 또 시주질에는 "巡相李公晟重氏 金減營納 特題材木 城主申侯壇氏半減官納麴米主石"이라 하여 전라도관찰사 이성중李晟重이 세금을 면제해 주고 특별히 재목을 대주었으며, 고창읍성의 성주城主 신단申壇도 국미麴米 반을 감해 주며 석재를 대주었다는 말이 나온다. 18세기 중반에 관청이나 관료가 사찰에 지원했던 이면을 잘 알 수 있는 중요한 자료가 아닐까 한다.

끝으로 이 참에 내가 생각하는 누각의 바람직한 이용을 말해 보고자 한다. 요즘은 옛날과 달리 누각을 제대로 활용하고 있다고는 보이지 않는다. 누각을 한낱 창고로만 쓰는 경우가 많은데, 좀더 좋은 활용 방안이 있다. 누각을 과감히 대중들에게 개방하는 것이다. 작은 산사의 경우 여러 사람들이 모일 공간이 큰 사찰에 비해 작다. 이럴 때 누각을 이용하면 퍽 유용하다. 혹은 경기도 남양주시 수종사의 삼정헌三鼎軒처럼 무료 찻집으로 꾸며 오가는 사람들에게 쉴 수 있게 하는 것도 좋다. 또는 사찰의 적정寂靜의 이미지에 걸맞게 적극적으로 참선의 공간, 명상의 공간으로 활용하는 것도 괜찮다. 경상북도 청도 적천사의 무차루無遮樓가 이 경우에 해당할 것이다.

萬歲樓重修記

凡利之建也 法殿而主之以大雄氏 凡樓而額之以萬歲者 何也 巨細稟供 與朝梵夕點祝處 聖上萬萬歲之謂也 與國之設 宰相待漏院 而示勤政之意 何異哉 然此樓之爲用 其大無外 其可已乎 皇明泰昌元年庚申春 寺僧了義創建 至康熙十九季庚申春 山人惠淨重修 而今上辛未秋 忽逢回 回祿之灾 公殿卽 曰千佛 曰四王 曰樓也 僧寮卽 曰碧眼 曰海納 曰七星 曰淸心 曰養鳳 曰養鷄 五百餘間 盡數灰燼 瓦片殘礎 若經兵燹之後矣 風悲古木 月弔空臺 無乃盡衰關數 興廢有時之謂歟 衆推化功於信和瑞訓兩禪伯 卽二公募緣鳩財 翌季壬申春始役 不閱歲而告功 功若役鬼脅爲天祐 而將愈舊制 麗極新成也 千佛殿 四王門 海納寮等 繼而承二公 化誘之而訓 則盡成千佛者也 當此灰燼之餘 二公化成寺㮈 俾祝釐者 淂展誠禮 朝暮望臨者 心廣身怡 有物外趣 其豊功偉烈 謂之爲何哉 至若山明水麗 千巖競秀 萬壑爭噴 春從花 夏喜雨 秋壑月 冬宜雪 隨時變態 氣像千萬 斯樓之大

觀也 余自內藏來 栖石床 一寒署專之住持 固遷公謂余曰 樓成十季 尙未記蹟 請師記之 余曰 記非其人 反汚淨界 宜請大方家 公曰 不以文宜取實也 請之益勸 於是乎 不揆不才 但記某季成 化主某 施主某以爲 後之如今示昔 興感之資 與二公同志者 重葺之 庶斯樓之不朽也
康熙二十五年 白龍仲冬下澣日 處仁記

창녕 관룡사

화왕산 관룡사 극락암 중수기

경상남도 창녕의 명소를 꼽으라면 많은 사람들이 관룡사觀龍寺와 화왕산火旺山을 드는데, 관룡사가 화왕산에 자리하고 있으니 사실 이 둘은 하나나 마찬가지다.

화왕산은 창녕의 진산鎭山으로 창녕읍과 고암면의 경계를 이루며, 주변을 낙동강과 밀양강이 둘러싸고 있다. 지금은 휴화산이지만 옛날 한때는 화산활동이 활발하여 '불뫼'·'큰불뫼' 등으로 불리기도 했으니, 화왕산이라는 이름은 바로 여기에서 유래한다. 봄에는 진달래, 가을에는 억새가 유명하여 관광지로도 각광받는다. 산꼭대기에는 5만여 평의 억새밭이 펼쳐져 있어 해마다 정월대보름이면 달맞이와 억새 태우기 행사가 열리며, 10월이면 갈대제가 열려 무르익은 가을을 수놓는다. 이 축제들은 전국적으로 유명해져서 이를 보러 수많은 인파가 몰려들곤 한다. 그 밖에도 임진왜란 때 의병장 곽재우 장군이 왜병을 물리쳤던 화왕산성, 창녕 조씨의 시조가 태어났다는 삼지三池, 그리고 조선시대 선조 때 쌓은 목마산성 등의 유적지가 있어 이곳저곳 구경거리가 많다.

관룡사 역시 화왕산 못잖게 그 이름이 널리 알려진 사찰

관룡사 내경(화왕산)

로, 신라시대에는 8대 사찰 중 하나로 꼽힌 유서 깊은 명찰이었다. 절 이름인 '관룡觀龍'은 원효 스님과 그 제자인 송파 스님이 이곳에서 백일기도를 드리고 있던 어느 날 화왕산 정상의 삼지에 깃들어 있던 아홉 마리의 용이 절이 창건될 때 구름 위로 승천하는 것을 보았으므로, 이로부터 '용을 바라본다'는 뜻으로 절 이름을 짓고 산 이름도 구룡산이라 했다고 한다. 지금도 절 뒤에 우뚝 자리잡은 산봉우리를 구룡산이라고 부른다. '구룡'이라 함은 글자 그대로 아홉 마리의 용을 말하는데, 아홉이라는 숫자는 동양에서 관념적으로 가장 지극하고 큰 숫자를 뜻하기도 하며, 불교에서는 구룡이 석가모니가 태어났을 때 하늘로부터 내려와 입에서 깨끗한 물을 뿜어 석가모니를 씻어주었다는 고사에도 등장한다. 이래저래 구룡이란 꽤 상서로운 의미를 지닌다.

관룡사는 대찰이라 산내암자도 17세기에 6곳, 18세기에 4곳이나 있었다. 지금은 옥천저수지 아래 청련암靑蓮庵과 삼성암三聖庵, 관룡사 아래에 극락암極樂庵, 화왕산 자하골에 도성암道成庵이 각각 있다.

지금부터 살펴볼 현판은 산내암자 가운데 하나인 극락암을 중건하고 그것을 기념하기 위하여 1744년(영조 20)에 사송 최백四松最栢이 지은 것이다. 이 스님에 대해서는 남겨진 기록이 없어 전혀 알 수가 없다. 극락암은 지금도 관룡사 아래에 자리하고 있는데, 현판에 기록된 내용 외에는 전하는 사적이 없어 이 현판이 극락암에 관한 거의 유일한 사료인 셈이다. 현재 통도사 성보박물관에 별도로 보관되어 있다.

이 현판을 내용 면으로 구분하면 크게 두 부분으로 이루어져 있다. 첫 번째는 성윤이라는 스님이 어떤 인연으로 해서 극락암에 머물게 되었고 또 어떤 과정을 거쳐 중건을 이루었는지를 먼저 말하고 있다. 그리고 그렇게 중건된 지 100년이 지나서 다시 퇴락해졌는데 성윤 스님의 8세손 제자인 설휘 스님이 예전 스승의 길을 본받아 여러 사람들과 함께 다시 극락암을 중건했다는 것이다.

두 번째는 극락의 의미에 대한 이야기로, 염불을 통해 극락정토에 태어나는 인연에 대해 말하고 있다. 먼저 극락암이 중건되는 이야기를 읽어 본다.

옛날 명나라 숭정 7년 갑술년(1634)에 성윤性允 스님이 있었는데 숙세의 인연이 닿은 곳이 어디인지 모르고 있었다. 그러다가 어느 날 도선道璿이라는 스님에게 이렇게 말했다.

"이 늙은이가 우연히 이곳을 지나다가 아름답고 훌륭한 산수에 이끌려 정사를 짓고 눌러앉기로 마음먹었다네. 그래서 널리 모연을 해서 준비를 갖춘 다음, 나무를 깎고 돌을 다듬어 창건했지. 그렇게 해놓고 보니 규모도 크고 엄숙단정한 일대 난야가 되었더구먼! 마치 귀신이 돕고 하늘이 보살핀 것 같았어. 그런즉 어찌 이 땅의 비경이 아니라고 할 수 있겠는가? 이 모든 게 다 사람들이 애쓴 덕분이겠지."

그 뒤로 교학의 명장과 뛰어난 선객들이 잇달아 모여 이곳에서 머물렀는데 그것이 지금으로부터 100여 년 전의 일이었다. 하지만 세월이 오래 흘러 기둥은 기울고 들보는 장차 무너지려 하므로 이곳에 사는 사람들의 걱정거리가 되었다. 그렇다고 해서 다시 손보겠다고 나서는 사람도 없었다. 그렇게 세월은 흘러가서 건륭 연간의 갑자년(1744)이 되었다. 설휘雪輝라는 스님이 있었는데 바로 성윤 스님의 8세손이 되는 분이었다. 옛날 스승의 일을 본받아 중건에 힘을 쏟기로 마음먹고는 모연문을 들고 다녀 뜻이 맞는 사람 서너 명과 합심해서 드디어 새롭게 중수를 이루었다. 그렇게 불사를 마치니 건물은 높고 넓은데다가 좌우에 익랑까지 달려 옛날의 모습보다 훨씬 컸다.

1634년에 성윤 스님이 극락암을 중건한 뒤에 1744년 성윤 스님의 법맥을 이은 설휘 스님이 중건했다는 것이다. 성윤에서 설휘에 이르는 법맥이 적어도 8세 이상 이어졌다면 성윤은 분명 이름 높은 스님이었음에 틀림없다. 하지만 성윤은 물론 설휘에 관해서도 알려진 바가 전혀 없어 아쉽다.

관룡사는 1704년 대홍수로 금당을 비롯한 여러 전각들이 무너지고 부도가 물길에 휩쓸려 가는 참변을 겪었다. 그 뒤 1712년에 대웅전

관룡사 현판

중건을 시작으로 하여 십수 년에 걸쳐 가람이 중건되었는데, 1726년에 미타전이 창건되고, 1729년 영산전이 창건되면서 불사가 마무리 된 것으로 보인다. 이렇게 본사에 대한 중건이 끝나자 산내암자인 극락암도 현판에 나와 있는 것처럼 1744년에 설휘 스님에 의해 중건불사가 이어졌던 모양이다. 특히 현판에는 불사가 마무리된 극락암의 모습을 설명하면서 "건물은 높고 넓은데다가 좌우에 익랑까지 달려 옛날의 모습보다 훨씬 컸다"고 말했다. 익랑이란 문의 좌우에 잇댄 방 또는 복도를 말한다. 관룡사에서도 중건 때 행랑을 새로 만들었는데 극락암에서는 그보다 규모가 좀더 큰 익랑을 두었으니 당시 불사의 규모를 짐작할 만하다.

이렇게 현판의 한 구절 속에서도 우리는 지금은 잊혀진 역사의 조각들을 되살려볼 수 있으니, 현판이 얼마나 중요한 자료가 되는지 모르겠다. 조각난 역사를 조심스레 꿰맞추다 보면 그 안에 미처 몰랐던 역사가 오롯이 담겨 있는 경우가 참 많다.

현판의 다음은 극락전의 의미와 염불공덕의 중요성 등에 대한 이야기가 나오는데, 극락진은 곧 사람들이 염불을 통해 공덕을 쌓아 극락정토에 태어나려는 염원에서 나온 것임을 말하고 있다.

관룡사 용선대

　대개 앞사람들이 극락이라는 이름을 건 데는 다 깊은 뜻이 있었을 것인즉 그것은 과연 무엇인가? 극락세계란 염불선인이 사는 곳으로, 연꽃 가운데에 자리한다. 사람들은 장생불로하며 입을 옷과 살 집이 갖추어져 있다.
　일은 마음먹은 대로 이루어지며, 경치는 늘 봄 날씨고 여름의 더위는 없다. 언제나 쾌락을 느끼고 살며, 고뇌란 단 한 점도 없다. 바로 이런 곳이 극락이라고 한다. 이 세계는 아미타불이 주재하는 곳으로, 염불을 통해 중생을 이끌며, 그 자신은 칠보가 가득한 연꽃 피어 있는 못에서 태어나 곧바로 윤회에서 벗어나 있다. 과연 이와 같은 것이 모두 실제로 있는 곳으로 허언은 아니다. 하물며 부처님께서는 언제나 참된 말만을 하심에랴! 그런즉 이런 곳에 살게 하는 것은 바로 아미타불을 염불하는 것이며, 이로써 모두 극락왕생하게 되는 것이다. 이것이 어찌 헛된 일이겠는가? 사람의 힘이 미약하다 하지 말고 그 말을 믿어 힘쓰면 된다.
　옛사람이 말하기를, '부처님의 말을 믿지 않으면 과연 어떤 말을 믿을 수 있겠는가?'라고 했다. 부처님을 염불하여 극락정토에 태어나 그곳에서 산다면 실로 유익한 일이요, 또한 불사를 이룬 것도 유익한 일인 것이다. 그렇지 않다면 설령 그곳에 태어나 산다고 해도 무익한 일이요 또 불사를 이룬다 해도 역시 무익한 일이니 열심히 또 열심히 염불에 힘써야 하는 것이다.

　이 절에 머물고 있는 원감圓鑑 대사는 월하月河의 제자이자 월파月波의 손제자다. 이분이 사람을 시켜 나에게 재삼 글을 써줄 것을 부탁했다. 나는 글재주가 없는 터라 극구 사양했으나 이기지를 못하여 이렇게 기문을 지었다.

　사송 최백四松最栢이 짓고 용파 원감龍派圓鑑이 글씨를 썼으며, 각수刻手는 조백照白이다.

　이 현판에서는 다른 것에서는 보기 드물게 글을 지은 사람뿐만 아니라 글씨 쓴 사람과 글씨를 현판을 새긴 장인의 이름까지 적어놓고 있다. 또 극락암 중건에 앞장선 설휘는 현판에 승장僧將으로 소개되어 있다. 승장이란 임진왜란과 병자호란 때 구국의 선봉에 나섰던 승군의 지도자로, 전란이 끝난 뒤에도 비상체제로 승군의 조직이 명목상 유지되었기 때문에 큰 절의 소임에는 이런 직함이 자주 보인다. 말하자면 주지와 비슷한 개념이라고 할 수 있다. 또 연화질에 대목통정大目通政이란 직함도 보인다. 통정 역시 큰 절에서 주요 소임을 맡던 스님에게 붙여주는 일종의 명예직인데 '대목통정'이라는 명칭은 여기에서 처음 보인다. 뒤에 편수片手가 이어지므로 전체 공사를 감독했던 직함이라 생각되는데 그 표현에 재미가 있다. 대목이란 큰 눈이라는 뜻이니, '눈을 부릅뜨고' 공사를 감독하라는 의미가 깃들어 있는 것일까.

嶺左昌寧縣東火王山觀龍寺極樂庵重修記

往在明崇禎七年甲戌 有山人性允 不知於何處一宿覺 而蓋有道善曰 老也過於此處 愛其山明秀麗 因以結茆於此 廣募衆緣 伐木攻石而刱之 歸然一大蘭若也 有若鬼助神祐者然 豈非地秘名區 因人擧事耶 自後敎匠禪客 相繼住山 于今百有餘年 則柱傾栖斜 棟梁將頹 居者杞憂 無人主事 至乾隆甲子 有雪輝上人 性允之八世僧孫也 矢心重建 擔疏募緣與同志三四人 影響相助 重之新之 高廠宏廣 左右翼廊 增其舊制 蓋前人之揭名極樂 深有其意 何則 極樂世界 念佛善人托生之處 蓮花中生 長生不老 衣食宅宇 隨意化成 其景序長春 無復寒暑 大受快樂 無一苦惱 故名極樂 彼世界阿彌陀佛 攝化念佛衆生 托生七寶蓮花池中 直脫輪廻之外 若此者 皆有事跡 實非虛語 況佛有四實語乎 然則使居此者 而念阿彌陀佛 皆得往生也 豈徒然哉 幸勿以人微 而忽其說 古人曰 佛言不信 何言可信 念彼佛生彼國 則居此者有益 成此者有益 若不然則 居此者無益 成此者無益 勉之哉勉之哉 住山大師圓鑑月河之弟子 月波之法孫也 專人再三 勤勤責卯 不能却書 以爲記

四松堂最栢撰 龍派子圓鑑書 刻手照白

施主秩 嘉善 善悟 通政 碩連 致建 最均 敏閑 嘉善順凞 普益 國印 雷遠 通政 海玄 僧將 雪輝 通政 金順山 李海玄 金西旭 曰聰 權進上
前銜秩 嘉善弘贊 嘉善□明 通政自仁 嘉善朗日 通政白明 嘉善二全 嘉善允言 嘉善致學 時僧統日圭 嘉善致敏 嘉善大悅 敏贊 彩明 通政灵湛 性洽 嘉善漢晶 緣化秩 大日通政夬湛 片手金寶洽 金連建 通政 會員 法令 見行 克修 冶匠 金五白 供養主 幸淸 信默 別座 雷遠 都監 致建 致宗 化主 嘉善順凞 僧將雪輝 片將 就元 通政就全
同力秩 道天 太一 敏閑 善寬 普益 玉印 友悅 快天 最性 玉善 錦惠 三惠 淸發 三綱 錦性 方湜 忠信

오 도 암 중 건 기

영천 오도암

우리나라에 사찰은 얼마나 될까 하는 질문을 종종 듣는다. 그런데 그 답은 그리 간단치가 않아서, 정확하게 몇 개의 사암이 있는지 통계로 잡힌 것이 없다. 5만 개라거나 혹은 10만 개라거나 하여 추정 기관마다 조금씩 다르다. 각 종단에 등록되지 않은 사찰도 상당수일 터니 생각보다 훨씬 많을 것이다.

 그러면 범위를 좀 좁혀서 전통사찰은 몇이나 되느냐 보면, 2011년 지금까지 900개를 넘게 헤아린다. 여기서 말하는 '전통사찰'이란 막연히 전통성이 있는 사찰이라는 말이 아니라 문화관광부에 등록된 주요사찰을 가리키는 말이다. 이럴 때의 전통사찰은 1910년 이전에 창건된 것으로 국한하고 있다. 어떻게 보면 매우 적은 숫자라서 이것밖에 안 되는가 싶기도 한다. 우리나라에 불교가 들어온 지가 지금으로부터 1600년이 넘지 않는가? 그렇다고 실망할 필요는 없다. 역사상 매우 의미 있는 사찰이라 하더라도 중간에 폐사되어 지금은 절터만 남은 곳이 셀 수 없이 많으니, 이것까지 합하면 또 숫자가 꽤 늘어날 것이기 때문이다.

하지만 역사상 언제 어떻게 없어졌는지 모르는 사찰은 그야말로 부지기수일 것이다. 현재 사찰사전을 보면 절터를 포함하여 겨우 1500여 사암만 등재되어 있지만 사실 이름도 전하지 않는 사찰이 얼마나 되는지 모른다.

헌데 법등法燈을 잘 잇고 있는 사찰 중에서도 우리가 그 역사를 잘 모르는 곳이 너무나 많다는 데 커다란 아쉬움이 있다. 불교사에서 매우 중요한 역사적 현장이 된 사찰, 한국불교사의 한 획을 그은 고승과 밀접한 관련이 있는 사찰이었으나 기록과 사적이 없어졌거나 드러나지 않아 지금은 옛날의 자취마저 사라져 버린 사찰이 한둘이 아닌 것이다. 우리가 앞으로 신경 써서 밝혀야 할 부분 가운데 하나가 바로 이렇게 잊혀진 사찰의 자취(역사)를 찾는 일이 아닐까 한다. 그런 사찰들 가운데 하나가 이번에 소개하는 오도암悟道庵이다.

오도암은 경상북도 영천시 부계면 동산동 산1번지 팔공산八公山 비로봉毘盧峰 아래에 자리한다. 이곳은 팔공산 제일의 명당이자 진불암眞佛庵·삼성암三聖庵과 함께 팔공산에서 가장 높은 곳이기도 하다. 이 절은 원효 스님이 수도하고 도를 깨달은 곳으로서 오도암이라는 절 이름 역시 바로 그것과 관계있다고 한다. 말하자면 원효 스님에 관한 성지 중 하나인 것이다. 오도암의 역사에 관해서는 이 정도가 지금까지 알려진 거의 전부이기도 하다. 하지만 이 「오도암 중건기」 현판에는 좀더 자세한 이야기가 전한다.

팔공산은 남쪽 지방의 이름난 산이다. 산 북쪽에 청운대靑雲臺가 있고, 그 아래 남향한 팔공산의 절승지가 바로 오도암이다. 원효 대사가 절을 창건했는데 그 전 신라 때 다섯 명의 승려가 함께 띠집을 엮고 수도하여 깨우친 곳이기 때문에 그렇게 이름 했으니, 지금으로부

오도암이 자리한 팔공산 전경

터 1300여 년 전의 일이다. 지금까지 흥폐가 몇 번 있었는지 기록할 수가 없다. 내가 가서 본즉 기둥은 크고 집도 튼튼하기는 하나 근래에 들어와 바람이 불고 비가 내려도 절을 지키는 사람이 없었다. 그래서 지금은 단지 산각이 무성한 풀숲 사이에서 절만이 외로이 서 있을 따름이었다. 동남으로 여행하다가 이곳을 지나는 사람들치고 이렇게 허무할 정도로 텅 비어 버린 광경을 보고 탄식하지 않는 사람이 없을 정도였다.

이 현판은 1932년 홍재하洪載夏가 지었다. 그가 누구인지는 잘 알 수 없는데, 조선이 역사의 무대에서 자취를 감추고 22년이 지난 때이므로 선봉적인 의미의 문인文人이라고 말하기는 좀 뭣하기는 하지만, 어쨌든 한문에 능한 선비인 건 분명한 것 같다.

오도암 현판

이 현판에는 오도암 창건에 대하여 재미있는 언급이 있다. 원효가 창건하기에 앞서서 다섯 명의 스님이 자그마한 집 한 채 지어놓고 수도하여 모두 깨달음을 얻었고, 뒤에 원효 스님이 와서 그것을 기리기 위하여 그 자리에 절을 짓고 오도암이라 했다는 것이다. 그런데 다섯 명이 누구인지 이름은 적혀 있지 않다. 전설에 이름까지는 나와 있지 않았던 모양이다. 이것은 아마도 '오도'라는 이름을 보고서 지어진 이야기일 것이다. 다섯 명이 수도를 했다면 五道인데 이것이 悟道와 발음이 같기 때문이다. 이 전설은 팔공산이라는 이름이 생기게 된 전설과도 관련이 있다. 옛날 이 산에 여덟 명의 수행자가 왔는데, 세 사람이 머문 곳을 삼성암이라 하고 다섯 사람이 수도한 곳을 오도암이라 했다는 것이다. 하지만 이 이야기는 사실이 아니라 팔공산이라는 이름을 풀어서 만들어진 전설로 보는 것이 정설이다. 그러나 그것은 그렇다고 하더라도 예전부터 오도암이라는 곳이 분명 중요한 사찰로 인식되고 있었던 것은 이 이야기를 통해 잘 알 수 있다.

이어지는 이야기는 지은이의 일가가 절을 중건한 일과 그 의미에 대해 말하고 있는데, 간단한 대화체를 구사했다.

기사년(1929) 가을이었다. 나의 아저씨뻘 되는 칠섭七燮 씨께서 힘을 다하여 재물을 모아 4칸짜리 승방을 지었다. 비록 옛날의 모습에는 미치지 못하겠으나 이로써 절 주변의 바위와 골짜기가 더욱 빛나 새로운 경관으로 일신하기에는 충분했다. 이에 스님들은 염불과 참선에 정진할 수 있게 되었고, 산문을 나서는 일도 드물었다.

나는 불사가 끝난 다음 오도암을 찾아가 뵙고 나서 (아저씨에게) 이렇게 말했다.

"뜻한 바를 두지 못한다면 어찌 이 세상을 제대로 살아갈 수 있을까요? 어떤 일을 하려면 마땅히 그 시기를 잘 알아야겠지요?"

"내가 이 세상에 태어나 공부하는 것을 잊고 살아온 지 어언 반평생이네. 내 스스로 육근六根의 죄를 지었지. 이제 지난날을 되돌아보니 마음을 두지 않고 아무 뜻 없이 지내온 세월이 후회가 안 되는 게 아니네. 지금부터는 부처님의 가르침을 좇아 살며 내 죄를 없애보려 하네."

그렇다! 세상에 자신의 죄를 잘 아는 사람은 드물다. 또한 그 죄를 씻으려는 사람은 더욱 드물다. 하루아침에 단연코 헛된 인연을 끊어버리고서 굳은 실천을 하기 위하여 성불하기 위해 마음을 다해 극력으로 노력하려는 것은 얼마나 어려운 일인가? 나는 그 용기에 감탄했다. 그런즉 그 마음을 기리기 위해 이와 같이 글을 남기게 되었다. 임신년(1932) 3월 초하루 석천산인 홍재하가 지었다.

위 이야기에서 홍재하의 삼촌인 홍칠섭이 덧없이 지내온 반평생을 후회하며 새롭게 불문에 귀의하면서 요사 등을 지은 저간의 사정을 읽을 수 있다. 그로 인해 스님들은 수행에 전념할 수 있어 세간을 떠돌지 않아도 되었고, 그 자신 역시 보시와 함께 불법을 익힐 수 있는 좋은 기회를 맞았다는 것이다. 이 부분의 이야기는 다른 어느 기록에도 없으므로 오도암의 역사와 관련한 중요한 내용이라고 할 수 있다.

한편 오도암이 원효 스님과 관계 깊은 곳임은 이미 말했는데, 실제로 근자에 이 절 부근에서 원효 스님이 수도하던 원효굴이 발견되어 화제가 되었다. 1988년 가을과 겨울 사이에 오도암 바로 위쪽 절벽에서 발견되었는데, 굴 입구 벽면에는 신라시대에 새긴 것으로 추정되는 '서당굴誓幢窟'이라는 글자도 있었다. 서당이란 원효 스님의 또 다른 이름이다. 또 이 굴 맞은편 100미터 아래에도 또 다른 굴 하나가 있는데 아마도 원효 스님의 제자들이 있던 곳일 것으로 추정되고 있다. 이 현판에 나와 있는 원효 스님의 행적과도 일치하고 있어 주목할 만한 유적이 아닐까 한다.

이 현판은 지금 은해사 성보박물관에 보관되어 있다. 어떤 연유로 은해사에 있게 되었는지는 알 수 없는데, 현재는 아니지만 예전 어느 때인가 은해사의 말사였는지도 모르겠다. 이 지역에 전하기로는 1963년 이후 폐사되었다고 하므로 폐사된 뒤 누군가에 의해 은해사로 옮겨진 것 같은데 하마터면 없어질 뻔했던 자료가 잘 보관되고 있어서 다행이다. 사실 우리가 조금만 더 관심을 가지고 둘러보면 이렇게 알려지지 않은 현판을 훨씬 더 많이 찾아볼 수 있다. 이런 현판들 모두가 우리 불교사에서 중요한 자료가 되는 것이니 독자 여러분들의 혜안을 기대해 본다.

悟道庵重建記

八公南州之名山也 山之北靑雲臺下 向南而據公山之絶勝者 是悟道庵也 羅時有五法侶 開山結茆修禪悟道 故元曉大師因創是庵而名之 去距今千三百餘年

其間興廢不可□記 而余之及見 棟宇堅緻 挽近守護無人 爲風雨所摧 只有山靈閣孤立於□□茂草之中 東南行過者無不以虛境之空寂爲忱恨矣 己巳秋 族叔七變氏 竭努鳩財建四間室子 雖不及舊制 足以巖壑增媚□□改觀 乃念佛守靜罕出山門 余往觀之日 不知所志 何居而遯□天山 宜知時也 曰 忘吾□學狂篤今過半生 而罪六根自乎 忘追悔無及思□寄形於流時之間 觀心於釋氏之傍以□依年庶幾我滅罪也 嗚呼 人之知罪者鮮也 而改罪者尤鮮矣 而一朝斷□結緣□□ 若固行者 此□是放下爲力立地成佛也 余感其勇 而道其所以□□故以爲記
壬申三月初吉 石泉散人 洪載夏記

선국사 중수기

남원 선국사

우리나라는 역사가 오래되어 어느 도시건 다 나름대로의 이미지와 개성이 넘친다. 호남의 고도인 남원南原이 근래 관광도시로서의 면모를 다져나가면서 이곳이 『춘향전』의 무대라는 이미지를 부각시키는 것을 그 한 예로 들 수 있다. 그래서 남원시의 로고도 광한루廣漢樓에서 다정하게 만나고 있는 춘향과 이몽룡의 모습이 담긴 '춘향골 남원'이다. 우리나라 사람치고 춘향과 이몽룡의 사랑을 모르는 사람은 없을 터이니 별도의 설명 없어도 광한루는 곧 로맨스의 상징처럼 여겨질 것이다. 남원은 그런 면에서 대단한 관광 아이템을 갖고 있는 셈이다. 덧붙이자면 광한루의 '광한'은 달을 뜻한다. 옛날 사람들은 달나라를 추운 벌판의 나라로 인식했기에 그런 이름을 붙였다. 중국 당나라의 태종은 도사의 도움으로 달나라에 다녀온 적이 있다는 전설이 있다. 달나라 여행을 다녀온 뒤 그는 달은 아름답지만 매우 서늘한 곳이라는 인상을 받았다고 한다. 어쩌면 그런 이미지 덕에 광한이라는 이름이 붙었는지도 모르겠다.

남원의 유서 깊은 사찰 가운데 선국사善國寺가 있다. 685년(신문왕 5)에 창건되었으니 1320년이 넘은 고찰이다. 1893년

(고종 30) 동학농민운동 당시에는 이곳 동학의 접주였던 김개남金開男 장군이 남원의 동학군들을 전부 모아서 교룡산성으로 들어가 선국사를 거점으로 관군과 일대 접전을 벌이기도 했다. 그 때문에 건물의 일부와 10섬을 담을 수 있을 정도로 컸던 장독이 부서졌다고 한다.

이번에는 이 선국사에 전하는 「선국사 중수기」 현판을 소개한다.

현판의 내용으로 볼 때 이 글은 크게 전후 두 단락으로 나누어 볼 수 있다. 전반부는 선국사가 자리한 교룡산의 지리적 특성과 웅장함에 대한 찬탄이고 아울러 교룡산성에 대한 언급도 보인다. 이 현판의 저자는 우선 교룡산에 올라간 느낌과 감탄을 말하여 산행의 흥취를 자세히 기록하고 있다. 그리고 후반부는 이 교룡산에 자리한 선국사를 여러 사람과 함께 중수하게 된 인연과 과정을 적으면서, 선국사의 절 이름에 대한 저자 나름의 견해를 피력하고 있다. 먼저 전반부부터 살펴본다.

대방帶方은 호남과 영남의 요충지고, 교룡산은 이곳에서 가장 경치가 뛰어난 곳이다. 이 산은 평야에 봉우리 셋이 우뚝 솟아 있는데 그 모습이 마치 나란히 서 있는 형제 같다. 엄숙함으로 말하자면 용맹한 군사와 훌륭한 장수가 갑옷을 입고 높은 단 위에 있는 듯하다. 또 정중함으로 말하자면 단정한 사람과 기이한 재주를 지닌 선비가 옷을 잘 차려입고 두 손을 들어 읍揖하고 있는 듯하기도 하다. 하늘이 내리고 땅이 감추었다는 말은 바로 이것을 말함이니, 그야말로 호남의 명승이라고 할 만하다. 옛날에 이 산에 성을 쌓고 군사가 주둔하여 방비를 했다. 허나 오랜 세월이 지나 산성은 지금 허물어져버렸다. 하지만 옛사람이 말한 바, "나라의 안녕은 지리의 험함에 있는 것이 아니라 임금의 덕에 있다"고 했으니, 이것이 바로 그러한 경우에 해당하지 않겠는가?

선국사 대웅전

나는 재주가 없음에도 여러 차례 호남의 고을들을 맡아 옛 도읍과 산들을 두루 살펴볼 수 있었다. 혹은 구절양장처럼 꾸불꾸불한 산도 있었고, 매우 기괴하고 험하여 일찍이 보지 못하던 경승도 있었다. 하지만 그 가운데서도 이 교룡산처럼 기이하고 경치 좋은 곳은 없었다. 아하! 아무리 화려한 문사를 구사하더라도 이것을 제대로 묘사할 수 있을지!

남원군에 온 지 어언 4년이다. 지난 을묘년 봄, 나는 전라북도 경무부장 이토 주로伊東四郎 씨와 함께 맹수가 산길을 다니듯 금강동에서부터 출발하여 꾸불꾸불한 길을 따라 산으로 올라갔다. 험한 길을 택해 위험을 무릅쓰고 정상에 올라가 내려다보니 남원군이 한눈에 들어오는데 모두 발아래에 놓여 있다. 다른 산을 바라보니 마치 능 같기도 하고 둑 같기도 하다. 둘레가 모두 평야라 백 리 어간에 깊이 은둔할 만한 곳은 없을 것 같다. 주변은 푸른 비취색으로 둘러싸여 있고 저 멀리 보이는 곳은 천애처럼 가물거리는 것이 사방이 모두 한결같다. 비로소 이 산의 특출함을 알 것 같다. 유유히 펼쳐진 산줄기에 청명한 기운이 한데 어울려 있어 그 끝이 어딘지 측량하기가 실로 어려웠다.

문장 처음에 나오는 대방은 역사 지리적으로 말한다면 한사군漢四郡의 하나였던 진번군眞番郡의 15속현 가운데 하나지만, 여기서는 곧 남원을 가리킨다. 말하자면 한사군의 대방군과 전혀 다른 대방인 것이다. 이 지역은 서기 16년(온조왕 34)에 고룡군古龍郡이라 했는데 196년(초고왕 31)에 대방군으로 바뀌었다. 그러다가 앞서 말했듯이 한사군의 대방군이 설치되자 220년(구수왕 7) 혼돈을 피하기 위해 남대방군으로 다시 바꾸었다. 660년에 백제가 멸망할 때는 대방도독부가 설치되었고, 이어서 685년에 대방을 남원이라고 부르기 시작했던 것이다. 한문에서는 어느 지역의 이름을 말할 때 현재보다는 옛날 이름으로 부르는 것을 멋으로 치는 경향이 있는데, 이 글에서도 마찬가지다. 사실 남원을 대방이라고 하면 요즘 사람들에게는 아주 생소하게 느껴질 수도 있겠지만 회고의 취미로서는 아취雅趣가 아주 없는 것도 아니다.

이 글을 지은이는 임진섭林震燮이다. 그는 이른바 구한말과 일제강점기 초에 활동한 고급 지방관리였다. 주로 전라북도의 임피·전주·남원군수 등을 지냈던 것을 확인할 수 있다. 또『조선총독부관보』1910년 10월 1일자에 총독부 중추원 부찬의副贊議에 임명된 사실이 보인다. 한편으로는 조선시대의 왕명 출납을 기록한『승정원일기』1897년(광무 1) 11월 6일자 기사에 중군中軍이라는 벼슬을 지낸 이료 임진섭이라는 이름이 보이는데, 동일인인지는 분명하지 않지만 시기적으로 그다지 멀지 않아 가능성이 있다.

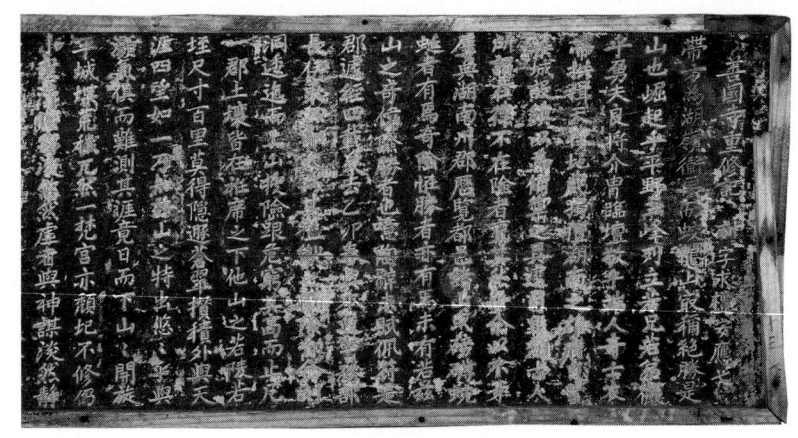
선국사 중수기 현판

임진섭이 섬세하게 묘사한 것처럼 교룡산蛟龍山은 이 지역의 명산이다. 그가 말한 바, '가장 뛰어나고 기이하여 호남의 명부名府'라고 한 말은 전혀 과장이 아니다. 교룡산은 평지가 많은 남원 가운데에 우뚝 솟아 있어 보기에도 꽤 시원해 보인다. 또 주봉인 밀덕봉과 남쪽의 복덕봉이 남북으로 축을 이루고 있는데 이 두 산은 높이가 518m로 같아서 한쪽으로 치우지지 않는 균형감을 보이기도 한다. 밀덕봉 정상에 오르면 지리산 노고단에서 천왕봉에 이르는 주능선이 한 눈에 들어오고, 멀리 섬진강과 남원평야의 광활한 들판이 장관을 이룬다. 임진섭도 바로 이런 광경에 넋을 잃고 바라보다가 무언가 이 절경을 묘사할 만한 멋진 말이 떠오르지 않자 "도무지 어떤 미사여구로도 표현할 길이 없어라[陶辭未賦佩符]"하고 운을 뗀 뒤 다만, "유유히 펼쳐진 산줄기에 청명한 기운이 한데 어울려 있어 그 끝이 어딘지 측량하기가 실로 어렵구나"라고 마무리하고 만 것이 아니겠는가.

교룡산에는 기슭에서 정상까지 돌을 깎아서 쌓은 3,120m의 교룡산성이 자리하고 있다. 헌데 이곳은 구불구불 산허리를 돌아나가며 쌓여 있는 산성만큼이나 간단치 않은 역사의 질곡이 서려 있다. 교룡산성은 고려시대에 수시로 침범하여 노략질을 일삼아 민초의 힘든 삶을 더욱 지난하게 만들었던 왜구를 방비하기 위해 지어졌다가, 조선시대에 들어와 임진왜란과 정유재란 때도 국방의 기지로 긴요하게 사용되며 국방에 큰 역할을 한 곳이었다. 얼마나 많은 백성들이 이곳에서 억울하게 유명을 달리했는지 모른다. 그래서 근래는 양란 당시 산화한 의병 만여 명을 기리는 만인의총萬人義塚(사적 제272호)을 새롭게 단장해 그들의 넋을 위로하며 성역화했다. 또 남원시에서는 이 교룡산을 휴양지로도 개발하여 지금은 각종 체육시설과 야외 민속전시장이 마련된 국민관광지로 되어 있다. 선국사와 교룡산성 외에도, 남원이 낳은 조선시대 후기의 여류시인 김삼의당金三宜堂(1769~1823)을 기리는 시비가 있다. 이 시비에는 님을 그리는 여인의 마음을 노래한 절창 「야심사夜深詞」가 새겨져 있으니 산성 가는 길에 꼭 한 번 둘러볼 만하다.

　현판으로 돌아가서, 임진섭은 이 현판의 전반부에서 교룡산의 절경을 묘사하면서, "나라의 안녕은 지리의 험함에 있는 것이 아니라 임금의 덕에 있다"라는 말을 인용했다. 이 말은 중국의 유명한 역사가인 사마천司馬遷이 지은 『사기史記』에 보이는 고사에서 유래한다. 위나라 왕인 무후武侯가 하루는 서하西河에서 배를 타고 내려가면서 주변의 형세를 찬탄하며, "산과 물이 굳건하니 이것이 위나라의 보배로구나"라고 했다. 이에 옆에 있던 오기吳起가 대답하기를, "나라의 안녕은 (임금의) 덕에 있지 (산하의) 험준함에 있지 않습니다"라고 했다는 것이다. 덕으로 백성을 다스려야 안녕이 있지 요새 같은 산세만 가지고서는 나라를 지킬 수 없다는 뜻이나. 충신 오기가 겉멋만 찾는 왕에게 점잖게 한 방 먹인 것이다. 그런데 이 글에서 임진섭은 교룡산의 뛰어남을 말하려

교룡산성

고 한 것이니, 사실 문맥상 이 고사는 적절한 인용이라고는 할 수 없을 것 같다.

본래 산과 그 산에 자리한 절이란 서로 불가분의 관계에 있는 것이라 이 둘을 늘 함께 놓고 생각할 필요가 있다. 말하자면 절에 가면 그 절을 품고 있는 산이 어떤 산인지 살펴야 절에 대한 이해가 보다 깊어질 수 있다는 얘기인데, 즉 절이라는 공간은 본래부터 주변의 자연과 어떻게 조화를 이룰지 인식하고 세워졌다는 것이다. 이처럼 사찰에는 종교문화뿐만 아니라 인문지리적 성격도 아울러 지니고 있다고 봐야 한다. 이래서 '산사山寺'란 말은 '산에 있는 절'이 아니라 '산과 절'이라고 뜻새김해야 더욱 의미 있는 단어라고 나는 생각한다.

아무튼 선국사는 어머니 품에 안긴 아기처럼 교룡산에 아늑하게 들어서 있다. 교룡산에는 교룡산성이 있는데 산성이란 축성도 큰일이지만 그 유지도 보통 쉬운 일이 아니므로 그 지역에 미치는 영향이 클 수밖에 없다. 선국사는 창건 이래 이 교룡산성의 유지 보수의 임무를 맡고 있었다. 해서 선국사를 말하면서 교룡산과 교룡산성에 대해 언급하지 않을 수 없다. 이 산성이 언제 축성되었는지 현재까지는 명확하지 않지만 예로부터 국방의 요충지로 큰 역할을 했던 것은 확실하다. 고려시대 말 빈번했던 왜구의 침략과 조선시대의 임진왜란 및 병자호란 등 나라의 국운이 위태로웠을 때마다 전라좌영全羅左營이 설치되었던 남원부南原府에는 곡성・옥과・구례・창평・장수・운봉 등 6개 군현에서 거둔 군량미를 전부 이곳 교룡산성 안에 저장하고 병력을 배치한 사실은 문헌에서도 확인된다. 그리고 이렇게 국가적으로 중요시되던 교룡산성이기에 이곳을 지키고 운영하기 위해 선국사가 나름대로의 중요한 역할을 했던 것이다. 아마도 국운의 안보를 빌고 전쟁에서 승리를 거둬 나라가 편해질 것을 염원하는 뜻에서 절 이름도 용천사에서 선국사로 바꾼 것으로 추정하기도 한다. 실제로 현재 전하는 「교룡산성 선국사 법당 상량문」을 보면 창건부터 산성과 절이 밀접하게 연관되어 있는 것이 보인다. 조선시대에 만들어져 현재 대웅전에 보관된 큰북도 승병 등 교룡산성 수비대와 관련 있는 유물일 것이다. 그래서 조선시대에 이 절은 교룡산성을 지키는 본부로도 사용되어 수성장守城將과 별장別將이 배치되어 있었으며, 한창 때는 이 절에 300여 명의 스님이 머물렀다고 한다.

다시 「선국사 중수기」 현판으로 돌아와서, 저자인 임진섭 일행이 교룡산을 등반하며 교룡산성을 둘러본 다음 하산하는 길에 선국사에 들렀다가 절을 중수하게 된 인연을 맺게 되는 과정이 잘 나와 있다.

날이 어두워져 산을 내려왔다. 산길을 빙 둘러 내려오니 성벽이 황폐하게 버려져 있는 것이 보이는데 문득 범궁梵宮(사찰) 하나가 눈에 들어왔다.

역시 퇴락되어 있는 채로 잘 보전이 안 되어 있었다. 들어가 잠시 쉬었다. 터가 넓고 맑은 기운이 감돌고 있어 유연하고 허허로워 정신이 고요해진다. 마음을 다잡고 공부하면 누구나 표표히 봉래를 건너 하늘까지 올라갈 만한 곳이 아니겠는가 싶었다.

이에 남원군 참사參事 이하덕李河德, 남원 면장 양재영梁裁英, 그리고 이 절의 주지 김현암金玄巖 스님 등과 함께 절을 중수하기로 뜻을 모았다. 대웅전과 약사전, 칠성각은 옛 모습을 유지한 채 수리하고 보제루는 새로 창건하기로 했다. 선국사 절 이름도 편액에 다시 써서 걸기로 했다. 이렇듯이 이 절이 중건될 수 있었던 것은 이토 씨의 찬조에, 이하원·양재영·김현암 등 세 사람이 성심을 다한 결과였던 것이다. 그런데 그 가운데 어떤 사람이 절 이름에 난색을 표하며 이렇게 말했다.

"부처는 산림에 은거하며 백성을 버렸으니 이는 국가에 소용되는 일이 아니었습니다. 그런즉 그 거처를 선국이라 하는 것은 가만히 생각해 볼 때 잘못된 일이 아닐까 싶군요."

나는 이렇게 대답했다.

"아니지요, 아니지요. 군신과 부자의 윤리는 하늘 아래 벗어날 수가 없는 것입니다. 천지에서 하늘을 앞에 둔 것을 보고 어느 누군들 윤리가 아니라고 하겠습니까?

석가모니의 가르침에 따라 자선慈善과 보제普濟로써 마음을 굳게 세워 국가에 공을 세우려 노력했던 사람이 예로부터 많았던 것도 그 까닭이 아니겠습니까? 또한 오늘날 여러 나라의 종교 가운데서도 불교가 특히 성하여 나라가 부유하고 백성은 강건하니 어찌 훗날이 반드시 지금과 같다고 할 수 있겠습니까?

그러니 절 이름을 선국이라 한 것은 스스로 권면하자는 의미가 담겨 있는 것입니다. 우리 스스로 더욱 분발하여 중수에 매진하는 게 옳은 일인데, 어찌 예로부터 내려오는 이름을 바꾸어 옛 사람의 의도한 바를 흔들려 합니까?"

이어서 중수한 연대를 적는다. 대정 6년 정사년 가을에 남원 군수 임진섭이 삼가 지었다.

위에서 본 것처럼 이 현판은 남원 군수 임진섭이 1926년에 지었다. 우리나라 사찰 역사에서 20세기 초반의 기록은 알려진 것이 드문 편인데, 그런 의미에서 이 현판이 갖는 의미가 각별하다고 할 수 있다. 그 시대의 역사기록이 많지 않은 것은 전체적으로 국운의 쇠퇴기라 개별 사찰도 쇠잔하였기 때문이기도 하고, 또 다른 이유로는 이 시기가 일본의 식민지로 전락되어 있던 민족적 치욕의 기간인 탓도 크다. 그래서 일제강점기에 해당하는 역사는 일부러 찾아서 없애고 지우며 또 애써 외면하려 했던 마음 탓에 있던 역사까지 없어지는 일이 사실 꽤 많았다. 하지만 역사는 넓은 시각으로 바라보아야 할 일이다. 역사의 의미가 과거를 돌아보고 현재를 반추하여 발전된 미래를 위한 거울로 삼는 데 있는 것이라면, 잘못된 역사일수록 더더욱 찾아보아야 발전이 있게 된다. 사찰에서도 간혹 그런 일이 있다. 비석이나 석물에서 대정大正, 명치明治 등의 일본연호를 지운다거나 심지어는 깨부수는 일도 있다. 어느 시대의 역사든 소중한 법이니 어떤 것은 좋고 또 어떤 것은 나쁘다는 말은 할 수 없다. 기억과 역사는 잊고 싶다고 해서 잊히는 게 아닌 만큼 '역사를 지우려는' 일은 소용도 없고, 또 만행에 가까울 정도로 무지한 행동이다.

위 글에는 임진섭과 교룡산에 함께 등반했던 남원군 참사 이하덕, 남원 면장 양재영 등 세 사람이 선국사에 우연히 들렀다가 그 경관에

보제루에 걸린 선국사를 노래한 시문 현판

매료되고 깊은 역사적 광휘에 감동하여 쇠락을 면치 못하고 있던 선국사를 중수하는 데 뜻을 모았다는 얘기가 담겨 있다. 그런데 임진섭을 제외하고 나머지 두 사람에 대해서는 별다른 기록을 찾지 못해 어떤 인물인지 소개할 수 없는 게 아쉽다. 어쨌든 이 3인은 당시 선국사의 주지로 있던 현암玄嚴 스님과 의논하여 대웅전을 비롯해 약사전과 칠성각을 보수하고 보제루는 새로 짓기로 했다. 이 글귀 하나만 가지고도 선국사 건물의 역사를 살펴볼 수 있게 되었으니 중요한 기록이라고 하지 않을 수 없다. 현판의 중요성 중 하나가 이런 것임은 누차 이야기한 바 있다.

이 현판에 보이는 또 다른 재미있는 이야기는 '선국'이라는 절 이름에 대해서 등장 인물들이 나눈 대화다. 중건에 동참한 일행들 가운데 한 사람이 선국이란 착한 나라라는 뜻인데, 출가사문이 머무는 절이 어떻게 착한 나라가 될 수 있느냐는 기가 막힌 이의를 제기한다. 기가 막히다고는 했지만, 사실 이 문제는 유학을 근본이념으로 삼았던 조선시대에 불교가 배척 당한 가장 큰 이유이기도 했다. 그만큼 불교가 그 문제제기에 당당하게 대처하지 못한 부분이기도 하다. 그런데 임진섭은 그에 대해 나름대로 멋진 대답으로 응수했으니, 고래로 우리나라에 전란이 많았으나 나라를 위해 목숨을 바친 사람이 잇달았던 것도 바로 석가모니의 가르침인 자선과 보제를 실천했기 때문이라는 것이다. 따라서 구국의 선봉은 곧 불교였지 않느냐는 말이었다. 또 옛사람이 지은 '선국'이라는 이름에는 스스로 권면하여 나라를 부강하게 하자는 의미가 담겨 있으니 이 얼마나 훌륭한 뜻이냐고 반문한다. 그가 얼마만큼 불교에 심취해 있었는지는 알 수 없으나, 불교의 가치를 대변해 주는 당당함과 논리정연함은 오늘날의 우리도 경청할 만한 것 같다.

善國寺重修記

帶方爲湖嶺衝要 而蛟龍山寂稱絶勝 是山也 崛起乎 平野三峰列立 若兄若弟 儼乎 勇夫良將介胄臨壇 敬乎 端人奇士衣帶拱揖 天孫地藏 獨擅 湖南之雄府 自昔築城設鎭 以爲備禦之 具邈爾毁頹 古人所謂在德不在險者 寔其然乎 余以不才 屢典湖南州郡 歷覽都邑諸山 或□□蜿蜒者有焉 奇險怪勝者亦有焉 未有若玆之奇偉險勝者也 噫 陶辭未賦佩符 是郡遽經四載矣 去乙卯春 與本道警務部長伊東四郎氏 爲其猛獸之驅除 自金剛洞透迤而上山 搜險跟危窮其高而止 凡一郡土壤 皆在袵席之下 他山之若陵若垤 尺寸百里 莫得隱遯 蒼翠攢積 外與天涯 四望如一 乃知玆山之特山 悠悠乎 與灝氣俱而難測其涯 竟日而下山 山開旋平 城堞荒穢 兀然一梵宮 亦頹圮不修 仍小憩 淸曠窈溪 悠然虛者與神謀淡然靜者 典心謀使人飄飄 然有涉蓬萊登天臺底意 乃與郡參事李河德 南原面長梁

裁英 該寺住持金玄嚴 謀所以重修 其曰大雄殿 曰藥師殿 曰七星閣 依舊增新也 曰普濟樓新刱也 總名以善國寺者 仍扁額以書之也 盖玆寺之重建專由乎 伊東氏之贊助 李梁金三氏之誠心也 或有難之者曰 浮屠氏 乃山林之棄民 非家國之需用 而名其居以善國 顧不猥且謬歟 余曰 否否 君臣父子之倫 無所逃於天地 夫頭天足地者 孰不知這倫理也哉 況釋氏之爲教也 以慈善普濟爲心樹勳勞於國家者 古多有之 而現今列邦宗敎中 佛敎尤盛 國富民强 安知來者之猶勝於古耶 當號以善國 自有勸勉之意 而促余俾所以重修者 仍奮貫可矣 豈可易舊號而求侈乎前人乎哉 遂爲記重修之歲月云爾
大正六年丁巳秋 南原知府林震爕謹記 刻字 求禮安應

공북루 중수기

여천 흥국사

 남해안의 푸른 바다가 바라다보이는 전라남도 여수는 이름대로 참 아름다운 고장이다. 낭만을 찾는 여행객치고 여수를 안 가본 사람은 드물 것 같다. 여수항은 우리나라에서 최고로 꼽히는 미항 중 하나고, 남해안의 절경 한려해상국립공원도 바로 여수에서부터 시작한다. 오동도는 한려수도의 명물로 직접 안 가본 사람이라도 이름은 많이 들어봤을 것이다. 여행에 조금 지쳤다면 맛으로 기운을 북돋을 수도 있다. 남도답게, 눈으로 보는 풍광뿐만 아니라 혀로 느끼는 맛도 훌륭하기 때문이다. 단풍이 가을여행의 필수코스라면, 눈부신 은빛 바다는 겨울여행의 백미가 아닐까 싶다. 그런 면에서도 여수의 바다는 놓치고 싶지 않은 곳이다. 2013년 엑스포가 이곳에서 열리면 이제 여수의 아름다움은 세계의 아름다움으로 업그레이드될 테니 그때가 벌써부터 꽤나 기다려진다.

 흥국사興國寺는 여수에 가면 꼭 한 번 들러볼 만한 고찰이다. 1195년 보조 지눌 국사가 창건했는데 절 이름에는 나라가 흥하면 이 절도 흥한다는 염원이 담겨 있다. 말하자면 흥국사는 나라의 흥성을 기원하는 기도사찰로서의 역할이

흥국사 대웅전

컸다는 뜻이다. 여수 사람들은 예로부터 이러한 사실에 상당한 자부심을 지녀왔다. 고려시대에 흥국사의 한 스님이 백일기도를 마친 뒤 회향축원문에 '흥국기원興國祈願'이라는 말을 써넣지 않았다가 관리로부터 문책을 받았다는 이야기가 전설처럼 전하는 것도 이 때문이다. 조선시대에 임진왜란이 일어나자 이 절이 의승군 중 수군의 전진기지가 되어 나라를 구하는 데 혁혁한 공을 세웠던 것도 확실히 흥국이라는 절 이름이 온전히 잘 된 것이구나 하는 생각이 들게 한다. 흥국사에는 여러 장의 현판이 전하는데, 그 중 이순신 장군의 부장으로 왜군 격퇴에 큰 공을 세운 남유南瑜 장군의 활약을 다룬 「남장군 순절비 창건기」는 이 책 제1권에서 언급했다. 이 현판을 통해 그동안 알려지지 않았던 임진왜란사의 한 비사를 처음으로 소개하기도 했다. 그리고 이번에는 흥국사에 전하는 또 다른 현판 「공북루拱北樓 중수기重修記」를 소개한다.

이 현판을 지은이는 이봉호李鳳鎬다. 본관은 전의全義고, 조선시대 중기에 병조판서를 지낸 저명한 문신 효익공孝翼公 이준민李俊民(1524~1590)의 후예라고 전한다. 이봉호에 대해서는 비록 생몰연도라든지 또 다른 자세한 것은 알려져 있지 않지만 『조선왕조실록』・『승정원일기』 등을 참고해 보건대 당시 손꼽히는 무관이었던 것으로 생각된다. 그의 이력은 1880년대 초 경상도 하동河東 부사로 있었던 것부터 확인할 수 있다. 부사府使라는 직책은 요즘의 도지사에 비견된다. 하동 부사는 1882년(고종 19)에 부친의 병 때문에 그만두었지만 얼마 안 있어 중앙 관계로 진출한 듯하다. 1886년에 경복궁 경무대景武臺에서 문무관 신하들에게 보이는 시험인 중시重試를 치를 때 고관考官으로 그의 이름이 나오는 것을 보아 그렇게 짐작된다. 이듬해인 1887년에 황해도 평산平山 부사로 다시 외직으로 나아갔으나 역시 부친의 병을 돌보기 위해 평안도 용천龍川 부사로 이동했다는 기사가 보인다. 아마도 그의 고향이 용천 어간이었던 모양이다. 1891년 2월 충청도 태안泰安 부사로 발령받았다가 8월에 임금에게 진상한 날전복이 상해 견책을 받았고, 11월에는 공문서 작성법식을 어겼다는 이유로 재차 지적을 받았다. 그러나 그의 공무처리는 매우 우수했다. 1892년 6월 충청도 암행어사를 다녀온 이중하李重夏(1846~1917)가 올린 보고서에 따르면, "양호養戶를 없애 세곡稅斛을 정확하게 봉납捧納하여 칭송이 길거리에 자자하고, 녹봉을 출연해 호포戶布에 충당시켜 은혜가 고을에 골고루 미쳤으며, 학교에서는 학문을 권장하고 영해營廨는 무너진 곳을 수리했는데, 전후에 걸쳐 녹봉을 출연한 금액이 2만 5000냥이었다"고 한다. 한 마디로 청백리였다는 말인데 그 같은 선치에 대한 포상이었던지 곧이어 7월 27일

전라좌수사로 발령 받았다. 이듬해 1893년 꿩 털 진상이 규정보다 4개월이나 지연되는 바람에 7월에 중앙정부에게 경고를 받기도 했지만 그런대로 대체로 무난한 업무를 보여주어 1894년 11월 11일에는 선전관宣傳官이 되어 중앙으로 올라갔다. 그 뒤 1899년 9월 17일에 종2품으로 승진했는데, 그 이후의 관직생활은 더 이상 기록에 나와 있지 않다.

이봉호가 이 글을 쓸 때는 1893년으로 전라좌수사로 있을 때였다. 조선시대에는 왜구와의 접촉이 심했던 전라도와 경상도에 수군절도사가 상주하는 주진主鎭을 각각 설치했는데, 전라도에 두었던 좌수영은 1479년(성종 10) 이후 지금의 여수인 순천의 오동포梧棟浦에, 경상도좌수영은 효종 이후 동래에 두었다. 좌수사는 곧 좌수영의 최고 책임자로서 요즘으로 보면 해군사령부 사령관에 해당할 것 같다. 당시 관직으로 보더라도 상당히 높은 벼슬이라, 비록 외직이기는 해도 당상관인 정3품이었다.

이제 이봉호가 지은 「공북루 중수기」를 설명할 차례인데, 그다지 긴 글이 아니니 전체를 한 번에 쭉 읽어보겠다.

관아 서쪽 영축산에 흥국사가 있는데 보조 국사가 창건한 사찰이자 의승군이 주둔했던 곳이다. 작년 3월 나는 수영으로 부임하는 길 도중에 유람 삼아 이 절에 들렀었다. 절의 정문인 공북루는 중수된 것이었으나 이미 세월이 오래 흐른 뒤라 무너지고 기운 곳이 많아 염려스러울 정도였다. 아침저녁으로 여러 승려들이 서로 근심스럽게 말하곤 했다.

"예전 혜원 스님이 환공의 도움으로 동림사를 결성해 거기에 머물렀고, 또 경명의 도움으로 내원전을 지었던 적이 있는데, 우리 누각 역시 그런 모습을 볼 수 있어야 할 텐데……."

이에 나는 짐짓 장난처럼 이렇게 말했다.

"대천세계의 선남선녀가 믿음을 갖고 발원심을 내서 재물을 덜어 보시함은 곧 상문桑門(불가)에서 볼 수 있는 고금의 일 중 하나일진대 어찌 그리 근심만 하시는가? 힘을 모아 이 누각을 중수하면 되지 않겠소?"

이에 여러 공인들을 불러모으고 흙과 나무, 기와를 준비하도록 했다. 비록 옛날 모습 같지는 않아도 새로 지은 것과 다름없었다. 이 일을 지금 곰곰 생각해 보면 여러 단월들의 힘이 있어서 비로소 가능했다는 것을 알겠다. 4개월 뒤, 드디어 누각 중건이 완성되었음을 사람들에게 알렸다. 여러 스님들이 이 문을 드나들면서 입을 모아 말했다.

"청정세계란 바로 여기에서 나오는 곳이겠구먼!"

사람들은 이 누각을 오르면서 혹은 술잔을 주거니 받거니 하거나, 혹은 시를 읊조릴 수도 있다. 또 노래를 부를 수도, 흥에 겨워 휘파람을 불기도 할 것이다. 한가한 날 유람하며 즐기는 장소도 될 수 있을 것이다. 하지만 그것만이 내 뜻은 아니다. 아! 북두칠성이 있음에 뭇별들이 머리를 조아리는 의미를 아는가 모르는가? 바로 그것이다! 이 누각의 이름이 공북루인 것은 바로 거기에 있다. 이 절에 머물거나 오는 사람들은 이 누각을 보면서 마땅히 그 이름의 의미를 헤아려 보아야 한다. 그러고 나서 그 뜻을 격려하고, 또 그 뜻에 부합하게 흥성하도록 해야 한다. 하지만 그렇다고 해서 이 누각의 이름에 반드시 얽매일 필요까지는 없다. 그래야 이 누각이 영원하게 될 테니까. 아, 다만 열심히 노력할 뿐이 아니겠는가.

광서 19년(1893) 계사년 계추절(9월)에 이봉호가 짓고, 유학 박삼화朴三華가 썼다.

위에서 우리는 두 가지를 눈여겨봐야 한다. 첫째는 수군의 최고책임자가 흥국사 중건에 직접적인 도움을 주었다는 점과 완성된 다음에도 기문까지 써주었다는 점이다. 임진왜란 때 흥국사에서 조직된 의승군

흥국사 공북루 중수기

들이 수군으로 참전하여 큰 전공을 세웠다는 것은 이미 말한 바 있는데, 호국도량으로서의 면모가 유감없이 발휘되었다고 봐야겠다. 두 번째는 공북루라는 누각의 이름이 잘 해설되어 있다는 점이다. 누각은 단순히 의식의 거행, 학습의 장으로만 기능하지 않고 더욱 다양한 존재가치가 있다. 우리가 생각하는 것보다는 훨씬 의미가 크고, 또 누각의 이름에도 심오한 뜻이 담겨져 있는 경우가 대부분이다. 만세토록 이어지라는 만세루나 만인을 제도하겠다는 보제루는 평범한 축에 속한다. 좀더 적극적으로 주변 자연환경에 융화하려는 의미로 짓거나 (더러 이것을 풍수적인 관점에서 바라보기도 한다) 잘 알려지지 않은 그 사찰의 역사적 의미를 함유하기도 한다. 그래서 누각의 이름만 잘 해석해도 새롭고 재미있는 사실을 알게 되는 일이 종종 있다. 흥국사의 공북루는 북두칠성[北]을 향해 절한다[拱]는 의미인데, 당연히 북두칠성이란 곧 부처님을 상징한다. 공북루라는 이름을 가진 누각으로는 충남 공주 공산성의 북문(1603년), 전북 전주시 덕진구 팔복동의 누각(1686년), 강화도 교동읍성의 북문(1629년) 등이 있다. 재미있는 것은 모두 17세기에 이런 이름이 붙여졌다는 점이다. 물론 사찰이 아닌

곳에서는 '북'이 임금이 있는 궁궐을 뜻한다. 그러고 보면 불교에서 말하는 '공북'과 유교에서 말하는 '공북'은 서로 다른 셈이다.

지금 흥국사에 있는 누각은 공북루가 아니라 봉황루로 되어 있다. 흥국사가 자리한 영축산이라는 이름에 독수리 '鷲'자가 들어가는데, 누각의 이름에 독수리와 봉황은 서로 이미지가 엇갈리는 까닭에 뭔가 어색한 느낌이 들기 때문이다.

위에서 이봉호가 인용한 중국 혜원惠遠(334~416) 스님의 고사는, 여산廬山에 머물면서 환공桓公의 힘을 얻어 유명한 백련결사를 이루어 불교청정운동을 벌였던 일을 말한 것이다.

혜원 스님은 백련사에서 『법화경』을 번역하는 사업을 벌였는데, 당시 유명한 학자이자 시인인 사령운謝靈運(385~433)이 스스로 찾아왔음에도 혜원은 과감히 그를 돌려보냈다. 순수한 불법의 홍포를 바란 것이 아니라 세속적인 명성을 위해서 온 것이라고 판단했기 때문이다. 혜원은 『사문불경왕자론沙門不敬王者論』이란 책을 써서 수도자는 왜 권력자에게 굽실거려서는 안 되는가를 밝혔다. 불교적 입장에서 종교와 정치의 관계를 논할 때 늘 거론되는 이야기다.

興國寺拱北樓重修記

營之西靈鷲山興國寺普照國師之創建 而義僧之註鎭也 余莅營之越 明年暮春 遊覽是寺 寺之正門拱北樓修葺 旣多歲月 傾頹慮枉 朝夕諸僧徒告憫曰 惠遠賴 桓公之助 而結束林社可捿 借 慶明之力 而建萊園殿 是樓之改觀 小將有日乎 乃笑而戱之曰 大千界善男女 懷信 果發願心 散財舍施卽 桑門古今之一轍何患 乎 是樓之修改也 仍招群工乃興土木材瓦 雖是因舊制度無異刱新 顧此事鋸力

綿求諸檀越之惠 至四箇 朔而告成之 凡諸緇素之出入是門者 咸曰 淸淨世界自
此生色也 云登斯樓也 或觴或詠 或歌或嘯 是可爲暇日遊賞之所 然顧余意 豈爲
是哉 嗚呼 北辰居所 衆星拱之之義 知耶否耶 倚歟 是樓之名乎 居是寺倚 是樓者
使各顧名思義 激勵之 興起之 不負是樓之名 乃是樓不朽之實也 勉乎哉
光緖十九年癸巳 季秋節 慶使李鳳鎬識 幼學朴三華書

장경각 중수기

합천 해인사 (I)

팔만대장경으로 유명한 법보사찰 해인사에는 여러 점의 현판이 전한다. 또 실물은 남아 있지 않더라도 그 내용이 여러 종류의 책에 산발적으로나마 전하는 것도 많다. 해인사에는 다른 관련 기록도 엄청나게 많아서 과연 우리의 대표적인 사찰답다고 느껴지기도 하지만, 이 같은 현판문이 있어서 그 자료의 보고가 더욱 풍요롭게 보인다.

해인사의 현판 중 장경각에 관한 것으로 「장경각삼존개금기」(1773년), 「해인사경판각단악유공기」(1863년), 「장경각중수기」(1872년), 「대장경전유공기」(1873년), 「합천해인사장경각불상삼존개금봉황문문수보현가야나제금강신화성기」(1888년) 등이 있다. 두 번째와 다섯 번째 현판은 제2권에서 이미 소개한 바 있어서 해인사와 대장경의 중요성을 충분히 알 수 있었고, 이번에는 나머지 현판들을 차례대로 소개함으로써 해인사 역사에서 차지하는 현판의 가치를 다시금 음미해 보려 한다.

이번에 소개하는 「장경각 중수기」는 1872년(고종 9)에 이유원李裕元(1814~1888)이 지은 것으로 해인사 장경각 중건에 관련된 기록 중의 마지막이라고 할 수 있다. 물론

해인사 장경각 입구

이보다 한 해 뒤에 퇴암 순희退庵淳禧가 지은 「대장경전유공기」를 통해서도 장경각을 다시 고쳤다는 사실을 알 수 있지만 그것은 전년에 이은 마무리 불사의 성격이 짙다.

이유원은 1841년(헌종 7) 스물여덟 살에 정시문과에 급제하여 처음 관직에 발을 들여놓았고, 그 뒤 예문관 검열과 규장각 대교를 거쳐 1845년 동지사의 서장관으로 청나라에 다녀와 의주 부윤, 함경도 관찰사를 지냈다. 고종 초에는 좌의정이 되어 정승 반열에 올랐으나 흥선대원군 이하응과의 알력 때문에 1865년(고종 2)에 수원 유수로 좌천되기도 했다. 좌의정이 정1품 벼슬인데 정3품에 해당하는 유수留守로 내려갔으니 보통 사람 같으면 견디기 어려웠을 법하다. 유수란 개성·강화·수원·광주 등 서울을 보호하는 중요 외곽지역을 다스리는 벼슬이다. 그러나 그는 와신상담하여 이 어려운 시기를 견뎠고, 그 해 말 다시 영중추부사로 서울에 올라와『대전회통大典會通』편찬의 책임자가 되었다. 이 현판문을 지은 이듬해인 1873년 흥선대원군이 실각하자 곧바로 영의정이 되었다. 1880년 은퇴했으나 1881년 평소 그가 청나라와 밀접하게 연결하며 추진했던 개화정책에 반대하는 유생의 상소로 거제도로 유배되었다가 곧 풀려났다. 외교정책에 일가견이 있었으므로 1882년 전권대신이 되어 일본변리공사 하나부사 요시모토花房義質와 제물포조약에 조인했다.

이 현판문에는 조선시대 후기에 장경각을 고치던 정황이 잘 나와 있는데, 이는 실질적으로 조선시대 장경각을 마지막으로 고치는 불사에 대한 이야기다.

이유원은 이 현판에서 대장경이 인출되어 해인사에 보관된 경위를 먼저 소상하게 적고, 이어서 대장경의 의미에 대해서도 간단명료하게 밝혀 놓았다. 유학자의 입장에서 불교의 대의를 공개적으로 밝히는 것이 쉽지 않은 일이었겠지만 이유원은 문장가답게 유학자의 예봉을 피해 가면서도 불교의 가치와 의미를 표현해야 하는 자신의 임무를 잘 해냈다. 본문 가운데서 이유원은 자신이 젊었을 적 금강산 정양사에서 대장경을 보았던 이야기를 꺼내고 있는데, 이 말은 그가 한 때 불교 연구를 했다는 경험을 슬쩍 드러내 보인 것으로 볼 수 있다. 하기야 그런 경험이 뒷받침되었기에 이 같은 글도 쓸 수 있었을 듯하다.

「장경각 중수기」를 지은 이유원의 묘비 (남양주시 수동면)

이제부터 이 현판문의 내용을 살펴보겠는데, 먼저 처음부터 끝까지 읽어보기로 한다.

영남의 가야산 남쪽에 해인사가 있다. 신라 애장왕 때 고승 순응順應이 창건했는데 당나라 정원 18년 임오년의 일이다. 그 뒤 652년이 지난 홍무 계유년(1398)에 태조대왕께서 옛탑을 중건하며 대장경 인출을 발원하여 탑에 봉안한 뒤 임금께서 친히 발문을 짓기까지 하셨다. 세조 임금시절의 무인년(1458)에는 승려 죽헌竹軒 등에게 명하여 해인사에서 대장경 50부를 인출하도록 명하고는, 혜각慧覺·신미信眉·등곡燈谷·학조學祖 등의 여러 승려로 하여금 장경당의 낡고 누추한 바를 살펴보고 오도록 했다. 그리고 경상도 관찰사에게는 옛날 모습보다 조금 더 늘려 지으라는 분부를 내리셨다. 계묘년(1483)에는 인수仁粹왕비와 인혜仁惠왕비가 정희貞熹대비의 유지를 받들어 학조에게 명하여 그 공사를 감독케 했다. 무신년(1488)에 쌀과 베를 하사하시고, 도료장都料匠인 박중석朴重石 등을 보내어 판당 30칸을 고쳐 짓고, 이름을 보안당普眼堂이라 했다. 기유년(1489) 봄에도 역시 앞서와 마찬가지로 단월檀越을 베풀었다. 이 절의 흥폐연기는 바로 이와 같다.
지금 임금님의 임신년(1872)은 곧 태조왕께서 개국한 지 여덟 갑자가 지난 해다. 옛 이념을 유신하여 많은 제도를 새롭게 고치는 위업을 이루었다. 승려 혜봉慧峰·고경古鏡·담화曇華 등이 이 전각을 다시 수리하기로 서로 의논하고 내게 그 기문을 부탁했다.
아하! 이 절은 본디 최문창崔文昌(최치원)이 책 읽던 곳이니, 그가 바위에 써놓은 글씨는 아직도 완연하다. 고려에 와서 국사國史와 더불어 『법화경』을 이곳에 보관했음은 고적을 통해 알 수 있다. 주변 산세의 뛰어남과 자연의 그윽함은 이미 조매계曺梅溪(조위)의 글에 보인다. 내가 듣기로, 부처의 큰 뜻은 모두 삼장 12부에 나와 있는데, 그것을 한 마디로 말하라면, "선도 없고 악도 없다[無善無惡]"라고 한다. 대개 시방세계 현재미래가 경전에 나와 있지 않은 것은 하나도 없다.

삼승과 육통이 오랫동안 정토[祇花]에 머무르고 지혜의 달[慧月]의 경지를 가래나무에 새긴 것은 금으로 장식한 뒤 바라밀을 저마다의 마음속에 걸어두려는 것이기 때문이다.

옛날 영조 임금님의 계해년(1743)과 계미년(1763)에 절에 불이 났고, 순조 임금님 정축년(1817)에도 불이 났었다. 하지만 어느 때도 판당은 불에 타지 않았으니, 이는 아주 중요한 곳이라[脊梁之間] 아무리 작은 것이라도 감히 가까이 와서 범할 수 없었던 때문이다. 과연 사문沙門의 커다란 보배요, 신이 물을 부어주고 귀신이 돕는 곳임을 증험한 일이라 하겠다.

나는 일찍이 봉래산의 정양사正陽寺에서 대장경 한 부를 본 적이 있었다. 그것은 (앞서 말한) 세조 임금님의 무인년 때 만든 것 중 하나였다. 나는 아직까지 가야산에 와 본 적이 없었으므로 그 경전이 이곳에 남아 있다는 것을 모르다가 이번에 와서야 알았다. 지금 이렇게 장경각에 관한 기문을 쓰고 보니, 내 인연의 업이 그다지 옅지는 않은 모양이다.

우리 임금님 치세 9년에 대광보국숭록대부행판중추부사 월성 이유원이 지었다.

위의 글에서 중심을 이루는 것은 팔만대장경을 봉안한 장경각(그 밖에도 판전, 판당 등 여러 이름으로 불렸다)의 역사를 일목요연하게 정리한 것이다. 우리가 장경각의 역사를 고려시대 때부터로 보고 있지만 실제로 조선시대를 거쳐 언제 어느 때 어떤 식으로 중건하거나 고쳤는가는 이 현판의 내용을 봄으로써 한눈에 알 수 있다. 특히 조선 건국과 함께 왕실의 발원으로 보호되고 유지되었던 역사가 태조, 세조, 정희왕후, 인수왕비, 인혜왕비 등 여기에 기록되는 왕과 왕비의 이름만 가지고서도 넉넉히 짐작할 수 있다.

또 하나는 장경각이 자리한 해인사의 의미와 비중을 말한 점이다.

해인사 장경각 원경

고운 최치원이 글을 읽던 역사로부터 시작해서 조선시대의 유명한 문인 매계 조위曺偉(1454~1503)의 글에 소개되는 정황까지를 말하면서 해인사가 내외 문인들이 사랑하던 곳임을 말하고 있다.

이 글에서 무엇보다도 돋보이는 대목은 불교의 요체를 설명한 부분이 아닐까 싶다. 이유원은 저명한 유학자이자 문인이면서 불교의 핵심을 잘 파악하고 있음을 볼 수 있는데, 그는 이 글에서 불교를 한 마디로 말하면 '무선무악'이라고 했다. 무선무악은 여러 불경에서 보이는데 『백운화상초록직지심체요절』에서의, "내 몸과 마음의 쾌락은 오로지 무선무악을 닦을 때이니라[我自身心快樂 修然無善無惡]"라든지, 「대비관세음보살마하살찬」의, "무선무악 하여 오로지 한 마음으로써 믿음을 얻으라[無善無惡但得一心信]"는 말 등이 그것이다.

그런데 사실 이 말은 유학 중에서도 중국 명나라 때의 왕안석王安石이 발전시킨 양명학에서 가장 핵심적인 사상으로 내세우는 말이기도 하다. 예를 들어 왕안석은 양명학의 진수를 담은 것으로 유명한 「사구결 四句訣」에서, "무선무악은 마음의 본체다. 선과 악이 나타나는 것은 뜻[意]의 작용 때문이다. 그러므로 선과 악을 구별하여 아는 것이 양지良 知이며 선을 행하고 악을 버리는 것이 바로 격물格物(사물의 이치를 깨달아 마음을 바로잡는 것)이다[無善無惡是心之體 有善有惡是意之動 知善知惡是 良知 爲善去惡是格物]"라고 갈파했다.

이유원은 이렇게 불교와 유교에서 모두 수행법의 요체로 삼은 무선무 악을 들어 불교와 유교의 융합을 이 한 마디로 대신하고자 했던 모양이 다.

藏經閣重修記

嶺南伽倻山之陽 有海印寺 新羅哀莊王時 高僧順應所刱 唐貞元十八年壬午也 後六百五十二年壬 洪武癸酉 我戌太祖大王 重營古塔 願成大藏 以安于塔 有親 撰跋文 世祖戊寅 命僧竹軒等 就本寺印大藏五十件 使慧覺 信眉 燈谷 學祖諸僧 往視藏經堂之隘且陋 令道臣 稍增舊制 癸卯 仁粹王妃 仁惠王妃 以貞熹大妃遺 志 仍命學祖 董其役 戊申 內 下米布 遣都料匠朴重石等 改構板堂三十間 額之曰 普眼 己酉春 施檀越亦如之 此寺之興廢緣起也 今聖上壬申 卽太祖開國之八回 甲也 舊命維新 百度更始 僧慧峰 古鏡 曇華 謀重修是閣 屬余記之 噫 寺本崔文 昌 讀書之所 題石尙完然 逮高麗 藏國史兼藏法經 古蹟可攷 而其峰巒之秀 洞府 之窈 已有曺梅溪遺筆也 我聞佛氏大意 三藏十二部 一言以蔽之曰 無善無惡 盖十方世界 現在未來 無非經也 三乘六通 長留於秖花 慧月之境 何必鏤之梓 飾之金然後 爲波羅密心心偈也 昔在英廟癸亥 癸未 寺火 純祖丁丑 又火唯板堂

不犯 脊梁之間 雖翎毛之微 亦不敢近 果爲沙門之鴻寶 而尤驗神呵而鬼護也
余曾於蓬萊之正陽寺 閱一部大藏經 是乃世祖戊寅 分棄者也 余跡不及伽倻一步 而其經則有領畧者存 今於藏經閣記 亦可謂緣業之不薄也
上之九年 大匡輔國崇祿大夫行判中樞府事 月城 李裕元記

궁현당 중수기

합천 해인사(Ⅱ)

합천 해인사에 전하는 현판 중 하나인 「궁현당 중수기」를 소개한다. 지금까지 본 몇 편의 현판들은 모두 장경각이나 대장경에 관한 것들이 중심을 이루었다. 부처님의 가르침을 상징하는 대장경이야 물론 중요하지만, 정작 그 가르침을 공부하는 일이 뒷받침되지 않는다면 대장경 역시 가치가 반감될 수밖에 없을 것이다. 그런데 해인사에는 스님들이 공부하는 공간의 하나로서 궁현당窮玄堂이 있어서 학문의 전당으로서의 구실을 잘 해 왔다. 이번에 보는 「궁현당 중수기」는 바로 그 강학의 공간인 궁현당에 관한 것이다.

　이 글은 최동식崔東植이 지금으로부터 90여 년 전인 1917년에 지었다. 최동식의 호는 예운猊雲인데 이 현판에서도 스스로를 지칭하면서 예운이란 호를 여러 번 쓰고 있다. 예운이란 구름을 부르는 상서로운 동물을 가리킨다. 그는 1914년에 창립된 불교진흥회의 일원이었다. 이 단체는 당시 해인사 주지 회광晦光이 회주로서, 일제강점기 아래서의 대표적 친일단체라는 평가가 있다. 그러니까 거기에 참여한 최동식은 자연히 친일파 불교인으로 분류되고 있다. 하지만 개인의 불교활동은 그것과는 무관하게 따로 분리해

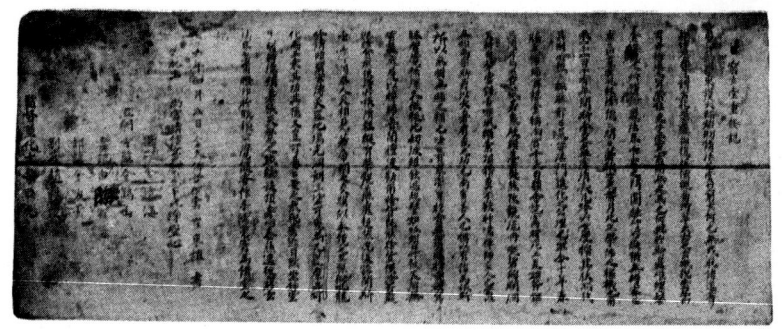
해인사 「궁현당 중수기」

서 볼 필요가 있다. 그들이 했던 모든 행동이 다 반불교적인 것은 아니었기 때문이다. 예컨대 그가 이 「궁현당 중수기」를 지음으로써 역사의 한 단면을 써낸 것은 그의 친일행각과는 전혀 무관하다.

이 글은 크게 세 부분으로 나누어 볼 수 있다. 첫 번째 문단에는 궁현당이라는 이름의 유래를 말하고 있다. 궁현당은 신라시대 때 동호대사가 처음 지었다고 말하면서, '현'이 보통 도교에서 자주 쓰이는 단어이기는 하지만, 여기에서는 불교의 그윽한 도리를 말하는 십현지문에서 찾아야 할 것이라고 주장하였다. 두 번째 문단에서는 궁현당이 중건되는 과정을 말했는데, 그 시점은 이 글을 지은 1917년을 전후로 하고 있다. 그래서 대시주자로 상궁 천씨가 재물을 바쳤고, 그 인연을 도운 이로서 회광 선사를 거론했다. 끝으로 세 번째 문단에서는 궁현당의 가치와 의미에 대해서 말했다.

단지 이 현판뿐만 아니라 사실 다른 현판의 문장도 대체로 이런 식으로 구성되어 있다. 일견 현판은 복잡해 보이는 것 같지만 이렇게 구분해서 읽으면 그 의미가 좀더 명확하게 이해된다. 여기에서도 앞에서 말한 단락대로 나누어서 읽어보기로 한다.

옛날 신라 때 동호東護 대사라는 분이 궁현당을 처음 지었다. 궁현당이란 무슨 뜻인가? 그 뜻을 도가의 여러 책에서 찾아보아서는 안 될 것 같다. 우선 생각해 볼 만한 것으로, "곡신불사 시위현빈"이라는 말에서 나오는 '현'의 의미를 새겨볼 수 있다. 또 옛날 중국의 유학자들이 말한 '대현大玄'의 현일 수도 있다. 하지만 나 예운자는 그렇게 안 본다. 만약 도가의 글에서 그 뜻을 찾아 주사자운(노자)이 말한 바에서 현을 취하기에는 부족하기 때문이다.

그렇다면 그것은 어디에서 나온 말일까? 이 말은 오로지 불교의 깊은 도리에서 그 뜻을 찾아낼 수 있다. 화엄종에서 말하는 십현지문이 바로 그것이다. 원융함을 행하는 것이 이 세상 어디든 거칠 것이 없고, 가득하고 무거운 것이 마치 여름날 구름이 한데 모여드는 것과 같으며, 숨어 있으되 밝게 빛나는 것은 가을 하늘에 비낀 달과 같다고 할 수가 있다. 이것이야말로 불교를 옳게 공부하는 요체라고 할 것이다.

위에서 말한 "곡신불사 시위현빈"이란 말은 노자가 지었다는 『도덕경』 제6장에 나오는데, 그 전체 문장은 이렇다.

"곡신은 죽지 않는다. 이것을 현빈이라 하는데, 이는 곧 천지의 근원이다. 천지근은 오래 전부터 지금까지 계속해서 있어 왔으나, 그렇다고 쓰임이 있는 것은 아니다[谷神不死 是謂玄牝 玄牝之門 是謂天地根 綿綿若存 用之不勤]."

이 문장은 상당히 심오하여 짧은 글임에도 불구하고 아주 다양한 해석이 나오고 있다. 예를 들어 맨 앞의 '곡신'이란 글자 그대로 골짜기의 신인데 여기에서는 여성의 생명력을 상징한다. 다른 말로 하면 양陽과 대비되는 시극한 음陰이라고도 할 수 있다. 하지만 『정리正理』라는 책에서는 좀더 적극적으로 해석해서 곡신의 곡은 곧 천곡天谷, '신'은 일신一身

또는 원신元神으로 보고 있다. 그래서 천곡에 머무는 신을 곡신이라 하는데, 이는 곧 사람으로 말한다면 혼백에 해당된다고 볼 수 있다는 것이다. 다시 말해서 원신이 천곡에 머물며 죽지 않고 멸하지 않는 것을 '현빈'이라 칭한다는 것이다. 좀더 복잡한 설명도 있지만, 지금 그런 것을 다 말한다면 한참을 얘기해도 모자라니 이 정도로에서 그치기로 하자. 어쨌든 이 글에서는 궁현당의 '현'이 지니는 그윽한 의미를 설파하고 있는 것이다.

이렇게 최동식이 현玄의 의미를 도교가 아니라 불교에서 찾은 것은 꽤 신선한 발상이다. '그윽하다'는 뜻으로 쓰이는 '현'이라는 글자는 기실 도교를 말할 때 그 이치를 설명하는 전용어처럼 사용되어 왔기 때문에 대부분 도교와의 관련만을 생각했을 법하다. 하지만 최동식은 그것이 다름 아닌 불교의 이론에서 나왔다고 강하게 주장한 것이다. 아닌 게 아니라 사찰의 건물 이름을 순전히 도교에서 따왔다면 그게 이상한 일이다. 물론 불교 용어 가운데 도교적 색채를 띠거나 불교와 도교 양쪽에서 다 함께 쓰이는 말이 없는 것은 아니다. 이 책들을 통해서 확실한 도교 용어가 나열된 현판 여러 편을 소개한 적도 있다. 하지만 적어도 스님들이 공부하는 강학의 장소인 궁현당의 이름을 굳이 도교 쪽에서 빌리려 했다고 본다면 본말을 잊은 것이라고 해야 할 것이다.

최동식은 불교에서 현의 의미를 찾으면서, 특히 화엄에 그 유래가 있다고 했다. 화엄십문이 바로 그것인데, 아닌 게 아니라 해인사가 화엄학의 대가인 의상 대사가 지은 화엄십찰, 다시 말해서 화엄종을 창건이념으로 표방한 10대 사찰 가운데 하나이니 이 같은 지적은 매우 정확하고도 날카롭다. 해인사 하면 떠오르는 것이 팔만대장경이

해인사 궁현당

지만, 화엄종(학) 역시 그 못잖은 해인사의 상징이다. 그럼에도 요즘 사람들은 그러한 전통은 미처 깨닫지 못하고 있는 것 같다. 실제로 해인사 측에서는 팔만대장경과 함께 해인사를 소개하는 말로 '한국 화엄종의 근본도량'이라고 하고 있는데, 앞으로는 해인사를 말할 때 이 말도 함께 떠올렸으면 싶다.

다음에는 궁현당이 1917년에 중건된 과정과 관계된 인물의 공을 적었다.

해인사가 창건된 지 1100여 년이 지났다. 이 궁현당의 영고성쇠는 무릇 예닐곱 번에 이른다. 그 보습을 연구해 보면 반드시 그 이전의 것에 비해 월등한 바가 있었으니, 이것은 역시 법문이 시간이 지나감에 날로 발전하는 것과 같은 이치다. 지금으로부터 10년 전 봄, 회광 선사가 다시금 이 궁현당을 중건하려고 계획하자 상궁 천씨가 스스로 보시하여 좋은 재료와 솜씨 있는 장인을 불러모을 수 있었다. 이에 공사를 시작하여 3개월 만에 일을 마쳤다. 완성된 모습을 보니 부처님을 모신 전각 같기도 하고 경전을 보관하는 누대 같기도 하다. 옛 모습보다 훨씬 훌륭해져 단청이 울긋불긋 아름답기도 하여 이로 인해 절의 모습도 한결 훤해졌다. 처마는 높이 들려져서 구름을 잡을 듯하고, 처마 끝에 달린 풍탁은 바람을 받아 경쾌한 소리를 연방 울려댄다. 스님네들 중에 기뻐하지 않는 이가 없다.

오호라! 회광 선사는 지극한 사람이다. 늘 무상無相으로써 으뜸을 삼아 이렇게 훌륭한 일을 해내었으니, 또 상궁 천씨는 착한 사람이다. 항상 믿음을 근본으로 삼아 수행하다가 이렇게 더할 나위 없이 영원할 복을 지었으니. 아! 중생들은 탐욕에 눈이 어둡고 애욕에 휩싸여 있어 지혜와 깨달음에 어두운 탓에 이승과 지옥을 윤회하고 있다. 이 겁의 파도를 따라서 비록 피하려고 하지만, 이것은 비유하자면 지렁이가 하늘의 은하수로 올라가려고 하는 것과 같으니 그것이 가능 하겠는가.

회광 선사는 널리 단월(시주)들을 권하여 재물을 얻은 다음 그것을 유용하게 사용하되 욕심을 잘 다스리고 어리석음을 버려 육근六根을 깨끗하게 하여 이 궁현당을 널찍하게 잘 지었다. 원근에서 스님네와 신도들이 이를 보려고 찾아와 그 빛이 더욱 크게 빛났다. 이로 인하여 학문의 오묘함을 궁구할 수 있어 하늘에 닿고 땅을 적시며 서광이 사찰을 밝게 비추어 삼도가 변하여 아홉 송이 연꽃이 되고, 뭇 중생이 변하여 삼승을 이루게 되었다. 그러한즉 그 공과 그 덕이 어찌 쉽게 헤아려질 수 있겠는가?

근래에 나 예운자는 이 방에 가부좌를 틀고 앉아 조용히 참선해 보았다. 그런즉 마치 깨달음을 얻는 듯 강철 같은 법륜이 하늘 끝에까지 닿을 것 같았다. 몸과 마음이 태연해지고, 건물 이름에 걸맞게 그윽함을 궁구[窮玄]하는 듯하여, 홀연 법계에 이르러 문득 눈앞에 법인法印이 아른거리는 것이 나도 모르게 절로 기쁨에 겨워 두 손을 모아 합장하고 말았다. 이에 벼루에 붓끝을 적시어 기문을 적는 바다.
　대정 6년 4월 5일 금천불자 예운 최동식이 지었다.

　궁현당은 해인사의 스님들이 공부하는 곳이다. 현재의 건물은 1988년에 복원되어 현재 승가대학(강원) 교사校舍로 사용되고 있다. 앞에서 본 것처럼 '깊고 오묘한 진리를 탐구한다'는 뜻의 궁현당은 요즘엔 선불장選佛場이라고 부르기도 한다.
　해인사 홈페이지에는 궁현당의 창건 연도를 확실히 알 수 없다고 나와 있지만, 현판에는 신라시대에 지은 것이라고 분명히 나와 있으니 참고할 만하다.

窮玄堂重修記

奧昔新羅 東護大師 始創講法之堂曰窮玄 何也 無或取諸道書 谷神不死是謂玄牝之玄歟 抑復漢儒擬易所草大玄之玄歟 猊雲子曰否 若論道之肯綮 柱史子雲之玄 固無足爲也 何歟於斯 是唯螺髻金僊化之所演 華嚴法界 十玄之門 圓融行布 縱橫無碍 密密重重 如夏雲之起蜂 隱隱明明 若秋空之帶月 此正學佛之樞機也 爾來一千一百十有年間 斯堂之盈虛消長 凡跨六七度 按其狀而攷其制 必後後輒勝前前 是亦法門進化之公理也 距今十年春 晦光禪師 再謀堂構 尙宮千氏 自願舍施 鳩材庀工 爰始斧鋸三閱月而工告藏 若象殿經臺 奐然改觀 流丹凝碧 絢爛洞天 軒角拏雲 鐸舌噪風 緇素頂禮 莫不歡抃 噫 禪師至人也 常以無相爲宗 斯所以大著有象之功也 尙宮善人也 恒以有信爲根 斯所以永樹無極之福也, 嗟嗟有衆 膏盲於貪癡 羈縻於愛欲 冥昧智覺 循環天獄 從此劫波 雖欲逃越 譬如蚯蚓 昇彼天河 無有是處 是以禪師 普開檀波 勸以舍貲 旣能捨貲 便能貪癡 旣捨貪癡 便得六根淸輕 緇有榮觀燕處 超然 況復豁開斯堂 遠近相參 人天相見 若帝網

之交暎 似秦鏡之互照 獅吼龍吟 講蹟窮玄 溥天匝地 瑞光洞朗 三途可變爲九蓮 群品可化爲三乘 其功其德 又豈可易易量之哉 猊雲近日 默坐靜室 照囑幻境 頗若張天覺之鐵輪旋頂 身心泰然 遙彼窮玄 法界忽爾 瞭印於眼根 不覺 隨喜信手 濡毫寄爲講堂之記

大正六年四月五日 金天佛子 猊雲 崔東植書 大施主 尙宮 淸信女 己酉生 千氏淨空心 攝理 金映海 三綱 寺監全鶴山 書記白晦雲 都監 金友雲 別座 趙性海 監督竝化主 李晦光

대웅전 중수 서문

영광 연흥사

 전라남도 영광은 굴비로 유명하지만, 이런 세속적인 지명도가 아니더라도 실은 불교사에서 아주 중요한 곳이다. 왜냐하면 백제 불교의 초전지初傳地가 바로 이곳이기 때문이다. 백제에 불교를 전파한 마라난타 존자가 중국에서 배를 타고 당시 백제 땅이던 영광의 법성포法聖浦로 들어왔다고 알려져 있다. 그래서 법성포라는 이름도 '불법을 성인이 가져온 포구'라는 뜻이라고 푸는 사람도 있다. 아쉽게도 사람들은 이 부분을 그렇게 의미 있게 여기지 않는 것 같지만, 어쨌든 영광은 좀더 주목받을 만한 자격이 충분한 곳이다.

 영광의 여러 사찰 중 유명하기로는 불갑사佛甲寺가 으뜸이다. 마라난타 존자가 가장 먼저 세운 절이므로 영광 지역뿐만 아니라 우리나라 전체로 보더라도 몇 손가락 안에 꼽히는 고찰이다. 그런데 한때 불갑사 못잖은 규모를 자랑했던 사찰이 있으니, 바로 이번에 소개하는 연흥사烟興寺다. 전하기로는 연흥사가 불갑사보다 더 컸다고 한다. 뚜렷한 근거로 전하는 말은 아니지만, 연흥사를 큰집, 불갑사를 작은집이라고 불렀다는 얘기가 그것이다. 사실이라면 아마

연흥사 내경

도 중창주 각진 국사 복구復丘(1270~1348)의 전성기와 맞물리는 시기였을 듯하다.

이번에 소개하는 현판은 연흥사에 전하는 「대웅전 중수 서문」으로, 1902년 이홍규李弘圭가 지었다. 자료가 없어 그가 어떤 사람이었는지 지금으로서는 거의 알 수 없는 게 아쉽다. 다만 글 말미에 자신의 직함을 오위장五衛將이라고 했으니 어떤 신분이었는지는 어렴풋이 짐작은 간다. 오위장이란 기본적으로 조선시대의 기초 군사조직인 오위를 통솔하는 무관직이다. 5위는 1451년(문종 1)에 설치되었는데, 초기에는 종2품으로 정원은 12명이며 겸직이었다. 그러나 실제로 5위장은 군사 편제와 무관한 별도의 관직으로 왕이 낙점하여 선발했다. 말하자면 일종의 명예직이었던 셈이다. 역할은 궁내에 입직하여 5위 소속의 군사를 배정받아 순시하는 임무를 수행했다. 이외에도 조정에 연회나 경축행사가 있을 때 소속군사를 거느리고 궁성마다 정렬하기도 했다.

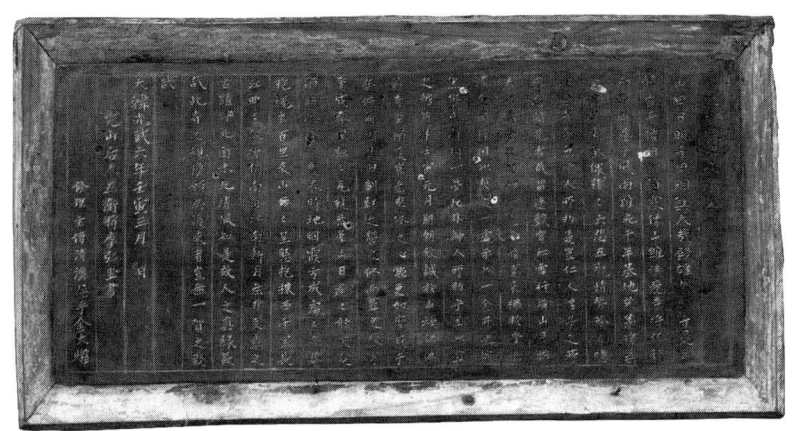

연흥사 현판

이처럼 5위장은 왕 주변에서 군대를 통솔하는 관직이므로 대군이나 임금의 신임을 받은 관료가 임명되었다. 하지만 후기에 들어와서는 5위의 기능이 유명무실해지면서 정3품직으로 격하되고, 정원에 상관없이 여러 명이 직위를 받았다. 직책이 남발되어 실제 권한은 물론, 명예직으로서의 권위도 그만큼 낮아졌을 것이다. 이홍규가 이 글을 지은 1902년 무렵에는 대한제국의 권위가 아주 낮았기 때문에 오위장이라 해도 과연 얼마만큼 권위가 있었는지는 알 수 없다. 하지만 어쨌든 이러한 직책을 통해 이홍규가 명망가의 후예로 지방의 호족이었지 않았을까 하는 추측을 가능하게 한다. 만일 그렇다면 연흥사와의 관계를 살피는 데도 중요한 단서가 될 것이다.

이 글의 대부분의 내용은 개인적 감흥에 치중되어 있는데, 문장이 그다지 길지 않으므로 전체를 한 번에 읽어보도록 한다.

산의 이름은 일명산日明山, 절의 이름은 연흥사라고 한다. 전각이 크고 웅장하다. 이 절은 삼한시대에 세운 고찰이다. 승려가 한 명밖에 없는 가난한 절이다. 산은 비록 아름답지만 절은 곧 무너질 것처럼 낡았다. 몇 칸 안 되는 암자는 비바람도 가리기조차 어렵다. 천년고찰의 터는 쑥과 풀이 잔뜩 자라 황무지 같다. (법당엔) 세 분 장륙丈六 고불의 기운이 처연하고 다섯 관음상의 정세情勢는 쓸쓸하게 느껴질 따름이다.

오호라! 그렇건만 이 고찰은 지금 도와줄 사람이 하나도 없다. 어찌 어진 군자로서 가만히 듣고 보기만 하랴? 아침은 계속해서 찾아오고 강에 내린 눈은 사라진다. 산에 걸린 달은 이제 어언 차오르기 시작한다.

언젠가 꿈을 꾸었다. 홀연히 한 노인이 절뚝거리며 걸어와 내 방에 올라와서는 내게 어디론가 함께 가기를 청했다. 손에 이끌려 어느 곳인가에 갔더니 금빛이 새어나오는 우물이 보였다. 거기에서 갑자기 잠을 깼고, 남가일몽임을 깨달았다. 이것이 바로 신인神人의 도움이 아니고 무엇이겠는가?

해가 바뀌어 올 임인년 정월 초하루 아침에 산신과 여러 부처님 앞에 치성을 드렸다. 절이 곧 무너질 듯하니 어찌 다시 고치고 싶은 마음이 없을 수 있을까? 이에 다시 부처님 앞에 재를 올렸다. 그러고 나서 중수에 들어가 건물을 새로 짓고 기와도 새로 갈았다. 건물을 다시 고치는 불사를 끝내 놓으니 봄바람은 눈을 녹이며 이지러진 기와 틈을 메우고, 서산에 걸린 해는 느릿느릿 저물며 하늘에서 꽃비가 내리는 양 봉우리마다 신록新綠으로 물들이고 봄이 돌아왔다. 대지에 노을이 물들면 바야흐로 곳곳에 암자가 들어서지 않겠는가!

이엉차, 동으로 백 리 산마다 바위네! 이엉차, 서로 천 리 장강 굽이굽이마다 물 돌아나가네!

남쪽 창가에 기대어 새로 뜨는 달을 바라보니 고적을 담은 문장이 어찌 없을손가? 북창에 누워 멀리 내다보니 맑은 바람이 물결을 일으키네! 아, 진실로 옛사람의 참된 인연이 무엇인지 알겠구나! 아름다워라! 후세 사람들이 이 절의 규모를 보고는 어찌 축하의 말 한 마디 없겠는가!
　광무 6년 임인년 3월에 완산후인 오위장 이홍규가 지었다. 건물을 다시 고칠 당시 주지는 청계淸溪, 편수는 김대엽金大燁이다.

　이 현판을 통해 그동안 알려지지 않았던 몇 가지 사실을 새로 알 수 있다. 먼저 창건주의 문제다. 그동안 창건주는 각진 국사로 알려져 연흥사의 창건은 13세기 보는 게 대부분이었다. 하지만 이 현판에는 연흥사가 삼한시대, 곧 삼국시대에 세워진 고찰이라고 몇 차례나 강조하고 있다. 연흥사 역사 연구에 꼭 참고해 볼 만한 자료로 보인다.
　다른 하나는 이 글 둘째 문단에 나오는 중창重創에 관련된 설화다. 현판을 지은 이홍규는 이 일에 깊이 관여했는데, 건물을 다시 짓기 한 해 전인 1901년에 기묘한 꿈을 하나 꾸었다. 한 신인이 꿈에 나타나 금빛이 비춰나오는 우물로 안내한 것이다. 이홍규는 이것을 자신이 연흥사의 쇠락을 안타까워하여 부처님 앞에 치성을 드린 데 대한 응답이라고 여겼다. 이것은 다시 말해서 연흥사 연기설화라고 볼 수 있다. 지금까지 여기에 대해서는 전혀 알려진 바가 없었다는 점에서 이 현판의 가치가 돋보인다.
　그리고 끝으로 하나 더 이 현판에서 주목할 만한 내용을 든다면 장륙불상에 관한 언급이다. 당시 연흥사에는 장륙불을 삼존으로 봉안했다는 말이 보이는데, 이것이 바로 지금 대웅전에 봉안된 석가불·약사불·아미타불이다. 이 목조 삼존불은 현재 전라남도유형문화재 제258호로 지정되어 있다. 문화재 안내문에는 이 삼존불이 삼신불三身佛로 적혀 있는데, 정확한 명칭인지 의심스럽다. 삼신불은 중앙에 비로자나불을 중심으로 좌우에 석가불과 노사나불이 봉안될 때 부르는 말이고, 연흥사의 경우에는 그냥 삼존불이라고 해도 된다. 더욱 중요한 것은,

이 불상이 장륙불로 인식되었다는 점이다. 장륙불이란 글자 그대로 1장 6척 크기의 불상을 말한다. 석가모니의 키가 그러했다고 해서 조성한 것인데, 좌상일 경우에는 그 절반인 8척으로 한다. 그런데 중요한 것은 이런 수치가 아니라, 예로부터 의미 있는 불상에 대해서는 장륙불이라는 표현을 써왔다는 점에 주목할 필요가 있다. 예를 들면 신라시대 경주에 황룡사를 창건할 때 본존불이 장륙상이었다. 장륙불은 크기 면으로도 그렇고, 석가부처님을 그대로 봉안했다는 상징적 의미도 갖고 있다―경전에 석가불의 크기가 1장 6척이라는 말이 나온다. 다시 말해서 연흥사 삼존불은 장륙상으로 불릴 만큼―실제 높이가 장륙인지 아닌지는 여기에서 중요하지 않다―내외 사람들에게서 의미를 부여받고 있었다고 생각되는 것이다.

본문 끝 부분을 보면 '포량抱樑'이라는 말이 몇 번 나온다. 글자 그대로 보면 '들보를 들다'라는 뜻이지만, 그보다는 주로 건물을 상량上樑할 때 일꾼들이 함께 부르는 소리로서 일종의 노래의 후렴구로 쓰인다. 대개 이 글자 앞에 '아랑위兒郞偉'라는 말을 붙이는데, 예를 들어 "아랑위 포량동만성흔첨서일홍兒郞偉抛樑東萬姓欣瞻瑞日紅"이라고 하면 곧 "아랑위, 들보 동쪽에 면麵을 달아매니 만백성이 기쁠진저……"라는 뜻이 된다. 아랑위란 무거운 것을 들 때 여러 사람이 함께 내는 소리인 '이엉차'라고 할 수 있다. 하지만 이 글에서처럼 '아랑위'를 생략하고 그냥 '포량'만 쓰기도 한다. 건물의 동서남북과 상하까지 여섯 번 '포량'이라는 후렴을 읊는 게 통식이지만 여기서는 동과 서 두 번만 썼다. 비슷한 말로 '육위호六偉乎'라는 것도 있다. 상량할 때 인부들이 동서남북 상하의 육방六方으로 들보를 올리며 부르는 노래다.

이 현판에 담긴 내용은 비교적 짧은 편이고, 건물을 다시 고치는 과정이라든지 또는 다른 일화 등이 상세히 기록되어 있지는 않다. 하지만 얼핏 그다지 중요한 얘기가 담겨 있지 않을 성 싶은 이런 글에도 자세히 살펴보면 사찰의 창건주, 연기설화, 문화재 등 여러 가지가 녹아 있는 것을 발견할 수 있다. 우리가 계속해서 현판을 주의깊게 읽어야 할 까닭이 바로 여기에 있다.

大雄殿重修序文

山曰日明 寺曰烟興 大哉殿 雄哉殿 寺是三韓古寺 僧惟一箇寒僧 山雖佳麗 寺將
圮頹 而數間庵子 風雨難庇 千年基地 艾茅將蕪 古佛三丈 氣像悽悽 六悲五觀
情勢冷冷 噫 彼古寺今無一人所助 是豈仁人君子之所可忍聞見者哉 留連數宵
江雪將消 山月始生 於焉 夢寐有何 一老人 偃蹇來拂於堂上 請余同行 因以携之
一處 示以一金井也 遽然覺來 南柯一夢 此非神人所助乎 因以葬之 越明年壬寅
元月朔朝 致誠於山神諸佛前 寺至傾覆 豈無重修之心歟 更加齋□于祭佛前 因
其舊制 經之營之 修以茸之 棟宇重成 春風融融 瓦縫參差 山日遲遲 諸天花雨
新添峰 峰之春 特地烟霞 方成處處之菴 抱樑 東百里 來山石石 呈態 抱樑 西千
里 長江曲曲 流源 依南窓江南新月 無非文章之古蹟 臥北窓水北淸風 知是故人
之眞緣 美哉 此寺之규規模 願爲後來者 豈無一賀之歎哉
大韓光武六年壬寅三月 日 完山后人 五衛將 李弘圭書
修理主僧 淸溪 片首 金大燁

대법당 시왕전 중창 단청기

보성 대원사

보성군寶城郡은 국토의 서남쪽 끝자락에 자리한다. 푸르른 바다가 멀지 않고, 험하지 않은 산세가 주변을 두르고 있어 소박하고 아담한 정취가 가득하다. 차를 좋아하는 이라면 보성녹차를 안 마셔봤을 리 없을 것이고, 광주·순천을 지나 목포 혹은 여수로 향하는 도로 주변에 펼쳐진 널찍한 능선을 가득 덮은 녹색의 광활한 차밭에 눈길을 떼지 못한 기억도 갖고 있을 것이다. 녹차는 보성의 상징 중 하나지만, 그 밖에도 볼 만한 문화재가 아주 많다. 이름부터가 '보배로운 마을'인 이곳 사람들은 푸른 산과 청정해역, 그리고 녹차를 3대 보물로 꼽고 있다.

내가 생각하기엔 보성의 또 다른 보물은 바로 대원사大原寺가 아닌가 한다. 보성에서 가장 오래되었음은 물론이고 역사적으로도 손꼽히는 대찰로서 예로부터 이 지역 사람들의 자긍심을 높여주었으며, 고려시대의 자진 국사 등 지금까지 여러 선지식이 머물며 팍팍한 시대를 살아온 사람들의 힘든 삶을 보듬어 주었기 때문이다.

문덕면 죽산리 천봉산天鳳山 기슭에 있는 대원사는 503년(백제 무령왕 3) 아도 화상이 창건한 백제고찰이다. 조선시

대원사 전경

대까지 대찰의 면모가 약여했으나 아쉽게도 극락전을 제외한 대부분 건물이 1948년 여수반란사건 때 불타버렸다. 하지만 1990년 이후 복원 중창불사가 꾸준히 이어져 지금은 예전의 모습을 상당히 되찾고 있다. 극락전과 자진국사 부도, 지장·시왕·사자탱 등이 현재 유형문화재로 지정되어 있다.

최근의 대원사는 사찰 조경에 상당히 공을 들여 경내가 아주 깔끔하고 아담하며 경관이 좋다. 특히 계란 모양으로 뚫린 연지문 입구 앞에서 극락전을 바라보는 광경은 일품이라 사진작가들이 즐겨 담는 이미지의 하나이기도 하다. 근래에는 지장보살을 통한 태아령胎兒靈 천도에 중점을 두고 있으며, 알차고 적극적인 템플스테이로도 유명하다.

이번에 소개하는 현판은 대원사에 간직된 「보성군 전봉산 내원사 대법당 시왕전 여중료 중창 급단청겸 지장개금 화시왕각탱 기문」이라는 기다란 이름을 지니고 있는데, 줄여서 「대법당 시왕전 중창 단청기」

대원사 연지문에서 바라본 내경

로 부르겠다. 그 뜻은 극락전과 시왕전과 여러 요사들을 중창한 뒤 지장상을 다시 금칠(개금)하고 더불어 시왕탱 10폭을 새로 그린 것을 기념하여 지은 글이라는 뜻이다. 지금의 지장탱과 시왕탱, 그리고 시왕탱이 바로 이때 조성된 것이다. 이래저래 대원사 역사에 아주 중요한 자료가 되고, 게다가 현판 자체로 보더라도 보기 드물게 크고 잘 만든 작품이라서 관심을 가지고 볼 만하다.

이 현판은 1767년(영조 43) 묵암 최눌默庵最訥(1717~1790) 스님이 지었다. 최눌은 화엄종장이라고 불릴 만큼 특히 화엄학에 밝았으며, 『동사열전』에는 선과 교를 두루 섭렵하여 옛날 사람들이 미처 몰랐던 것을 깨달은 게 많았다는 평이 실려 있다. 뿐만 아니라 유학에도 조예가 깊어서 조선시대 후기에 유학자들과 더불어 불교와 유교를 자유자재로 논할 수 있었던 몇 안 되는 스님 중 한 분이었다.

이 현판은 1758년에 시작하여 9년이 지나 마무리된 대원사 중창을 기념하여 쓴 것인데, 불사의 내용은 앞에서 현판 제목을 설명하면서 말한 대로다. 대법당이란 곧 지금의 극락전이다. 먼저 최눌 자신이 어떤 연유로 이 기문을 쓰게 되었는지를 말하고 있다.

올해는 성상이 즉위하신 지 43년, 곧 숭정 연호로 세 번째 정해년(1767)이다. 봄부터 나는 조계산 은적암에서 머물고 있다. 어느 날 대원사 주지 경신警愼 스님이 제자인 채성采性 스님을 보냈는데, 그는 내게 이렇게 말했다.

"저희 절은 지난 정축년(1757) 겨울에 변고가 있었습니다. 그 다음 해 무인년에 전 주지인 태연泰演 스님께서 여러 납자들을 이끌고서 사방을 다니면서 시주를 구해 중건을 시작했지요. 그래서 다시 옛날의 모습대로 돌아갈 수 있었습니다. 그로부터 9년이 지난 병술년(1766)에는 전 주지 위청渭淸 스님께서 지변智辯 도인에게 명하여 단청을 하고 지장보살상을 다시 금칠했으며 또 시왕탱을 새로 그려 봉안토록 하였지요. 문장으로 말한다면 훤히 빛나 뭇사람들의 눈을 사로잡고 있는 격이라고나 할까요. 전 주지는 규전을 담당했고, 현 주지는 공사 감독을 맡았습니다. 저희 또한 다 함께 일을 도왔구요. 지금은 부처님을 모심에 아무런 근심이 없게 되었습니다. 그런데 말이지요!

대원사 현판

만일 남겨진 글 없이 시간이 지나면 뒷사람들이 모를 것이고, 지금 사람들도 역시 이 사실을 모르지 않겠습니까. 그런 까닭에 옛날 선사들은 늘 기록을 많이 남겨 놓았던 것이니, 지금 역시 마땅히 글을 준비해 놓았으면 합니다."

이에 나는 그러마고 승낙했다.

최눌은 예순한 살 때인 1767년에 은적사에 머물고 있었다고 하는데 전국에 은적사 또는 은적암이라는 이름이 많아서 어느 은적사인지 잘 모르겠다. 최눌의 행적으로 보건대 아마도 해남 아니면 순천의 은적사일 것으로 추측은 된다. 만일 하나만 선택하라면 규모로 보아서야 해남 은적사가 더 컸겠지만 그래도 그보다는 순천 쪽을 꼽아야 할 것 같다. 최눌의 활동반경 중에는 송광사와 선암사가 중요한 의미를 차지하고 있기 때문이다. 어쨌든 최눌의 이력에서 은적암에 머물고 있었다는 기록은 없으므로, 여기에서 새로운 자료 하나를 추가할 수 있게 되었다. 사소한 것 같지만 이런 것이 잊혀진 역사를 찾는 데 중요한 단서가 될 수도 있으니 옛것을 돌아보려는 사람은 아무리 하찮아 보이는 것일지라도 소홀히 다루어서는 안 된다.

은적암에서 한가로운 나날을 보내던 최눌에게 하루는 대원사에서 사람을 보내왔다. 주지인 경신이 그의 제자 채성을 보내어 최눌에게 대원사에 관련한 기문을 부탁한 것이다. 최눌은 이미 불교계에서 내로라하는 중진이었다. 여기저기서 글 부탁 들어오는 게 여간 많지 않았을 것이고, 참석해야 할 법회도 많았을 것이다. 최눌 스스로도 그런 번잡함을 피해 한가히 있기 위해 은적암에 머물고 있다 하지 않았는가. 그런 최눌에게 글을 부탁하는 게 결코 쉽지 않은 일이었을 텐데도 경신 주지는 자신이 직접 가지도 않고 제자를 보냈다. 얼핏 이해가 안 가지만, 경신도 다 믿을 만한 구석이 있어서였나 보다. 아무튼 결과적으로 성공은 했으니까. 심부름을 한 채성이 어찌나 똑 부러지게 얘기했던지 최눌은 한 마디 거절의 말도 없이 곧바로 써주겠다고 승낙한 것이다.

위에서 읽었다시피 채성의 언변은 한 줄 막힘도 없이 이어졌는데, 그 달변에 최눌도 쉽게 허락하지 않았나 싶다. 그런데 채성의 말 중에서 우선 대원사가 1757년 변고가 있은 다음 이듬해 다시 복구를 시작했다는 대목이 눈길을 끈다. 대원사 역사에서 1757년의 변고에 대해서는 잘 알려진 바가 없기 때문이다. 아마도 화재나 수해로 건물의 상당수가 파손되지 않았을까 추측만 해볼 뿐이다. 채성의 얘기를 들어보면 변고 이듬해인 1758년부터 태연 주지가 주축이 되어서 모연하면서 복원을 시작했다고 한다.

그 말을 요약해 보면 이렇다. 태연이 중건불사를 위해 모연한 것은 대략 8~9년가량 걸렸다. 그렇게 모은 자금으로 태연의 뒤를 이은 위청 주지는 드디어 불사를 시작할 수 있었다. 그래서 이듬해인 1767년에 불사를 완성하여 변고 이전의 모습을 되찾게 되었다는 것이다. 그린데 이 일은 대원사의 역사에 매우 중요한 일이므로 기록으로 남겨야겠다고 생각한 것이다. 물론 당연한 일이었고, 또 잘한 일이었다.

사찰은 단순한 수행 공간만이 아니라 생활 공간이기도 하다. 생활은 곧 역사의 한 부분이므로, 그 역사를 충실히 기록할 의무가 있다. 그런 까닭에 대원사에서는 태연·위청 스님을 이어 주지를 맡은 경신 스님이 당시의 존경받는 학승이자 교계의 중진인 최눌에게 기념의 글을 부탁하게 된 것이다. 지금까지 우리가 읽은 것은 바로 여기까지다.

그런데 이 현판을 읽을 때 주의할 점이 한 가지 있다. 지금 말한 부분은 대원사 측에서 최눌에게 당시의 중수를 기념하기 위한 글을 부탁한 것이지만, 최눌은 이 글을 쓰기 위해 여러 가지 대원사 관련 자료를 들춰보면서 그 이전에 있었던 다른 중창에 대해서도 언급하고 있다. 그래서 주의 깊게 읽지 않으면 최눌이 말하는 것이 언제 때의 중창을 가리키는지 혼동하기 쉽다. 최눌이 참고한 자료는, 대원사 주지 경신이 제자 채성을 통해 중수기를 부탁한 시점 훨씬 이전에 최눌의 스승인 영해 약탄이 지은 것이다.

사실 당대 최고의 화엄종장으로 꼽힐 만큼 명성을 날리던 최눌은 자신의 수도와 공부를 위해 큰절의 주지도 마다하고 조용한 은적사에 머물고 있었다. 글을 써준다는 게 성가시다면 성가신 일, 웬만하면 정중히 거절하고 싶었을 것이다. 하지만 채성 스님이 워낙 곡진하게 부탁하는데다가 화재로 인해 폐사 지경까지 가는 어려움을 이겨내고 어려운 환경 속에서도 예전의 모습을 되찾은 대원사의 중건 과정을 글로 남기는 것도 아주 중요한 일이라고 생각했다. 그래서 모처럼 맞은 한가함을 미루며 중건기를 써주겠노라고 수락했을 것이다. 사실, 꼭 그게 아니더라도 최눌에게는 부탁을 거절할 수 없는 이유가 또 하나 있었다. 대원사는 바로 자신의 스승의 스승인 영해 약탄 스님이 전에 중건기를 써준 적이 있던 절이기 때문이다. 손제자孫弟子된 입장에서 스승과 인연 있는 절에 자신이 다시 한 번 중건기를 쓰는 일은 얼마나 의미 있고 보람된 일이겠는가? 결코 마다할 수 없는 부탁이었다. 그리고는 그 중수기에서 최눌은 이렇게 말했다.

삼가 (내 스승이신 영해 스님이 지은) 『영해집影海集』을 살펴보니, 그 중에 「대원사기」가 실려 있다. 그 대략은 다음과 같다.
"제나라 건무 원년 갑술년(494) 신라 지증왕 때 우리나라 불교의 시조인 아도 화상이 이 절을 창건하고 대원사라 했다. 그 뒤 700여 년이 지난 송 이종理宗 경정 연호(1260~1264), 고려 원종 임금 때 조계종 제5세 원오圓悟 국사께서 이 절로 옮겨오면서 중건했다. 그러나 그 앞뒤의 사적은 모두 빠져 있다. 비당碑幢이며 누대에 걸친 연혁의 실마리가 모두 상세하지가 않은 것이다. 옹정 9년 신해년(1731), 곧 지금 임금님(영조) 즉위 8년에 봉갑사鳳岬寺의 전 주지 탁오卓悟가 보성 군수 이태창李泰昌 공의 명을 받아 이 절로 옮겨와서는 해감海鑑 비구니 등에게 모연募緣(시주를 받는 일)을 하도록 하여 대법당을 비롯하여 성재암聖齋庵과 문수전文殊殿의 기와를 새로 이었다. 또 필한弼閑 장로로 하여금 모연하여 아미타 삼존상을 조성하도록 하였다……"
이 기록에 따르면 옛날에도 역시 이 절이 쇠퇴했었고 역사도 그다지 상세하지 않지만, 영해 대사는 옛날에 저술된 여러 가지 자료를 참고하여 그 글을 지었던 것이다. 조금이라도 붓을 쉬면 (훗날) 의심된 바를 찾을 길이 없게 된다. 그러니 비록 자그마한 내용이라도 적어 놓지 않았다면 누가 그 28년 사이의 일(1731년에 탁오가 성재암과 문수전을 중수한 것)을 알 것이며, 무인년(1758) 이래의 일을 또 어떻게 알 수 있을 것인가?

최눌이 말한, 494년에 아도화상이 창건하고 1260~1264년 사이에 원오 국사가 중창했다는 이야기는 지금도 잘 알려진 대원사의 역사다.

그런데 최눌은 이것밖에는 알려지지 않았고 그 전후의 이야기가 송두리째 빠져 있는 것에 답답해하고 있다. 역사기록이 제대로 남지 않아서 답답한 것은 조선시대의 영해 스님뿐만 아니라 지금의 우리 역시 마찬가지다. 아니 오히려 그때보다 시간이 많이 흐른 지금이 궁금함이 더하면 더했지 결코 못하지 않다. 우리 사찰의 역사가 사지寺誌를 통해서 온전히 남아 전하는 경우는 전체의 1%도 채 안 될 것이다. 사지라는 것이 꼭 대찰 명찰에서만 만들어야 한다는 법이 없는 이상 자신의 절의 역사를 적어 놓은 곳이 적지 않았을 테지만, 지금까지 전하는 게 이렇게 드문 것은 정말 이해할 수 없는 일이다. 창건역사가 고려나 신라, 백제로 거슬러 올라가는 절은 얼마나 많은가. 하지만 그것을 증명할 만한 역사기록은 턱없이 모자란다. 그러니 비록 사지는 지금 없다 하더라도 현판이나 중수기 같은 기록이라도 발굴되어 읽혀짐으로써 우리 사찰의 역사가 지금보다 훨씬 풍요로워졌으면 하는 바람이 크다.

다시 대원사 현판으로 돌아와서, 비록 이렇게 대원사의 역사에서 커다란 뭉텅이가 빠져 있어 아쉽기는 하지만, 그래도 1731년에 이룬 중건은 「대원사기」에 비교적 자세하게 언급되어 있어 그나마 여간 다행스러운 일이 아니다. 그리고 이때의 불사에 참여한 인물로 탁오를 비롯하여, 대원사의 해감 비구니, 필한 장로 등이 보인다. 특히 탁오 스님은 봉갑사 주지였다가 당시 이태창 군수의 요청으로 대원사로 옮겨 중건에 앞장섰다는 이야기는 흥미롭다. 또 해감 비구니가 모연을 맡았다는 이야기도 그냥 흘려들을 것이 아니다. 우리나라 불교 인물사에서 비구니에 대한 기록은 매우 빈약한데 이러한 기록은 조선시대 그들의 역할을 알려주는 실마리와 자료가 되기 때문이다. 봉갑사는 보성군 문덕면 봉갑리에 있으며 불갑사·도갑사와 더불어 각진 국사가 창건한 이른바 '3갑' 사찰의 하나로 불린 고찰이다. 고즈넉하고 주변 풍광이 뛰어난 곳이다. 한편, 불갑사 중창을 적극적으로 지원했던 군수 이태창은 본관이 광주로 1683년에 태어났다. 1723년 열린 과거시험에 을과의 다섯 번째로 합격했는데 그 뒤로 군수 외에 특별히 높은 관직에 나아가지는 않은 것 같다.

위의 문장에서 또 하나 눈여겨봐야 할 것은 불사의 내용이다. 1731년에 "대법당을 비롯하여 성재암과 문수전의 기와를 새로 잇고, 아미타 삼존상을 조성하였다"는 말을 통해 18세기 중반 당시 대원사의 규모를 알 수 있어서다. 산내암자인 듯한 성재암은 지금은 없고, 대원사 전각 중 하나로 보이는 문수전 역시 지금은 찾아볼 수 없으므로 더더욱 소중한 기록이다.

여기까지가 최눌 스님의 스승인 영해 스님이 지은 「대원사기」에 대한 이야기다. 다음은 자신이 이 대원사기를 쓴 인연을 말하면서, 자신보다 앞서서 대원사 사적을 쓴 스승 영해 스님과, 1731년과 1758년의 중건에 각각 앞장섰던 탁오와 경신 스님의 공을 치켜세우면서 글을 맺고 있다.

> 아, 경신 장로는 곧 탁오 스님의 법제자이고, 이 불초소생은 영해 스님의 법손이다. 이에 일찍이 영해 스님께서 지어놓으신 글로써 탁오 스님의 공을 붙여보았다. 그렇지만 내 글로 말하면 앞부분은 개의 꼬리로써 담비의 그것을 이은[續貂之文] 것처럼 경신 등을 비롯한 여러 스님들의 공을 말한 것이요, 뒷부분 역시 공을 세우고 말을 세우는 사이에 참된 인연[似有眞緣]을 잘 묘사했는지 알 수 없으니, 실로 유감이 아닐 수 없다. 이에 경신 스님이 전해준 말로써 영해

대원사 시왕전 지장보살상

스님의 말씀을 겸하며 대원사기를 갈음하고자 한다.

이 글은 제목에서도 알 수 있듯이 법당, 곧 지금의 극락전과 시왕전을 중창하고 단청한 것을 기념한 글이다. 그리고 더불어 지장보살상을 다시 금칠하고 시왕탱 10폭을 그린 것도 함께 축하하고 있다. 하지만 그 중창 과정은 비교적 잘 이해할 수 있었으나 지장보살상이나 시왕탱에 관해서는 전혀 언급되어 있지 않은 점은 다소 섭섭한 일이다. 거기에 대해서도 설명해 놓았더라면 우리의 불교미술문화를 이해하는 데 좀더 유용한 자료가 되었을 뻔했다. 그런 아쉬움을 지금 남아 있는 달마대사도나 관음보살도를 통해서 달래볼 수밖에 없다.

끝으로 한 가지 덧붙이자면, 앞에 나온 문장 중의 '속초지문'이라는 말은 '속초'를 응용한 용어다. 속초란 '훌륭한 사람이나 사물에 변변하지 못한 사람이나 사물이 뒤따름', 혹은 '남이 하다가 남긴 일을 이어서 함을 스스로 낮추어 이르는 말'을 가리키는데, 여기에 '문文'을 더하여 자신이 지은 이 글을 겸양하여 낮추기 위해 최눌 스님이 만든 말인 것 같다. 본래는 구미속초狗尾續貂라고 해서, '개 꼬리를 노란 담비 꼬리에 잇는다는 뜻으로, 좋은 것 다음에 나쁜 것을 잇는 것, 혹은 쓸 만한 인격자가 없어 자질이 부족한 사람을 고관에 등용함'을 뜻하는 말에서 비롯한다. 구미속초는 『진서晉書』에 나와 있는 고사성어다.

大法堂十王殿重丹靑記

寶城郡天鳳山大原寺大法堂十王殿與衆寮重刱及丹靑兼地藏改金畫十王各幀記文
聖上在位之四十三年 卽崇禎三丁亥也 是年春余休象靜居于曹溪隱寂菴矣 有大原寺住持警愼使采性少師 持書走諗曰 我寺丁丑冬鬱攸逢變之後 明年戊寅前住持泰演率群衲 聲乞于四方而重營則 輪奐之美 屈于久制也 粵九年丙戌 前住持渭淸命智辯道人 丹艧之兼地藏改金繪十王各幀以安之 文章之觀 有煥于群目也 前役之管錢財 後役之監臨護 我亦與衆共之 於是焉 覺皇之御幸無恙矣 噫 若無文以垂之雲仍則後之昧 今亦猶今之昧 昔煩師有博古處該 今而備記焉

余曰 諾 寶城郡天鳳山大原寺大法堂十王殿與衆寮重刱及丹靑兼地藏改金畵十王各幀記文 敬閱影海集則 其中載大原寺記 其略曰 齊建武元年甲戌新羅智證王時 東方佛法始祖阿度和尙屢及于此刱寺號曰大原 厥後七百餘載 宋理宗景定紀元之後 高麗元宗時 曹溪第五世圓悟國師 移入一箭消重建寶坊 然前後之蹟皆缺 碑幢累代沿革之緖 俱莫之詳 至擁正九年辛亥則 今上卽位八年 鳳岬寺前住持卓悟 受本倅李侯泰昌之命 移之是寺 令尼海鑑等募檀緣重葺大法堂及聖齋庵文殊殿 又命彌閑長老募緣而雕彌陁三聖云云 據此則古亦亡山史故 影海大師侔放歷代擧槪述焉 措筆之間 雖未免疑噎 然向微此記則 後誰知距二十八年 而有戊寅以來之亦乎 嗚呼 警愼長老乃卓悟之嗣子也 不肖是影海之嗣孫也 曾以影海之筆 連記卓悟之功 於前試以續貂之文 繼述警愼諸公之功 於後立功立言之間 似有眞緣 余有感于心 於是 攸愼公之言 兼影海之述 合以爲大原寺之記
乾隆三十二年丁亥暮春 日 默庵最訥記

축성각기

전라남도 무안 목우암

무안은 최근 눈부신 발전을 이루고 있다. 무안국제공항이 2007년 개항되었으며, 서해안고속도로도 이곳을 통과하니 바야흐로 서남해안 교통의 중심축이 될 전망이다. 다성茶聖으로 추앙받는 초의 선사의 고향이 이곳이라 전통문화를 거론할 때도 빠뜨릴 수 없는 지역이다. 본래 산수가 좋은 곳이라 이처럼 훌륭한 인물이 여럿 배출되었고, 명찰도 숱하게 많았던 이곳이 문화와 경제가 어우러진 활기찬 지역으로 발전할 것으로 기대된다.

무안의 명찰로는 법천사法泉寺가 있다. 서아시아 금지국金地國에서 건너온 정명淨明 스님이 725년에 창건한 고찰이다. 법천사에서 조금 더 위로 올라가면 목우암牧牛庵이 있는데, 그 역사 역시 법천사만큼이나 오래되었다. 근대 고승으로 추앙받는 효봉(1888~1966) 스님이 이곳에서 정진하기도 하였다. 법천사 석장승 2기, 지불紙佛로 된 목우암 삼존불상 등은 이 절에서 감상할 수 있는 중요한 문화재다. 이번에 소개하는 현판은 이 목우암의 역사를 전하는 「축성각기」다. 현판을 직접 확인하지는 못했고, 권상로가 모은 『한국사찰전서』에 전문이 실려 있다.

무안 목우암 전경

　이 현판의 글은 1903년 민영채閔泳采가 지었다. 그는 조선왕조 말 세도가문인 여흥 민씨 문중의 한 사람으로 생각된다. 조선시대 말 한창 외세가 조선을 공략하고자 혈안이 되던 시절, 정작 조선은 민비로 잘 알려진 명성황후를 정점으로 한 민씨 일족들이 주요 관직을 차지하고 세도를 부리며 안에서만 맴도는 등 정체와 후퇴를 거듭했다. 그들의 세도정치는 대략 1873년(고종 10) 대원군을 몰아낸 뒤부터 본격적으로 시작되었다가 명성황후가 시해되는 1895년 10월 이후에 약화되었다.
　민영채는 민씨 일족 중에서도 핵심 인물은 아니었는지 사료에 그 행적이 자세히 전하지 않고, 사전에도 그의 이름은 거의 언급되지 않았다. 과거로 등용되었는지 아니면 음서로 벼슬길에 올랐는지도 알 수 없다. 그래서 『승정원일기』나 『일성록』, 『관보』 등 이런저런 자료들을 뒤적여 그의 행적을 구성해 볼 수밖에 없다. 기록에 보이는 그의 첫 번째 관직은 1890년 1월에 임명된 종5품의 의금부 도사였다. 1897년 조선이 대한제국으로 바뀌면서 관직 역시 대폭 변화되는데, 그는 1899년 8품에 임명되었다. 그로부터 불과 몇 달 뒤에 6품으로 승진하고, 곧이어 내각의 자문기관인 중추원 의관이 되었다. 그러다가 이 글을 쓰기 3년 전인 1901년 9월에 무안 감리 겸 무안 부윤, 그리고 무안항재판소 판사로 발령받았으니 승진운은 그다지 나쁜 편은 아니었던 것 같다. '감리'란 대한제국 시절 통상通商 업무를 맡아보던 감리서의 으뜸 벼슬이다. 이 현판 글을 지은 직후인 1903년 6월에 나주 군수로 자리를 옮겼고, 이어서 1906년 6월에 청도 군수로 발령받았다. 이상이 단편적인 자료를 통해서 본 민영채의 이력인데, 관료로서 비교적 순탄한 길을 걸었다고 해야겠다.

이 글은 내용상 크게 세 단락으로 나누어 볼 수 있다. 첫 번째는 목우암의 자연환경과 지리적 배경이 나오고, 두 번째로는 목우암의 창건과 연혁 등 역사를 말하고 있다. 이어서 세 번째 단락에서 지은이가 군수의 입장에서 칠성각 중건에 참여하게 된 연유, 그리고 북두칠성의 상징으로서의 칠성각의 의미를 설명하고 있다. 우선 첫 번째와 두 번째 단락을 읽어본다.

호남에 무안부가 있고, 무안부 남쪽에 승달산이 있다. 승달산僧達山엔 법천사가 있는데 그 북쪽에 바로 목우암이 있다. 산 이름이 승달산인 것은 이 산에 도에 통달한 승려가 많았기 때문이다. 예를 들어 보주국사 옥룡玉龍, 연담 대사 성지性智 등이 모두 통달한 승려로서 이 산에 거주했던 분들이다. 또 절 이름이 법천사인 것은, 절에 샘이 하나 있는데 샘물이 졸졸 솟아나와 멀리멀리 흘러가서 바다로 들어간다고 해서 그렇게 부른다. 암자 이름을 목우암이라 한 까닭도, 보주국사가 서쪽에서 바다로 건너오면서 소를 데려와 이 암자에서 키웠기로 그런 이름이 붙은 것이다.

  이 절의 창건은 먼 옛날 당나라 때로 거슬러 올라가며, 신라와 고려를 거쳐 오늘에 이르니 무려 천 년이 넘는다. 다만 그 뒤의 역사는 어떠한지 알 수가 없다. 근년에 와서 이 절의 불전과 요사 등이 퇴락되었으나 그저 옛터 위에 자리만 하고 있을 뿐 별달리 중수를 하지 못하고 있었다. 아! 사찰의 흥폐 역시 사람처럼 운수소관이던가? 절에 암자가 있는 것은 마치 속가에서 본채가 있고 거기에 사랑방이나 다른 건물이 딸린 것과 같다고 할 수 있다. 절은 이미 퇴락되었고, 암자만 겨우 유지되고 있었으나 그 암자 또한 장차 퇴락될 지경에 이르렀다.

  이상 목우암의 역사와 환경, 그리고 본절인 법천사와 목우암 절 이름의 유래 등에 대해서 자세하게 나와 있다. 또 이 절에 머물렀던 고승들의 행적도 거론하여 그 비중이 만만치 않음을 지적하고 있다. 다음으로는 지은이가 무안 군수로서 칠성각을 중건하게 된 과정과, 칠성각의 이름을 축성각이라고 다르게 붙인 까닭을 적었다. 축성각이라는 이름은 다소 낯선데, 그렇게 짓게 된 연유를 들어보는 일도 재미있다.

  지난 계사년, 나는 사촌형 영학 씨가 이곳 군수로 온 뒤로 여러 해를 함께 지냈었다. 영학 씨는 정사에 정통하고 인화에 힘썼으며 무너진 제도를 부흥시켰다. 재궁이나 관아 같은 곳이 허물어진 데도 빠짐없이 수리하였다.
  그러던 중, 목우암이 장차 퇴락되려 하는 것을 아쉬워하여 승려들에게 명하여 권선 시주를 받도록 하고, 관아에서도 비용을 대서 불사를 돕도록 하였다. 이리하여 옛 모습대로 중건을 이루었다.

나는 이 무안군의 감리 겸 부윤의 직을 얻어 신축년 가을에 이 고을에 왔다. 그 뒤로 7, 8년의 세월이 흘렀다. 어찌 깊은 감회가 없을 수 있겠는가!

무릇 절이라는 것은 국가를 위하고 임금님의 만수를 축원하며 중생을 자비로 대하는 곳이다. 나는 장포언을 출발하여 고을을 시찰하러 가는 길에 이 암자에서 묵게 되었다. 절의 고적을 물으니 암자 뒤에 있는 칠성각이 복을 기원하는 곳이라고 하는데 지금은 거의 퇴락되어 있었다. 이 산을 두루 다니며 형승을 살펴본즉 산은 높지 않고 수려하고, 물은 깊지 않고 깨끗하며 맑다. 게다가 골짜기는 층층을 이루었다. 실로 모든 면에서 부처를 모시고 승려가 살 만한 곳임을 알 수 있으니, 만일 귀신이 있다면 바로 이곳을 호위하고 있다고 할 것이다.

나는 감복하여 중창하겠다는 마음이 절로 나 칠성각을 중건토록 시주하였다. 군민들 중에서도 역시 모연하고 도우려는 사람이 많았다. 그리하여 1년이 안 되어서 불사가 완성되어 마치 날아가는 듯한 그 아름다운 모습을 새롭게 드러냈다. 각의 이름을 칠성이라 한 것은, 북두칠성의 강령降靈을 의미한 것이다. 전하는 말에, 정사를 돌봄에 있어서 그 덕을 북두성에 비한다고 한다. 그리고 뭇 별들은 북두성을 따른다. 아! 우리나라 오백년 역사 동안 성스러운 임금들께서 잇달아 즉위하여 오랫동안 이어져 왔다. 지금 대황제 폐하께서는 덕을 숭상하고 치적을 널리 함으로써 하늘을 대신하여 백성을 돌보고 계신다. 그야말로 바다며 산이며 들이며 시골 곳곳의 신들의 화신이라 할 만하다. 지금 이 산사가 중건을 이룬 것은 곧 황제의 영령과 신명의 도움을 얻어서다. 나 민영채는, 비록 재주는 없으니 외람되이 분수에 넘치게 은덕을 입은 몸이라 감히 온 정성을 다해 직분을 다하고 있다. 이에 마침 이 절의 칠성각이 완공되어 황제 폐하를 축원하기

목우암 축성각

위하여 그 이름을 축성각이라 짓고, 절의 승려들로 하여금 낮밤으로 축원을 드리도록 하였다. 위로는 성수무강과 자손창성을 축원하고, 아래로는 백성이 영원토록 태평가를 부를 수 있게 축원한 것이다. 나는 이를 기념하기 위하여 이 글을 지었다.

대한광무 7년 계묘년 3월 상순, 무안 감리 겸 부윤 민영채가 글을 짓고 정극섭과 함준평이 공사를 감독하였다.

"역대 왕들의 선치 속에 누대를 거듭해 왔다"라든가, "황제폐하의 은덕으로 사찰의 중건이 이루어질 수 있었다"는 말은 아무래도 윗사람을 의식한 공치사로 들린다. 공사가 마무리된 자리에서 의례히 하는 헌사풍獻辭風의 축사라고 보기에는 지나치다 싶어 그 방면에 비위가 약한 사람에게는 다소 거북하게 느껴질 수도 있을지 모르겠다. 그렇기는 하지만, 어쨌거나 이 글을 지은 이가 현직 군수라는 공직자일 뿐만 아니라, 나는 새도 떨어뜨린다는 세도가문인 민씨 패밀리의 일원이었다는 점을 감안하지 않을 수 없다.

그런 의미에서 글 맨 뒤에 나오는 축원의 내용은, 이것이 비록 황실에 대한 축원으로 쓴 말이기는 하지만 그것을 꼭 황실만을 위한 해바라기성 발언으로 볼 필요는 없을 것 같다. 그 내용인즉 우리 보통 사람들도 늘 간절히 바라마지 않는 내용이 아니던가.

이 글의 소재가 된 축성각은 지금도 절에 자리한다. 앞면 4칸, 옆면 2칸이고 안은 나한전과 칠성각으로 구성되어 있다. 석가불상과 나한상의 봉안은 그렇게 오래된 일은 아니고, 이 현판 글에서 보았듯이 주로 칠성각의 기능을 하였고, 여기에 왕실축원당으로서의 역할도 했던 것으로 보인다. 그동안 불교학이나 불교미술사 분야에서 칠성각에 대한 연구는 제법 되었지만, 여기에 임금의 축수를 기원하는 의미를 담은 경우가 있었는지는 잘 알려지지 않았다. 더군다나 백성을 잘 살게 하는 선한 정치를 북두칠성의 위덕에 비유하는 부분은, 그 내용의 적합성을 떠나서 기존의 연구에서는 전혀 언급되지 않은 것이라 눈길을 끈다. 그런 의미에서 이 「축성각기」는 칠성각 건립의 다양한 의미를 말해주는 자료로 취급되어야 마땅하지 않을까 한다.

祝聖閣記

湖之南有務安府 府之南有僧達山 山之中有法泉寺 寺之北有牧牛庵 山之名以僧達者 此山之僧多有達道者 如寶珠國師玉龍子 蓮潭大師性智 皆達道於此山之寺 故名曰僧達也 寺之名以法泉者 寺有源泉 混混長流 盈科進海 故名曰法泉

也 庵之名曰牧牛者 寶珠國師浮海西來牽牛而牧牛此庵 故曰牧牛也 此庵之刱建 昔自壽唐逮至羅麗 于今爲千餘齋矣 中古沿革不知爲幾何 而此年以來 本寺之佛宇爐殿頹圯 未修祇有舊址焉 噫 梵宇之興廢 亦有關數而然歟 寺之有庵猶俗家之有體舍廊舍也 寺則已頹 而庵則猶存 亦將有頹壞之慮矣 去癸巳年 余之從兄泳學氏 莅玆郡數歲 政通人和 百廢俱興 校宮公廨 隨毀隨葺 而惜此庵之將頹 仍命緇徒 勸善鳩財 捐廩助役 仍舊觀而重建焉 余以此郡監理兼帶府尹之職 辛丑秋到郡則 其間日月已過七八年矣 寧不感懷興歎哉 夫寺利者 盖爲國家祝聖壽而慈悲衆生也 余以獐浦堰所看審之行 經宿此庵 審問古蹟則庵之後有七星閣爲人祈福之所 而今于頹落云 故仍爲周覽此山之形勝則 山不高而秀麗 水不深而澄淸 層嶂疊□ 皆有僧佛之像 有若神鬼之護焉 余乃感舊而刱新 捐金而建閣 郡之人亦有募緣而補助者多矣 不期年而告成輪奐完美 如飛如革 閣以七星爲名者 盖取諸北斗七星之降靈而名焉 傳曰 爲政以德譬如北辰 其所衆星拱之 噫 惟我東方五百有餘年 聖繼神承重熙洽猗猗 大皇帝陛下 德崇業廣 繼天立極肆 類望秩懷柔百神海濱曁防堰闢野之化 山寺 修燔柴燒香之體 皇靈攸曁 神明所佑 采以不才猥忝分憂 敢竭依斗之忱 遂成呼 嵩之祝名其閣曰祝聖 使之庵僧日夜祝願願乎 上者 祝聖無疆子孫昌盛願乎 下者 歲熟民滋歌詠太平 余於是乎 爲之記

大韓光武七年癸卯殷春上澣 務安監理兼務安府尹 閔泳采書 監董 丁亟燮 咸準平

전라남도 무안 원갑사

원갑사 중수기

원갑사는 무안군 해제면의 강산糠山 아래에 자리한 고찰이다. 지금은 금당인 무량전과 요사 등으로만 이루어져 매우 단출한 편이다. 이 절을 찾은 사람들은 누구나 아담하면서도 전통사찰로서의 품격이 약여한 모습이 인상적이라는 말을 하곤 한다. 특히 서남해안의 다도해를 바라보고 있어 주변 경관이 훌륭하다. 지도智島, 임자도荏子島 등이 손에 잡힐 듯 가깝게 위치해 있는데, 바닷가 사찰이기 때문에 예로부터 바닷길을 떠난 뱃사람들의 무사귀환을 기도하는 관음신앙 기도처의 성격이 짙었다.

우리나라 사찰 이름 중에 '갑'자가 들어간 곳이 몇 곳 있지만, 그 중에서 가장 유명한 세 곳을 꼽으라면 영광 불갑사, 영암 도갑사, 그리고 이곳 원갑사로 이들을 '3갑사'라고 부른다. '갑'이란 육십갑자의 으뜸이니 종찰宗刹이라는 의미가 있다. 불갑사나 도갑사는 이름에 걸맞은 역사와 전통, 다양하고 훌륭한 문화재가 전하므로 대찰로서의 면모가 뚜렷하지만 원갑사는 앞의 두 사찰에 비하면 지명도가 훨씬 떨어지는 것이 사실이다. 하지만 절 이름은 함부로 지어지는 것이 아니므로 뭔가 연유가 있어서 그렇게 지어지

원갑사 내경

지 않았을까. 지금은 그 역사가 제대로 전하지 않지만, 우리가 모르는 큰 역사적 의미가 이 절에 간직되어 있는지도 알 수 없다. 이 절은 신라 신문왕(재위 681~691) 때 의상 대사가 지었다고 전한다. 무량전 앞마당에는 수령 수백 년을 헤아리는 팽나무 두 그루를 비롯해서 살구나무, 느티나무 등 고목들이 우람하게 경내를 지키고 서 있다. 이 나무그늘 아래에서 경내를 바라보는 맛도 괜찮다. 원갑사 일원은 1984년 2월 29일 전라남도문화재자료 제85호로 지정되어 있다.

이번에 소개하는 원갑사의 현판은 김복연金福淵이 1891년에 지은 「원갑사 중수 소기」다. 20세기 초 전국의 사찰문화재 조사사업을 벌이던 조선총독부가 이 현판을 찾아내어 『조선사찰사료』라는 목록에 올려 그 존재가 알려지게 되었다. 『조선사찰사료』에는 이 현판이 강산사 비로전에 있다고 되어 있다. 당시만 해도 원갑사가 아니라 강산사穅山寺라는 이름을 갖고 있었기 때문이다. 본래 이름은 원갑사였는데, 한때

강산사로 바뀌었다가 근래에 다시 옛 이름을 따라 원갑사로 부르고 있는 것이다.

이 현판을 지은 김복연은 사전류나 다른 기록에서는 그 행적을 전혀 찾아볼 수 없는 인물인데, 『승정원일기』 등의 사료를 통해 어슴푸레하게나마 그 자취를 밟아볼 수는 있다. 1882년 9월 채동훈蔡東勳이 오위장五衛將일 때 경복궁 위장衛將으로 임명되었으나 신병을 이유로 나아가지 않자 다만 동지同知로만 임명되었다. 그러나 이듬해 1월 임자도 첨사僉使로 부임함으로써 본격적인 무관의 길로 들어섰다. 신안군에 있는 임자도는 현재 우리나라 천일염의 대부분을 생산하고 있으며, 근래는 관광지로 개발중에 있다. 8km에 이르는 백사장이 드넓게 펼쳐진 대광리 해수욕장의 노을이 무척 아름다웠던 것이 기억에 남는다.

조선시대의 임자도는 예로부터 수군의 진영이 설치되면서 국방의 요지로 인식되던 곳인데, 첨사는 진영의 수군을 지휘하고 일반 행정도 겸하던 자리다. 말하자면 원님의 일종인 셈이다. 김복연은 1887년 6월 이웃의 광량 첨사로 옮겼다가 1890년 1월에 다시 임자도 첨사로 임명되었다. 그리고 그 이듬해에 원갑사에 들러 이 현판을 지었다. 그에 관한 공식기록은 여기에서 그치고 있어서 더 자세한 내용은 알 수 없는 것이 아쉽다.

이 현판에는 그가 늦둥이 아들을 얻은 뒤 복을 빌기 위해 원갑사를 찾았다가 절이 황폐해진 것을 통감하고는 중수에 도움을 준 과정이 적혀 있다. 특히 절의 기물들이 도난당한 것을 보고는 어떻게 이러한 일이 벌어질 수 있는가 하며 안타까워하고 있다. 그 부분이 흥미롭고 인상에 남는 글이다. 먼저 문장 전체를 한 번에 읽어보기로 한다.

원갑사 편액

　올해 정월 느지막이 나는 내 늦둥이 아들 구리九里를 얻었다. 그래서 그 애의 복을 빌고자 원갑사에 가서 부처님 앞에 향을 올리고 불공을 드렸다. 하지만 절에는 스님 한 명만이 겨우 지키고 있을 뿐 몹시 퇴락되어 있었다. 그릇조차 성한 게 없고 깨진 것만 있을 정도여서 이래서야 어떻게 다시 회복할 수 있을까 싶었다. 나는 조용히 탄식하며 스님에게 물었다.
　"전각이며 당우를 처음 지었을 때는 무릇 불공일이나 재일에 소용될 용품들을 하나하나 갖추어 놓았을 텐데, 지금은 이렇듯 황폐해져 있으니 어찌된 일이오?"
　그러자 스님은 머리를 조아리며 이렇게 말했다.
　"소승이 이 절에 온 이래 역사를 살펴보았지만 자료가 없어서 알 수가 없었습니다. 근래에 전해져 내려오는 이야기를 들어본즉 언제인가 사세가 기울자 승려들이 하루아침에 모두 흩어졌다고 하는군요. 그런 까닭에 사용되던 집기마저 제대로 간수할 수가 없었던 모양입니다. 이 지경에 이르자 황송하게도 지금 소승도 다른 곳으로 돌아가야 할지 어떨지 생각하고 있는 중이지요."

나는 다시 한숨을 내쉬며 물었다.

"절이 얼마나 소중한 것이오? 그렇건만 사람들은 무엄하게도 함부로 행동하지요. 이 절만 해도 비록 단번에 그렇게 훼손된 건 아니라고 하더라도, 신령함은 반드시 이를 바라보고 있었을 것이오. 또 그릇 등이 도난당한 것도, 비록 눈앞에서 일어난 일은 아니지만 사람으로 하여금 재앙을 미치게 하는 일이 아니겠소? 어찌 일이 이 지경에까지 이르렀소?"

나는 문득 정성스런 마음이 일어났다. 그래서 절을 수리하고 기와를 새로 입히기로 결심하였다.

이에 옛 모습은 유지하되 바깥 상한 곳을 보수하였다. 비록 완전히 옛 모습대로 일신하지는 못했으나 전날의 황폐했던 모습에 비할 바는 아니다. 이제 이렇듯 청결하게 되었음을 축하하련다. 실로 처음에는 황폐했으되 지금은 그런대로 깨끗한 모옥 몇 칸이나마 마련하고 발우와 향로, 그릇 등 약간의 물품도 새로 장만하였다. 이로써 이 절에 머무는 스님으로 하여금 부처님께 영원토록 공양을 드릴 수 있게 했다. 전날에는 혹 옛날 그릇을 훔쳐냈던 일도 있었지만 앞으로는 그런 일이 없도록 경계하고 신중하게 다루어야 한다. 다시는 옛날의 악습으로 돌아가는 일이 있어서는 안 된다. 그럼으로써 무궁함을 도모해야 한다. 이것이 나의 커다란 원이고 발원이다. 이 일을 도와준 사람들을 다음과 같이 적어넣어 영원토록 귀감이 되도록 한다.

대청 광서17년 3월, 임자도 진영의 수군첨절제사인 김복연이 짓고, 병교 조정엽趙正燁이 글씨를 썼다.

김복연의 말마따나 그가 시주한 돈이나 기물은 얼마 안 될지 모른다. 하지만 그는 원갑사에서 아주 중요한 일을 했다. 부처님 앞에 향을 사를 향로 등의 집기마저 변변하지 않자 여러 사람의 마음을 모아 최소한의 품격이나마 갖추게 해준 것이다. 시주라는 게 마음이 중요한

전라남도 무안 원갑사 **원갑사 중수기** 141

원갑사 무량전

것이지, 물질적으로 얼마나 많이 시주했는가로 그 사람의 신심을 저울질할 수야 없지 않은가. 시주한 액수대로 대접을 받는대서야 말이 되지 않는다.

이 글을 통해 조선시대 후기에 사찰의 기물이 자주 도난당했다는 정황을 읽어볼 수 있다. 숭유억불의 국시 탓에 사찰과 승려가 사회적으로 억압되고 천시되다 보니 사찰의 기물 역시 종종 훼손되었던 것인데, 아마도 이 글의 시대적 배경이 되는 후기에 그런 일들이 더욱 잦았을 것이다. 이 글은 그러한 악폐를 통렬히 규탄하면서 다시 반복되지 않아야 한다는 말을 거듭하고 있다. 지은이가 현직 수군절도사였던 만큼 그의 이런 말은 현실적으로 어느 정도 효과를 거둘 수 있었을지도 모른다. 그가 이 글을 쓴 가장 중요한 목적이 사람들에게 사찰의 기물을 상하게 하거나 훔치지 말라는 것이니, 이 글 말미에 "다시 옛날의 악습으로 돌아가지 않고, 무궁함을 도모하도록" 하기 위함이라고 특별히 강조했던 것이다.

圓甲寺重修小記

是歲元月之晩 余爲晩生子九里 而祈命于此因三宿 而供奉香火止 一介僧謹守焉 寶殿之荒落 用器之毁破 無復餘地 余窃自憂歎而 問于居僧曰 殿宇興作之初 凡係供奉之節 必當一一備具 而今其如是弊殘傾頹何故也 僧俛首對曰 小僧來從他寺 此無可考則未詳興作之久 近而聞其所傳則 寺本凋弊僧莫支保朝聚 而暮散之故 未能敬守諸件之具 至於此境 不敬莫大小僧還他爲辭 余問而喟然曰 梵宮之所重何如 而人之無嚴無憚奈如之 此殿壁之劃破也 雖無卽時之顯 靈必有暗地之降淚 器具之偸取也 雖有目下之救弊 豈無前頭之及殃人之不良 胡至此極 余便有誠心之感 發乃營修葺之 方仍舊之貫隨外之補 雖未能一新改觀而猶矣乎己也 較之他日之荒廢 祝之今日之淸潔 是固弊之初 乃成之始也 亦有數存於其間耶 又有鉢盂爐盒等若干新具付之 居僧使得永久供奉 而他日或有如昔日之劃壁偸器者則 亦必若前人之獲淚及殃矣 從後凡人戒之愼之 無復舊習以圖無窮之美 是所大願而又有發願 助力者不謀而衆 故列書于左 以垂永世之觀

大淸光緖十七年三月日 行荏子鎭水軍僉節制使 金福淵 兵校 趙正燁

장성 백양사

백암산 정토사 쌍계루기

사찰의 가람배치를 건축적으로 인식할 때 대부분의 사람들은 금당이나 법당을 위주로 기억하고 생각한다. 하지만 나는 가람배치의 완성은 바로 누樓에 있다고 본다. 신앙적으로 가장 의미 있는 건축은 당연히 금당과 법당 등 불보살상들이 봉안된 전각이겠지만, 여러 건축물이 서로 조화를 이루면서 하나의 독립된 공간을 이루는 가람배치에서는 화룡점정의 역할을 누가 한다고 믿고 있다. 누가 있음으로 해서 동서남북 선상의 축이 완성되고, 좌청룡 우백호 등으로 상징되는 주변 산의 기운이 절 안에 머물게 되기 때문이다. 그럼으로써 여느 민간의 건축물과는 다른 맑고 깨끗한 기운이 항상 감돌게 되는 게 아닌가 생각한다.

가람배치를 미의 관점에서 보더라도, 누야말로 한 사찰의 대문이자 얼굴이며 상징이라고 할 수 있다. 일주문과 금강문과 봉황문 등을 지나면서 한껏 마음이 정화된 순례자가 법당 앞에서 가장 먼저 마주치는 건물이 누인 까닭에 누는 등불과 같은 느낌을 준다. 같은 의미로, 순례자가 아닌 보통 사람들에게도 누는 사찰의 이미지를 좌우하는 첫인상이 될 수 있다.

백양사 전경

우리나라 사찰에 아름다운 누각이 유달리 많은 것을 단순히 우연으로 돌릴 수 없다. 비록 낡기는 했어도 기품 있고 쓰임새 좋은 누각을 많이 발견할 수 있다. 그리고 어느 것이나 다 나름대로의 특징이 있다. 호사가들은 그래도 어디 어디의 누가 좋다며 손가락으로 꼽기도 하는데, 누구나 인정하는 멋있는 누각 중 하나가 장성 백양사의 쌍계루다.

이번에 소개하는 현판은 전라남도 장성의 백양사白羊寺 쌍계루의 유래를 담은 「백암산 정토사 쌍계루기」다. 쌍계루 안에는 여러 편의 현판이 있는데, 이 글 본문에도 나오는 조선의 개국공신 정도전의 글도 쌍계루에 걸려 있었지만 언제인가 없어지고 지금은 볼 수 없어 아쉬움이 크다. 다만 그 내용이 별도로 전해져 이렇게 읽어볼 수 있다는 것은 다행인데, 그에 대해서는 뒤에서 다시 말하도록 하겠다. 현판의 제목에 '백암산 정토사'로 되어 있는 것은, 고려 말까지만 해도 절 이름이 정토사였기 때문이다. 그 뒤 산 이름을 따서 백암사白巖寺라고도

백양사 현판

했다가, 대략 19세기 말 무렵에 지금처럼 백양사로 고쳐 불렀다.

지은이는 유명한 목은牧隱 이색李穡(1328~1396)으로, 포은 정몽주鄭夢周, 야은 길재吉再와 더불어 삼은三隱으로 꼽힌 고려 말의 대표적 문장가다. 그에 대해서는 별도의 설명이 필요 없을 정도로 자세히 알려져 있으니, 곧바로 현판의 내용을 살펴보기로 한다. 우선 전체 문장을 한 번에 읽어본다.

    삼중대광三重大匡 복리군 운암雲巖 징공澄公 청수淸叟 선생이 절간絶磵 윤공倫公을 통하여 누대의 이름을 지어달라고 청하였다. 더불어 삼봉三峯 정씨가 지은 누기樓記를 내게 가지고 와 보여주었다. 그 글을 보니 백암사의 내력은 자세하나 쌍계루라는 이름이 붙게 된 내력은 모두 생략되어 쓰여 있지 않았다. 아마 그 이름을 짓기가 어려워서 그랬을 것 같다.

    나는 절간공絶磵公을 따라 절을 찾았다. 절은 두 줄기 물 사이에 있었고 그 물은 윗목에서 합쳐졌다. 물의 근원을 살펴보건대, 하나는 동쪽으로 가까이 있고 하나는 서쪽으로 멀리 떨어져 있기 때문에 수세가 크기도 하고 작기도 하다. 그러나 합하여 못을 이룬 뒤에

산을 빠져 흘러 내려갔다. 절의 네 면에 둘러 있는 산은 모두 높고 가팔라서 한여름에 바람을 쐬고 땀을 훔칠 만한 곳이 없기 때문에 두 물이 합치는 곳에다 쌍계루를 세웠다. 왼쪽 물 위에 걸터앉아 오른쪽 물을 굽어보면 누각의 그림자와 물빛이 아래위에 서로 비치어 참으로 볼 만하였다.

경술년 여름에 큰물이 나서 돌 축대가 무너지는 바람에 누樓도 무너져버렸다. 청수옹淸叟翁은 이 누를 중수하고 쌍계루에 관한 글을 지어달라고 하면서 이렇게 말하였다.

"쌍계루는 우리 스승님이 세운 것인데 이처럼 무너져도 내버려 두어서야 되겠습니까? 우리 스승님은 학통을 이어받기 오대五代나 되었으므로 절에 뜻을 둔 것이 지극하였습니다. 그런 누가 지금 없어졌으니 그 책임을 어디로 돌려야 할 일입니까. 그래서 부랴부랴 날을 다투어 공사를 끝내고 옛 모습대로 다시 세우자 썩었던 재목이 견고해지고 알 수 없게 된 채색이 선명해지게 되었습니다. 이렇게 되고서야 스스로 위안을 할 수 있었습니다. 그러나 내 마음에 조금이라도 우리 스승님의 마음을 타락시키지 않을까 하는 두려움을 내 제자들이 반드시 알지는 못할 것입니다. 또한 내 제자로서 나를 따라 이 절에 머물러 있는 자가 나의 이 마음을 못 알아본다면, 절 일은 지탱되지 못할 것이고 누樓쯤이야 말해 무엇 하겠습니까? 불상에 먼지가 끼고 지붕에 비바람이 들이치게 되어 남의 웃음거리가 될 것이 분명합니다. 그러므로 누 하나쯤 재건한 것으로써, 글로 쓸 만한 것이 못 된다 하더라도 꼭 글 잘하는 분을 구하여 써주기를 청하는 것은 오래도록 전하기를 꾀하기 때문이요, 나아가서는 나의 후배들을 경계하기 위한 까닭이니, 사양하지 마시고 써주시면 다행이겠습니다."

나는 일찍이 행촌杏村 시중공侍中公(이암李嵒, 1297~1364)을 스승으로 모셨고, 그 자질子姪과 함께 공부하였는데 선생은 그 계씨季氏다. 그동안 여러 번 써드린다는 약속을 어겨 왔으므로 이제 절간공絶磵公의 말을 인용하여 이름을 '쌍계루'라 하고 기를 지어 보낸다.

끝으로 한 수 읊는다.

"아, 내가 늙었구나. 명월이 누에 가득 찼으련만 하룻밤 그곳에서 구경할 길 없으니. 젊어서 길손이 되지 못했던 것을 한탄할 뿐이다."

그 사제師弟의 이어받은 계통은 절 문서에 자세히 기재되어 있기로 여기에는 쓰지 않았다.

글 앞부분에는 이색이 이 글을 쓰게 된 언유가 나와 있다. 자신의 스승인 행촌 이암의 동생인 청수가 삼봉 정씨가 지은 누기, 곧 정도전鄭道傳(1342~1398)이 지은 「백암산白巖山 정토사淨土寺 교루기橋樓記」를 보여주면서, 또 다른 기문을 그에게 부탁했기 때문에 써주었다는 것이다. 청수는 아마도 당시 백양사의 주지였거나 노장 스님으로 추정된다. 절 입장에서는 정도전이 이미 써준 기문이 있기는 했지만 당대의 최고봉 문장가인 이색에게도 글을 받고 싶었을 것 같다. 한편으로는, 이색으로서도 나이는 자기보다 14세가 많지만 정치로나 문학으로나 라이벌 관계였던 정도전의 기문을 읽고는, 자신이 더 멋진 글을 남기고 싶은 경쟁심리도 작용하여 선뜻 사찰 측의 글 청탁을 받아들이지 않았을까 싶다. 정도전이 「백암산 정토사 교루기」를 지은 것은 1377년이고, 이색이 이 현판문을 지은 것은 1381년의 일이다. 정도전의 글은 비록 원본은 아니지만 근래 새로 만든 현판으로 읽을 수 있다. 아마 이색의 이 글도 그처럼 현판으로 달려 있었을 것이다.

그 뒤 정도전은 1392년 이성계가 조선을 건국하자 새 왕조의 핵심 인물로 활약하였다. 반면에 이색은 왕조 교체 직전까지 이성계에 적대적인 태도를 보였고, 조선 건국 뒤에도 태조에게서 관작을 받았지만 모두 사양하고 은둔하는 등 서로 다른 행보를 보였다.

앞에서 이 글의 원본 현판은 없어졌다고 했지만, 그 내용은 두 종류의

백양사 쌍계루

책에 각각 실려서 전해진다. 하나는 이색의 문집인 『목은집』이고, 다른 하나는 『조선사찰사료』다. 그런데 이 둘은 내용상 약간 차이가 있다. 본문 중 맨 앞에 삼중대광 뒤 두 글자가 『목은집』에는 누락되어 있고, 맨 뒤 '故不書' 이하도 『목은집』에는 빠져 있다. 그 밖에도 본문 중 몇 글자가 서로 다르게 되어 있다. 『조선사찰사료』는 일제강점기에

전국의 사찰을 직접 조사하고 현판이나 비석 등을 채록한 자료집인
만큼 여기에 실린 것도 조사 당시 백양사 쌍계루에 걸린 현판을 그대로
옮겨 적은 것일 가능성이 크다. 이 글은 민족문화추진회의『고전국역총
서』중『목은집』에 그 번역본이 있고, 또 인터넷에도 올라 있다. 하지만
문장 첫 부분에서 "삼중대광 복리군 운암 징공 청수 절간 윤공"을
한 사람으로 해석했지만, 나는 "삼중대광 복리군 운암징공 청수"와
"절간윤공"을 서로 다른 사람으로 보았다. 그래서 쌍계루의 편액 글씨를
써준 사람은 절간윤공이고, 이색에게 글을 부탁한 사람은 운암징공
청수로 보아야 문맥이 통한다고 생각한다. 그 밖에도 몇 군데에서
기존 번역본과 나의 해석이 조금씩 다르다.

白巖山淨土寺雙溪樓記

三重大匡福利君雲巖澄公淸叟 因絶磵倫公名其樓 且以三峯鄭氏記相示 寺之
故詳矣 而溪之爲溪 樓之爲樓 皆略之而不書 蓋難手命其名矣 於是 從絶磵訊之
寺在二水間 而水合于寺之源 東近而西遠 故其勢有大小焉 然合而爲淵 然後出
山而去 寺四面山皆高峻 夏蒸溽 無所納涼 是以 據二水合流之處有樓焉 跨左水
俯右水 樓影水光 上下相涵 實爲勝覽矣 庚戌夏 水大至 石堤隳 樓因以壞 淸叟曰
樓吾師所起也 如此可乎 吾師師師相傳凡五代 所以留意山門者至矣 樓今亡 責
將誰歸 乃剋日考工復其舊 腐者堅 漫漶者鮮明 於是 足以自慰矣 然吾之心 惟恐
一毫或墜吾師之心者 吾之徒未必知也 吾之徒踵吾而住是寺者 或不知吾之心
則山門之事 不可保矣 獨樓乎哉 像設之塵埃 棟宇之風雨 爲人所笑也必矣 是以
一樓之興復 雖不足書 必求能言者筆之 所以圖不朽也 所以戒吾徒也 幸無讓
予嘗師事杏村侍中公 與子姪遊 師其季也 重違其請 用絶磵言名之曰雙溪樓 予
老矣 明月滿樓 無由一宿其中矣 恨不少年爲客耳 其師弟子之相承 載在寺籍

故不書
蒼龍辛酉 夏五月 推忠保節同德養化功臣三重大匡 韓山府院君領藝文春秋館事 李穡記

김천 직지사

금릉 서령 직지사 천불전 중창기

경북 김천 직지사直指寺는, 산으로 말하자면 골짜기가 깊은 산 같다. 어느 곳이든 산 정상으로 올라가는 길이 한길로 곧게 쭉 뻗어 있다면 보기는 시원해도 어쩐지 산행의 맛은 덜하다는 생각이 든다. 산을 오르다보면 설령 평평하고 험한 코스가 없는 길이 실제로는 더 힘이 들기 마련이다. 반면에 높지는 않아도 가는 길이 굽이굽이 둘러 있고 골짜기도 깊으면 주변에 볼 것도 많고 쉴 곳도 많아 자연히 올라가는 길이 재미있고 산행의 보람도 크다. 마찬가지로, 직지사에 가면 경내가 탁 트여 있지는 않아도 구석구석 볼거리가 많다. 그런데 직지사 가람 배치는 그 볼거리를 한 눈에 다 보여주지 않는다는 점에 묘미가 있다. 경내를 한참이나 이리저리 샅샅이 누벼 봐야 어지간히 봤구나 하는 느낌이 들게 만든다. 직지사 가람배치의 절묘함과, 창건 1500년의 연륜이 그런 조화를 만들었을 것이다.

직지사에는 고찰답게 현판도 많다. 전해 내려오는 고기록들을 모아서 영인본으로 펴낸『직지사지』에 소개된 것만도 17점인데 그 대부분이 직지사 역사를 살펴보는 데 긴요한 것들이다. 이번에는 그 중에서「금릉 서령 직지사 천불전 중창기」를 소개한다. 제목으로도 알 수 있듯이 천불전을 중창한 내력을 적은 글이다. 천불전은 천불신앙의 결정체라고 할 만한데, 천불신앙은 일종의 다불多佛신앙이다. 석가모니가 이전의 여러 생에서 당시의 부처님(과거불)으로부터 부처가 된다는 약속을 받은 바 있어 과거, 현재, 미래에 각각 부처가 존재한다는 생각으로 발전되었다. 여기에다가 누구나 깨달음을 얻으면 부처가 될 수 있다는 불교의 가르침과, 부처님 이름을 부르고 예배하면 현세의 삶이 편안해지고 모든 어려움이 사라지며 모든 죄가 소멸된다는 『천불명호경千佛名號經』 등의 성립이 천불신앙을 형성하는 배경이 되었다고 한다. 직지사에는 현재 비로전에 천불상을 봉안하고 있는데, 이 현판에 등장하는 천불전은 바로 지금의 조사전 건물이다. 1976년에 지금의 자리로 옮겼고, 본래의 자리에 비로전을 세웠다.

이 현판은 1702년(숙종 28) 4월과 1707년 3월에 대산 청봉臺山晴峯 스님이 각각 지은 두 편의 글을 하나로 엮은 것이다. 두 편이라고는 하지만 서로 다른 내용이 아니라 처음 것은 천불전 중창의 내력을, 두 번째 것은 천불전에 봉안된 불상 5위를 다시 금칠한 내용을 담고 있어 결국 한 편이나 마찬가지인 셈이다. 물론 현판을 만든 해는 두 번째 글이 완성되던 1707년이다. 이 글을 지은 청봉 스님에 대해서는, 문장 수준이 꽤 높은 것으로 보아서 학식 높은 분이었을 것이고, 법호인 '대산'으로 보건대 오대산 월정사 스님이 아닐까 짐작할 뿐 그 외는 전혀 알 수가 없다.

현판을 살펴보면, 천불전 중창을 막 끝낸 의천義天 스님이 청봉 스님에게 한 장의 종이를 건네는 것에서부터 시작한다. 그 종이에는 천불전이 언제 처음 지어지고 언제 중수되었는지가 적혀 있었다. 청봉 스님이

직지사 내경

훑어보고 다시 건네니, 의천 스님은 청봉 스님더러 중창기를 적어달라고 부탁한다. 청봉 스님은 자신의 문장이 졸렬하여 내세울 것이 없다며 사양했지만(물론 겸양의 말이다), 의천 스님은 다음과 같이 말하면서 재차 은근히 권유하였다.

"기록으로 남겨야 천불전을 중창한 아름다운 일이 길이 전해질 것이고, 우리 산문의 미래가 무궁함을 알리지 않겠습니까? 나는 감히 선사의 뜻을 이어 중창의 대사를 맡았는데, 이 일을 적어 넣어 후세에 알리고자 합니다."

이어지는 내용은 권유를 받아들인 청봉 스님이 천불전 창건의 역사를 약술하는 것으로 이어진다. 그에 따르면 1656년(효종 7) 속리산 법주사에서 왔을 거라고 짐작되는 경잠敬岑 스님이 천불상을 봉안했다고 한다. 법당보다 불상이 먼저 조성된 것이다. 이 천불상들은 옥석으로

직지사 비로전 천불

 만들어졌다고 전해져 왔는데, 실제로 복장에서 나온 「천불조성기」에 경주 옥돌로 만들었다는 얘기가 나와 전해오는 이야기가 허언이 아니었음을 밝혀주었다. 이어서 1661년 인계印契 스님이 천불전을 창건하고, 경묵敬嘿과 허행虛行 두 스님이 전각 안팎을 꾸몄다. 그리고 1668년(현종 9) 단청을 새로 하고 이 해에 5존상을 모셨다.

 2006년 3월 지금 비로전에 봉안된 비로자나불, 약사불, 석가불 등의 3존불에서 복장腹藏이 나왔는데, 복장기에 비로자나불과 약사불이 1668년에 조성되었다는 기록이 있어 이 현판의 내용과 정확히 일치한다. 석가불은 그로부터 20년 전인 1648년에 조성했다고 한다. 그렇다면 1668년에 봉안된 5불상 중 비로자나불과 약사불은 당시의 불상이고, 이미 있던 석가불을 한데 모아서 모셨던 것이며, 나머지 2 불상은 아마도 협시보살이 아닌가 한다. 이 부분은 불교조각사에서 중요한 자료가 된다.

현판의 주된 내용은 그로부터 5년이 흘러 천불전을 중창할 당시의 이야기다. 직지사의 승정僧正인 행관幸寬을 비롯한 여러 스님들이 성호性澔 스님에게 중창불사를 일임했다. 불사를 일임했다는 것은 다시 말해서 불사에 들어갈 비용을 책임지고 모으라는 것에 다름 아니다. 일을 위해서는 재물을 만질 수밖에 없고 또 그러기 위해 세상과 밀접히 관련을 맺어야 하니 승려로서 결코 달가운 일은 아닐 것이다. 하지만 누군가는 반드시 해야 하는 일, 분명 적잖게 부담되는 일이었을 텐데도 성호 스님은 쾌히 승낙하였다. 성호 스님은 5년 뒤 천불전 5존상을 다시 금칠하고 천불상 중 8위를 보수할 때도 기꺼이 일을 맡아 했다. 성호 스님은 자신을 도와줄 화주로 인휘印輝 스님을 위촉해 함께 모연에 나섰다. 인휘는 그 전해인 1701년에 상주 남장사에서 감로탱을 조성할 때 판사判事 직함을 맡았던 중견 스님이었다. 그는 또 32년 뒤인 1734년 통도사 영산회상도 조성 참여자 명단에서는 가장 윗줄에 이름을 올리고 있으니 이때는 이 일대의 최고 어른으로 꼽혔던 모양이다. 아무튼 이 두 스님의 노력으로 몇 개월 안 가서 모연은 완료되었다. 그리고 이제 본격적으로 중창 공사에 들어가 혜암惠菴 스님을 초빙하여 공사를 맡겼다. 혜암 스님은 아마도 속리산 법주사에 있었던 분 같다. 그런데 청봉 스님은 혜암을 '도료장都料匠'이라고 표현하고 있다. 처음 나오는 용어인데 아마도 도편수에 해당하지 않을까 한다. 청봉 스님은 또 혜암을 가리켜, "황제黃帝 때의 명장인 수倕에 비견할 만한 장인", "기술과 지혜가 더욱 교묘해져 재목의 길고 짧음만 보고서도 어느 곳에 어떻게 써야 할지 한눈에 아는 심장心匠"이라는 등의 극진한 말로 칭찬했다.

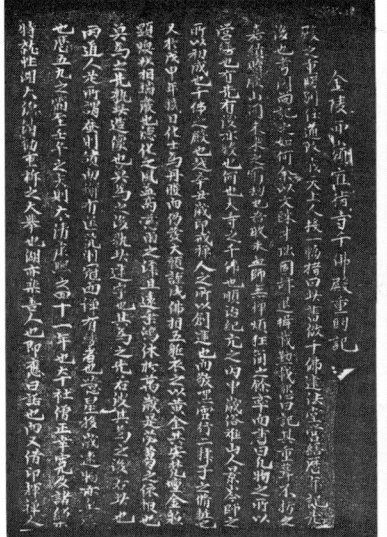 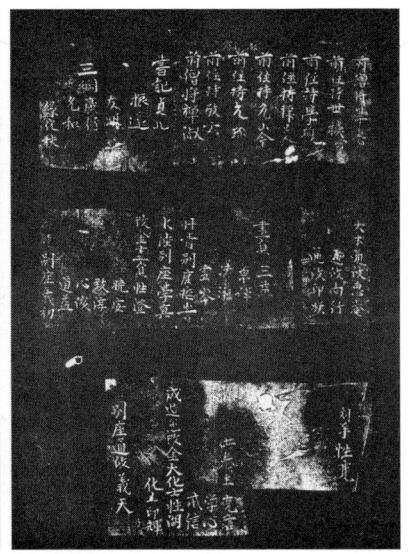

직지사 현판(앞과 끝)

'심장' 역시 '도료장'과 마찬가지로 지금은 잊혀진 말이지만 그 뜻이 오묘하니 오늘에 되살려 써 볼 만한 용어가 아닐까 싶다.

어쨌든 이렇게 유능한 사람들이 적시에 모였으니 한 치의 어긋남도 없이 일이 착착 진행되어 성공리에 끝난 것은 당연하다. 이에 직지사 측에서는 낙성대법회를 열어 기념하였는데 수많은 사람들이 구름처럼 모여들어 성황을 이루었다고 한다. 이 법회는 의천 스님이 맡아 치렀고, 법회가 끝나자 청봉 스님에게 지금까지의 과정을 적은 중창기를 부탁해 이 현판문이 나온 것이다.

이렇게 이 현판에는 천불전의 초창과 중창 과정이 잘 나와 있다. 일의 앞뒤와 참여했던 사람들의 역할 및 성과가 간결하면서도 정확한 묘사로 그려져 있어 중창기문 가운데 수작으로 꼽을 만하다.

한편, 현판 끝부분의 참여자 명단에는, 공사를 총감독한 대목大木은

혜암, 불상을 조성한 화원畵員은 삼익三益·탁휘卓輝 외 2명, 개금화원은 성징性澄 외 5명, 그리고 단청은 철은哲븓 스님 등이 각각 맡았다고 나와 있다. 지금 이 기록을 나열하는 것은 조각장과 단청장의 계보를 이해하는 데도 중요할 뿐더러 직지사 성보박물관에서 2007년도 상설전으로 열었던 '천불신앙과 천불전' 전시회 설명에서 조각장인 삼익, 탁휘 스님을 단청장으로 잘못 적어넣은 실수를 바로잡기 위해서이기도 하다.

또 이 현판에는 몇 가지 눈에 띄는 용어가 보인다. 우선 스님을 가리켜 '배자拜子'라 하였고, 불상을 '불상佛相'으로 쓴 점도 흥미롭다. 배자란 '절[拜]하는 사람'이라는 뜻이니 하심下心을 강조하는 불교의 교리에도 잘 어울린다. 또 지금은 불상을 하나같이 '佛像'이라고 쓰지만 고귀한 존재를 가리키면서 像이라고 표현하는 것은 어쩐지 조금 불경하다는 느낌도 없지 않으니 이 현판에서처럼 相을 쓰는 게 더 알맞은 것 같다. 앞에서 말한 '도료장都料匠', '심장心匠'이라는 단어와 함께 눈여겨볼 가치가 있는 용어가 아닌가 한다.

金陵西嶺直指寺千佛殿重刱記

殿之重刱別任通政義天上人授一幅指曰 此書作千佛建法堂 營繕曆年記先後也 考閱向記之如何 余以文疎才拙 固辭退揮 載愍載懃曰 記其重葺不朽之嘉績 貽厥山門未來之窮劫也 吾敢永益師 無憚煩狂 簡之餘率而書曰 凡物之所以營繕也 有先有後 亦殿也 何也 夫寺之千佛也 順治紀元之丙申歲 俗離山人景岑師之所以初成也 千佛之殿也 越辛丑歲 印戒禪人之所以創建也 而敬嘿虛行二拜子之修粧也 又於戊申年幾日化士爲丹臒 而仍發大願謹成佛相五軀 衣之以黃金

共安梵壇 金軀顯煥 相瑞嚴也 德化之風盆高 慈雨之澤且遠□鴀休於萬歲 是芯
芻之依賴也 莫之先孰此造像也 莫爲之後孰此建宇也 其爲之先 若波 其爲之後
若此也 兩道人是所謂蠶則績 而蟹有□□則冠 而禪有綾者也 噫 星移歲遠 物亦
無常也 曆五九之霜 至壬午之矢則 太淸康熙之四十一年也 本社僧正幸寬及諸
緇□特就性湖大德淸勤重新之大擧也 湖亦樂善人也 卽應曰諾也 而又侑印輝
禪人 同契助緣 輝亦莫逆於心欣於同志 兩道人潰意重新 專心化緣奔走遊履 募
緣聚材不多數月 物若天來□如神佑也 同年二月之望 請都料匠則 俗離之通政
惠菴也 菴也□俚之善魁首也 心匠 甚巧才 智盆妙 以其才之長短 基止之闊狹
皆以量之 於是 棟楹樑桶之腐黑撓折者蓋瓦 基砌之破□頹殘者移 白赤碧之漫
渙不鮮者治 而新之廣而修之 有侈於前人 無弊於後觀也 工旣訖□ 大設齋落成
之會 會者千萬莫不歡喜云 齋罷 齋之大擅人 寺之緇衣等 亦勸湖碩士借 爲典炷
任爲任數年 凡與福常孜 孜不已 其營辦不可憚記也 尤徒撩事 各有司存 義天上
人都別任 營葺事也 哲聞亦別管丹臒事也 學眞上人慶會大齋別知事也
太淸康熙四十一年壬午四月日 臺山晴峯 記
之殿內五聖相 歲曆久遠 未免無常 衣金剝落漫渙不鮮者年深矣 昨於壬午歲 千
佛殿重葺首倡大化性湖大德 歲曆六周迄 玆丁亥春改金五佛相焉 上人之爲人
淳厚樂善有道之人也 鞭心孜孜 以出善言則 仁人欣欣 以養施心□如神之補佑
□天召惠來 不盡一月 召聚錢財 貿百金 擇吉日 邀良匠 修改八軀相 限一月
以畢工焉 仍設點席 奉安琳宮焉 伏冀留形千萬歲 放光百億界 □照□劫□括十
虛 聖壽萬歲 百僚安寧 及與多少捐財 發願行檀等 均濟壽域 同享福惠 天下太平
法輪恒轉 至祝 摩訶般若波羅密 臺山老衲 晴峯子 續承通政玄魁子義天請粗記
厥事續之于前重葺之記 尾云爾
紀元同前丁亥歲 暮春下澣日也
施主秩 成造大施主 金氏天心 成造大施主 嘉善姜鳳瑞兩主 成造大施主 嘉善鄭
二禹兩主 成造大施主 李江伊兩主 成造大施主 張氏 成造大施主 嘉善閔自奉兩
主 成造大施主 通政韓善弘兩主 成造大施主 通政黃應秋兩主 成造大施主 通政
韓戒先兩主 成造大施主 嘉善陸大元兩主 大施主 崔氏妙月兩主 佛像改政金大
施主 嘉善全振暎 改金大施主 通政趙以亨兩主 黃金大施主通政李愛奉兩主 黃
金大施主嘉善姜鳳瑞兩主 黃金大施主張氏愛心兩主 烏金引勸淸信 普覺兩主

本寺秩 時僧統幸寬 通政性海 通政湖哲 通政明彦 前住持慈應 前住持玄一 前住持敬一 前住持密雄 通政一彦 通政友鑑 前僧統友善 前住持覺輝 前住持學心 前住持密玄 前住持哲玉 前住持敬暹 前住持巨學 前僧統禪特 通政禪侃 前僧統體根 前住持智卞 前住持義聰 前僧統學惠 前住持世機 前住持學瑛 前住持釋旻 前住持允岺 前住持允珍 前住持敬云 前僧統禪淑 書記 頂悅 振遠 三綱 友明 廣行 允和 緣化秩 大木 通政惠菴 通政尙行 通政仁暎 畵員三岳 卓輝 法海 虛岑 丹靑別座哲訔 水陸別座學眞 改金畵員 性澄 曉安 孜淳 心俊 道岦 別座義初 刻手性寬 供養主 克信 學心 戒信 成造兼改金大化士性湖 化主印輝 別座通政義天

죽림사기

나주 죽림사

전라남도 나주 남평읍 풍림리 중봉산中峯山에 자리한 죽림사竹林寺는 석가부처님이 계셨던 인도의 죽림정사에서 그 이름이 유래한다. '죽림사'란 산스크리트 어 '베누바나 비하라'가 원어로, 가란타迦蘭陀 장자長者가 자기가 갖고 있던 죽림을 헌상하고, 마가다 국왕 빔비사라가 건물을 지어 석가부처님에게 기증함으로써 인도 최초의 승원僧園이 되었다. 석가부처님은 이곳을 근거로 활동하여 안정된 전법 활동을 펼쳤다. 그래서인지 중국이나 우리나라에는 죽림사나 죽림정사라는 이름을 가진 절이 꽤 많다. 중국 오대산에 있는 죽림사 역시 중국에서는 명찰에 속하는 꽤 유명한 곳으로 지금도 많은 사람들이 찾는다.

나주 죽림사는 이름만 본다면 울창한 대숲이 있을 것 같지만 실제로는 눈에 띄는 대나무가 없다. 대나무가 있을 법한 자리를, 남도 하면 떠오르는 동백나무가 자리잡고 있고, 호랑가시나무와 차나무도 경내 주변에 얌전하게 모여 있다. 위압적이거나 규모가 거창하지 않은 대신 왠지 모르게 사람의 시선을 끄는 매력이 있는 곳이다. 그래서 깔끔하면서도 소박한 분위기에 심취해 기억 속에 오래도록

죽림사 내경

잊히지 않는 사찰로 죽림사를 꼽는 사람이 많다.

죽림사를 들렀다면, 기왕 온 김에 주변 관광지를 둘러보는 것도 좋다. 나주에만도 나주향교, 나주고분군, 나주배박물관, 미천서원, 지석강 국민관광지, 영산포 선착장 등 볼 만한 곳이 많다. 혹은 불교유적지만 골라서 코스를 짜본다면, 다보사→죽림사→운흥사 석장승→불회사 석장승→운주사→무위사, 백련사로 가는 길을 추천할 수도 있다. 다보사, 운흥사, 불회사는 모두 죽림사와 같은 나주 지역에 있으니 문제가 없지만, 화순 운주사나 강진 백련사는 조금 떨어져 있어 멀다고 느낄지도 모르겠다. 하지만 나주에서 가는 교통은 좋은 편이라 하루 이틀의 여정으로도 넉넉히 들러볼 수 있다. 좀더 여유가 있어 강진에서 백련사와 더불어 다산초당까지 갈 수 있으면 더할 나위 없는 여행이 될 것이다.

죽림사의 문화재로는 보물 제1279호 세존괘불탱이 단연 눈에 띈다.

1622년(광해군 14)에 만든 것으로 우리나라 괘불로서는 가장 빠른 시기의 것에 속한다. 흔히 보기 어려운 독존 여래좌상이라는 점이 특징이다. 또 전남 문화재자료 제92호 극락보전도 있다.

이번에 보는 죽림사의 「죽림사기」 현판은 80년 전인 1928년에 지은 것으로 그렇게 오래되지는 않았어도 죽림사의 사격이나 당시의 번성했던 모습을 전하는 귀중한 자료다. 길지 않은 내용을 주로 신라 최초의 사찰인 도리사와의 관계에 비추어 죽림사의 고고高古함을 말하는 데 주력하고 있다. 우선 현판을 처음부터 끝까지 한 번에 읽어보도록 한다.

우리 국토 3000여 리는 북으로 묘향산에 이르고 서로는 구월산에 닿으며 동남으로는 금강산과 방장산에 이른다. 국토 중에 명산 명수가 적지 않으니 명찰 역시 얼마나 되는지 셀 수가 없다. 죽림사는 그 중 본찰이라 할 만하다.

석가여래께서 입적하시고 그 뒤를 28명의 조사가 이어오다가 중국에 불법이 전해져 육조六祖까지 의발이 서로 전해졌다. 그러나 우리나라까지 전해졌는지는 알 수가 없다. 진나라 간문제簡文帝 함안 2년 임진년에 고구려의 아도阿度 스님이 중국 위魏나라로 들어가 현창玄彰 스님을 뵙고 득안得眼한 뒤 정법을 간직하여 신라로 들어오니 이로써 세상에 널리 알려지게 되었다. 이때가 『삼국사기』「신라본기」<무열왕>조에 의하면 태원 2년, 곧 눌지왕의 경진년이었다. 아도 스님은 서석산瑞石山 서쪽인 중봉산에 절을 창건하니, 실은 죽림사와 냉산冷山의 도리사, 그리고 흥룡사興龍寺, 경림사敬林寺, 황룡사黃龍寺, 분황사芬皇寺, 영묘사靈妙寺, 천왕사天王寺, 담엄사曇嚴寺는 모두 같은 시기에 세워진 도량인 셈이나. 불교와 도교의 시작은 실지로는 아도 스님으로부터 비롯됐다고 할 만하니, 그 뒤 온 나라에 암자와 사찰이 세워진 것이 어찌 이를 이어받은 것이 아니라 할 것인가! 그러나 절을 짓는다는 것은 역시 귀한 일이다. 흥룡사를 비롯한 여러 절들은 혹은 폐사되고 혹은 없어져 버렸으되 도리사와 죽림사만은 의연히 법등을 이어오고 있었다.

도리사는 영남의 71개 고을 모두가 별이 늘어서듯이 서서 여기를 바라보고 읍揖하지 않은 곳이 없을 정도로 으뜸 되는 사찰이다. 죽림사는 잠시 쇠락했다고는 하나 어찌 오랫동안 이어온 사찰이라고 하지 않을 수 있겠는가. 다만 화재 때문에 문헌이 없어져버려 고증할 만한 기록이 없어진 것은 안타까운 노릇이었다. 불일佛日의 드러나고 어두워짐에는 때가 있는 법이라, 그렇다고 신령스런 자취가 없어지는 것은 아니다. 죽림사의 진찰瑨札 스님은 고적을 뒤져 도리사에 소장된 문헌에서 사실을 찾아내고, 또 여러 역사서를 참고하여 죽림사의 역사를 다시 밝혀냈다. 이것을 현판에 새겨넣음으로써 사람들에게 널리 알려질 수 있도록 하였다. 오늘날 죽림사는 장차 영남의 도리사처럼 사람과 하늘이 모두 불법을 호지하는 곳이 되었으니, 뭇사람들이 이의 본말을 잘 알기를 바랄 뿐이다.

이 현판은 태곡산인苔谷散人이 지었는데 아쉽게도 그가 누구인지 잘 모르겠다. 아마도 당시 주지였던 석린錫璘이 아닐까도 생각하지만, 확실하지 않다. 이 현판의 글과 거의 비슷한 시기에 석린 스님이 「중봉산 죽림사 사적」을 지었는데, 둘의 문장이나 내용이 매우 비슷하기에 그렇게 추정해 볼 뿐이다. 물론 서로 다른 사람이 지은 것인데 어느 한쪽이 다른 한쪽의 글을 보고서 상당 부분 인용했을 수도 있다. 어쨌든 이 현판의 주된 내용은 죽림사의 연혁에 관한 것으로, 주로 죽림사와 도리사가 같은 때 창건되었다는 얘기를 강조하고 있다. 사실 사전류를 보면 죽림사는 아도 스님이 441년(백제 비유왕 15)에 창건했다고 나와 있는데, 그 근거가 바로 이 「죽림사기」 현판과 「중봉산 죽림사 사적」이

나주 죽림사 편액

다. 사적에는 특히 처음엔 종죽암種竹庵이라는 이름으로 창건했다고 전한다. 그런데 사전이나 관광안내서, 또는 인터넷 등에는 宗竹庵이라고 말하고 있다. 발음은 같지만 '종'자의 한자를 다르게 쓴 것인데, 宗竹庵이란 이름은 여러 죽림사 중에서도 으뜸 되는 곳임을 뜻한다고 설명하는 것 같다. 그렇지만 그러한 이름이 어디에서 근거했는지는 확실히 밝히지 않아 다소 혼란을 준다. 말했듯이 사적기에는 種竹庵으로 다르게 나와 있기 때문이다. 사실 種竹庵이라고 해도 뜻이 안 되는 것은 아니다. 절을 짓고 대나무를 심었다는 뜻이니 오히려 문법적으로 합리적이고 뜻도 명확하다. 대나무란 사찰에서 흔히 볼 수 있는 식물로 여러 가지 유용한 면이 있다. 바람을 막아주고 여러 가지 기물을 만드는 데도 사용되며, 뒷산에서 산사태기 있을 때 흙이 선삭으로 밀려 내려오는 것을 대나무처럼 효과적으로 막아주는 나무도 별로 없다. 그러니 사적기에 나오는 대로 種竹庵이 올바른 이름일 수도 있다. 혹시 본래는

種竹庵인데 나중에 宗竹庵으로 바꾸어 쓴 게 아닌지 모르겠다.

　도리사는 경상북도 구미시 해평면에 있는 신라 최초의 사찰이다. 『삼국유사』에 고구려의 아도가 당시 아직까지 불교가 용인되지 않았던 신라에 내려와 비공식적으로 포교활동을 펼 때 머물렀던 '모례毛禮네 집'이 나중에 도리사가 되었다는 일화가 나온다. 그때가 신라 눌지왕 1년, 417년의 일이라고 추정된다. 그런데 이「죽림사기」에는 아도 스님이 도리사를 창건한 뒤 441년에 이곳으로 와서 죽림사를 창건했다고 나온다. 이 이야기는 이 현판과 사적기 외에는 나오지 않는 말이다. 물론 사료로서 어느 정도까지 믿어야 할지 생각해 보아야겠지만, 현판에 따르면 이 글을 지을 무렵 주지 진찰晉札이 도리사에서 전해 내려오는 고기록과 다른 사서를 참고해서 확인했다고 한다. 나름대로 그렇게 주장할 만한 근거가 충분했다는 얘기다. 참고했다는 고기록이 어떤 것인지 지금 알 수는 없지만, 어쨌든 흥미 있는 얘기가 아닐 수 없다. 1976년 도리사 부도에서 통일신라 시대 때 만든 금동 사리장엄이 발견되었는데, 아도 스님이 고구려에서 가져온 불사리를 봉안했던 것으로 보고 있다. 한편 죽림사에서도 1983년 대웅전을 수리할 때 사리 16과와 철제 및 청동 불두가 발견되었다. 특히 이 사리를 아도 스님의 불사리 봉안과 관련시켜 보면 옛 기록과 어우러져서 꽤 흥미로워진다. 앞으로 이에 대한 연구가 진행되면 좋겠다.

　이 현판이 지어질 무렵 죽림사에는 대웅전을 비롯하여 십육전, 팔상전, 명부전, 청향각, 향각전, 선당, 승당, 동상실, 서상실, 송월료, 명월료, 청풍료, 약사전, 서전, 남암 등이 있었고, 부속암자도 법량사法良寺, 정광암淨光庵, 덕윤암德潤庵, 보장암普莊庵, 육림암六林庵 등이 있었다고 하였으니 정말 대단한 규모였음을 알 수 있다. 이것 역시 이 현판에만 나오는 이야기다. 지금은 대웅전이 극락보전으로 바뀌었고, 그 밖에 영산전, 삼성각 등의 전각과 염화실, 청향각, 회심당 등의 요사 및 수각이 있다.

竹林寺記

國之土三千有餘里 北至于妙香西至于九月東南至于金剛方丈 其間名山水而利者不知其幾千萬 惟竹林其本乎者 如來示寂西天二十八泊中國六祖相傳衣鉢而我東未有聞焉 晉簡文帝咸安二年壬辰 有阿度者 自高句麗入魏 見玄彰和尙 得眼藏正法東歸 而敎於世事 在新羅本紀武烈帝 泰元二年卽訥祇王庚辰也 阿度住錫于瑞石之西中峯山刱一伽藍 實竹林與冷山之桃李及興龍敬林黃龍芬皇靈妙天王曇嚴諸寺幷爲一時場 則兩敎之權輿 實維阿度而其後無量境界 諸庵諸刹罔不繼 是而造興寺亦可貴矣哉 興龍諸寺 或廢或亡而巍然獨存 惟桃李與竹林 桃李則嶺之南七十一州 無不星拱而水宗 惟竹林湮沒而不稱 豈不以劫 火迭盪文獻無徵而然歟 佛日之顯晦有時 而靈蹟不可終泯 寺之僧 晉札旁搜古蹟 得其事實於桃李寺所藏文字及參諸史氏 將刊之板 俾照人耳目則今日之竹林將爲嶺南之桃李而人天護法之流 庶乎知所本矣 戊辰五月下澣 苔谷散人記
佛宇錄 大雄殿 十六殿 八相殿 冥府殿 淸香閣 香閣殿 衆寮錄 禪堂 僧堂 東上室 西上室 送月寮 明月寮 淸風寮 藥師殿 西殿 南庵 屬法良寺 淨光庵 德潤庵 普莊庵 六林庵

명부전 개채 여단확서

경북 예천 용문사

용문사龍門寺라는 이름은 전국에 많지만, 그 중에서도 특히 세 곳이 역사적으로 보나 유물로 보나 가장 널리 알려져 있다. 남한강 어귀에 자리한 경기도 양평 용문사는 조선시대 세조 임금이 행차한 곳으로 유명하고, 경상남도 남해 용문사는 바닷가에 임한 경치가 절경이거니와 또한 임진왜란 때 활약한 의승군義僧軍의 본거지로도 의미가 큰 곳이다. 그리고 나머지 한 곳이 이번에 소개하는 경상북도 예천군의 용문사다.

소백산 자락에 있는 예천 용문사는 두운杜雲 선사가 창건했다고 전한다. 두운은 범일梵日 국사를 모시고 뗏목을 타고 황해를 건너 당나라에 가 삼장三藏을 배운 뒤 돌아와서 자그마한 암자를 짓고 머물렀다. 당시는 통일신라의 국운이 다해 전국에서 호족들이 저마다 깃발을 들고 일어서던 혼돈의 시대, 이른바 후삼국 시대였다. 숱한 영웅호걸 중 태봉泰封을 세운 왕건은 삼한 통합의 큰 뜻을 품고 남으로 진군하였다. 예천에 들른 그가 두운 선사를 방문하고자 입구에 이르렀을 때 갑자기 바위 위에서 쌍룡이 나타나 절로 가는 길을 인도하였고, 왕건은 크게 감명을 받았다.

용문사 내경

여세를 몰아 삼국을 평정하고 새롭게 고려를 세운 왕건은 936년 두운 선사를 찾았을 때의 감명을 되살려 절 이름을 용문사라 하고 창건을 명했다. 이 이야기는 「용문사 사적비」에 나온다. 이렇게 태조와 인연이 깊다 보니 고려 역대 왕실에서도 지원을 아끼지 않았음은 당연하다.

지금부터 「명부전 개채 여단확서冥府殿改綵與丹臒序」를 살펴본다. 제목의 의미는 '용문사에서 명부전의 여러 상들의 채색을 새로 하고 단청을 한 것을 기록한 글' 정도가 될 것이다. 먼저 전체 내용을 읽어본다.

> 무릇 부처님을 도와 교화를 이루고 원돈圓頓의 종승宗乘을 오탁세계에 알리는 것은 불제자의 할 일 중 크고 중요한 것이며, 중생에게 이익 됨이 역시 크다. 옛사람이 말하기를, "듣기만 하고 믿지 않아도 부처가 될 인연을 맺는 것이며, 배우되 완성하지 못하더라도 하늘과 땅을 덮을 만한 복이 된다" 한 것이 어찌 거짓이겠는가?

대강백 용호龍湖 스님은 오랫동안 부처님의 가르침이 크게 떨치지 못함을 개탄하며 사람들을 곡진하게 이끌고 깨우쳐 안목이 트이게 해준 것이 수를 헤아릴 수 없을 정도로 많다. 그때 운구雲句 스님이 용호 스님의 덕에 감화 받아 (용문사를 중수할) 서원을 세웠다. 동치 연간의 병인년(1866)에 강사講肆(강원)를 짓고 용호 스님을 청해 강당을 열었다. 이에 원근에서 가르침을 구하려는 사람들이 구름처럼 찾아와 안개처럼 에워싸니, 이에 동방의 불일佛日이 빛을 더하게 되었다. 이듬해 용호 스님은 불자拂子(고승의 상징)를 다른 이에게 전하고 선정(참선)을 닦았다. 하지만 그 틈을 타 마장魔障이 들어 강사가 기울어 버렸다. 이에 용호 스님이 직접 나서서 원근에서 모연을 하여 이지러진 곳은 보완하고 떨어져 나간 곳은 바로잡아 예전처럼 안정을 찾은 뒤에 다시 자리에서 물러났다.

광서 10년 갑신년(1884), 각 법당의 탱화와 영산전의 나한상, 명부전의 소조 시왕상과 사천왕상의 채색이 오래되어 빛을 잃고 시커멓게 되어 있었다. 용호 스님은 몇 년 동안이나 서울을 오가며 애를 쓴 끝에 드디어 장엄을 완성하였다. 또 각 법당과 요사가 낡고 오래되어 비가 새고 기울자 스스로를 돌보지 않고 수고로움도 잊은 채 분주히 일을 해 새로 기와를 마련함으로써 지붕을 덮을 수 있었다. 이 두 일은 운구 및 범운梵雲 스님이 안팎으로 주선한 일이 많았으며, 그 밖에 선허船虛・환명幻溟・초우初愚 등의 스님이 모두 애를 많이 썼다.

크도다. 부처님의 도량을 열어 무너진 기강을 바로잡은 것은 배우는 이들에게 베푸는 덕이 큰 것이다. 불상에 채색을 넣고 성중상聲衆像들에 채색을 한 것은 부처님을 받드는 정성이 큰 것이다. 또 기와를 구워 건물을 오래 가도록 하는 것은 절을 보수하는 공덕이 매우 큰 것이다. 허나 정성과 공로는 간혹 세상에서 볼 수 있는 것이어도 덕을 베푸는 것은 참으로 어려운 일이다. 지금 기문을 짓지만 이는 승려로서 할 일이 아닐지도 모르겠다. 하지만 이 또한 승려로서 하지 않으면 안 될 일이기도 하여 이렇게 글을 짓는다. 광서 10년 갑신년

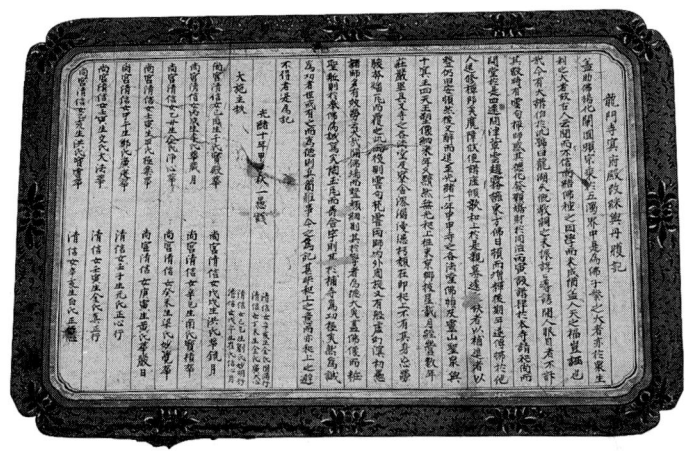

용문사 현판

가을에 일우一愚가 지었다.

이 글에는 1866년부터 1884년까지 용문사가 중건되는 과정이 소상하게 나와 있다. 간추려 보자면, 운구 스님은 1866년 쇠락한 용문사 중건의 발원을 세우고는 가장 먼저 강원을 짓는 일부터 했다. 사람 기르는 일이야말로 가장 중요한 불사임을 알았기 때문이다. 우선 대강백으로 이름이 높은 용호 스님을 청해 강당을 이끌도록 했다. 이 강원에서 배출된 사람들이 그 뒤의 크고 작은 용문사 불사를 이끌고 주도했으니 결국 운구 스님이 불사의 첫걸음으로 강원을 지어 후학을 양성한 것은 제대로 된 일인 셈이다. 후학들을 가르친 용호 스님은 법명이 해주海珠로, 1876년 구미 도리사桃李寺 극락전 후불탱을 조성할 때 화주였으니 아마도 주로 경상북도 북부지역의 사찰을 중심으로 머물렀을 것으로 생각된다. 1895년 봉은사 영산전 후불탱 조성 당시 송주誦呪였던 용호 영주瀛珠와 동일인이 아닐까 추정해 보지만 분명하지는 않다.

배움을 위해 사람들이 모여들자 용문사는 자연 활기를 띠게 되었고, 다시금 옛날의 기운을 되찾게 되었다. 그러자 용호 스님은 강백 자리를 다른 이에게 물려주고 나와 승려의 본분인 수행에만 몰두했다. 그러나 14년이 지난 1866년 여러 법당의 불상과 불화가 낡아 불제자들로서 뵙기 민망해질 정도가 되자 보수의 필요성이 절실해졌다. 이에 용호 스님은 다시 한 번 나서서 용문사와 서울을 오가며 모연에 매진했다. 현판문 말미에 '상궁청신녀' 11명이 이름이 보이는 걸로 보아서는 주로 궁실을 중심으로 모연 활동을 했던 것 같다. 용호 스님 외에도 이번의 불사에는 용호 스님이 강원에서 길러낸 여러 제자들의 도움도 적지 않았다. 이 글에는 '개채改綵'라는 말이 나온다. 불상이나 보살상 및 성중상 등을 새로 칠하는 것을 가리키는데, 이에 대한 적당한 용어가 없는 차에 좋은 단어가 발굴된 것 같다. 지금은 이런 경우 개금改金이라는 말을 쓰지만, 개금은 글자 그대로 새로 금칠을 한다는 뜻으로 채색을 새로 한다는 말과는 조금 다르다. 그러니 '개채'는 당장 써도 좋을 말이 아닌가 싶다.

이 현판은 직사각형 모양에 네 모서리마다 능菱을 주어 보기 좋게 했다. 바탕은 연하게 색을 입힌 다음 그 위에 먹으로 썼고, 테두리에도 채색을 하고 꽃무늬 등으로 장식하여 모양이 예쁘다. 매우 공을 들여 만든 태가 난다. 이참에 현판이 만들어지는 순서를 한 번 얘기해 볼까 한다. 현판에 적을 글이 완성되면 그 내용의 분량에 맞추어 나무판의 크기를 알맞게 잘라 글을 적어넣는데, 글을 지은 사람과 글씨를 쓰는 사람이 다른 경우가 많다. 현판에 담기는 글씨는 새기는 경우와 직접 쓰는 두 가지가 있다. 글씨가 적힌 종이를 나무판에 붙이고 그대로 새기거나, 혹은 나무판 위에 바로 글씨를 쓰는 경우가 있는 것이다.

나무판 위에 쓴 것은 대체로 현판을 만드는 사람이 현판문을 지은 사람의 글을 보고서 베끼는 경우가 많은 것 같은데, 현판문을 지은 이가 직접 현판에 쓴 것으로 생각되는 것도 없지는 않다. 글씨를 새기는 각刻에는 음각과 양각 두 종류가 있다. 양각은 음각에 비해 좀더 오래 가고 보기에 장엄한 맛도 더 있지만 대신 만들기가 어려워 실제 현판 중에는 음각인 게 훨씬 많다. 또 음양각도 있어서, 음각과 양각이 한데 나타나는 형태인데 새기기 어려운 기술이라 매우 드물다. 양각이 든 음각이든 혹은 음양각이든 글자 주위에 검은 먹이나 붉은 먹을 채워넣어 글자가 돋보이도록 하는 기법도 있다. 그런데 지금 볼 때는 먹이 다 지워지고 없어져 마치 각만 한 것처럼 보일 때가 많다. 글씨를 판자에 직접 쓸 때는 이번에 본 용문사 현판처럼 겉면 바탕을 연한 연두색이나 흰색으로 칠한 다음 그 위에 검은 먹이나 붉은 먹으로 쓴다. 각을 하든지 글씨를 쓰든지 보기 좋고 읽기 좋게끔 세로로 아래위로 줄을 그어 계선界線을 둔 다음 그 사이에 글씨를 배치하기도 한다. 그리고 본문 다음에는 글을 쓴 시기에 이어서 시주자 명단인 '시주질' 등을 적는다. 어느 현판이든 현판의 글 분량에 맞추어 나무판을 짜고 그 위에 현판문과 시주질을 적기 마련이다. 그래야 글이 알맞게 배치되기 때문이다. 그런데 이 용문사 현판에는 시주질 맨 끝에 나오는 4명의 청신녀 이름들이 한 칸에 두 명씩 옹색하게 적혀 있다. 아마도 글을 다 쓰고 현판이 완성될 무렵 별도로 추가할 명단이 생겨서 그렇게 된 것 같다. 애초에 할당된 계선이 없어서 이렇게 빈칸에다 적어넣은 것이다. 현판 중에는 실제로 이런 식으로 추가된 명단이 많다.

　현판의 중요성은 말할 것도 없이 일차적으로 본문의 내용에 있다. 그 절의 역사가 거기에 고스란히 담겨 있기 때문이다. 하지만 본문에

용문사 명부전

이어서 나오는 시주질 등의 부기문附記文도 결코 소홀히 할 수 없다. 여기엔 그 절의 역사를 만들어 간 사람들의 이름과 역할 등이 나와 있기 때문이다. 역사만 보고 그 역사를 만들어낸 사람들을 모른다는 것은 앞뒤가 안 맞는 일이다. 하지만 현판을 소개한 책이나 도록 중에는 본문만 넣고 시주질 이하를 빼버리는 경우가 대부분이라 아쉽다. 이는 저자나 편집자의 역사인식이 크게 부족한 탓이라고 생각한다. 부기문에 대해서는 Ⅲ장에서 다시 소상히 설명하도록 하겠다.

龍門寺冥府殿改綵與丹艧序

盖助佛揚化 闡圓頓宗乘於五濁界中 是爲佛子業之大者 亦於衆生利之大者 故古人云 聞而不信 尙結佛種之因 學而未成 猶盖人天之福 豈誣也哉 今有大講伯

於此 號曰龍湖 久慨敎綱之未振 諄諄導誘開人眼目者 不計其數 時有雲句禪師 感其德化 發願鳩財於同治丙寅 設講肆於本寺 請和上而開堂 於是 四遠問津輩 雲趨霧擁 東方佛日 頓而增輝 後期年遂傳拂於他人 退修禪那矣 魔障候便 講座 傾攲 和上於是 親慕遠近 缺者以補 退者以整 仍舊安頓然後 又辭而退 至光緒十 年甲申 寺之各法堂佛幀 及靈山聖衆 與十冥王四天王塑像納彩年久 黯然無光 和上往來京鄕 披星齋月 經營數年 莊嚴畢具 又寺之各法堂寮舍 滲漏漫渙 朽頹 在卽 和上不有其身 忘勞駿奔 燔瓦而覆之 此兩役 則雲句梵雲兩師 內外周旋 又有船虛幻溟初愚諸師 多有效勞云 大哉 開佛場而整頹網 則其於學者爲德大 矣 畫佛像而粧聖軀 則其於奉佛爲誠篤矣 陶玉瓦而壽舍宇 則其於補寺爲功極 矣 然爲誠爲功者 世或有之 而爲德則眞箇難事 今之爲記 甚非和上之意 而亦和 上之避不得者 是爲記 光緖十年甲申秋 一愚識

大施主秩 尙宮淸信女己酉生千氏寶殿華 尙宮淸信女兵戌生李氏華藏月 尙宮 淸信女乙丑生全氏淨心華 尙宮淸信女壬寅生申氏極樂華 尙宮淸信女甲午生鄭 氏廣度華 尙宮淸信女壬寅生文氏大法華 尙宮淸信女乙亥生洪氏寶雪華 尙宮 淸信女戊戌生洪氏華鏡月 尙宮淸信女辛巳生南氏寶積華 尙宮淸信女癸亥生梁 氏妙覺華 尙宮淸信女庚寅生黃氏華嚴日 淸信女壬子生元氏正心行 淸信女壬 寅生金氏眞正行 淸信女辛亥生白氏正行心 淸信女辛亥生金氏圓滿行 淸信女 丁未生全氏廣大行 淸信女己巳生劉氏妙明行 淸信女戊午生崔氏信心月

부산 범어사

범어사 불전등촉 시주기문

부산을 대표하는 범어사梵魚寺에는 여러 점의 현판이 있는데 그 중 「설송당대사비명」 현판은 이 책 제2권에서 이미 소개한 바 있다.

지금 소개하는 「범어사梵魚寺 불전등촉佛前燈燭 시주기문施主記文」 현판은 1817년 세 사람의 선비가 범어사 부처님 앞에 올리는 촛불과 등촉을 마련하기 위해서 시주금을 모은 일에 대한 것이다. 어떻게 보면 이런 내용이야말로 현판 본연의 기능에 가장 충실한 것이라고 할 수 있다. 지금까지는 이런 시주 현판보다는 그 절의 '역사'에 관한 것, 말하자면 '스토리'가 있는 것을 골라서 소개해 왔다. 나름대로는 현판의 사료적 가치를 부각시키기 위해서였다. 그런데 그것이 현판의 모든 것은 아니고, 또 하나 현판의 주된 주제는 바로 이번에 소개하는 것과 같은 '시주 현판'이다. 이제 '스토리(역사) 현판'은 꽤 소개했으니 이번에는 시주 현판도 하나쯤 설명 드릴 때가 된 것 같다.

시주 현판은 불사의 내용을 간단히 적고, 거기에 참여했던 시주자 명단을 나열하는 단순한 구성을 하고 있다. 그래서 역사적 이야깃거리가 적은 게 사실이지만, 사실 그것

범어사 전경

자체로도 자료적 가치가 높은 사료의 하나임은 물론이다. 비유하자면 '시주질'이라는 것은 이름 그대로 그야말로 볏 짚단 쌓아놓듯 시주자 명단만 나열한 것도 많다. 하지만 비록 명단만 죽 나열된 현판이라 하더라도 그 불사에 참여했던 사람들은 위로는 유지로 대접받는 '지체 높은 분들'로부터 아래로는 일반 서민대중에 이르기까지 다양한 계층이 나온다. 그리고 대부분 사찰 주변에 거주하는 사람들이다. 말하자면 시주질 자체가 향토사 자료인 셈이다. 이들의 자손들 중 일부는 아직도 그 절 부근에 그대로 살고 있을 수도 있다. 그런즉 이런 현판을 가진 사찰에서는 현판에 나오는 시주에 참여한 사람들의 명단을 홍보해서 그 후손들로 하여금 찾아오게 하면 어떨까? 그렇게 해서 후손들이 조상의 행적에 관심을 갖게 하고, 나아가 자기의 집안이나 뿌리에 대한 또 다른 역사를 얻을 수 있게 하자는 것이다. 현판에 나오는 조상의 행적은 족보에서는 결코 찾아볼 수가 없다. 또 그렇게 되면 후손들 입장에서는 자연스럽게 조상이 불사에 참여했던 그 절에 대해서도 흥미를 갖게 된다. 그래서 조상에 이어서 그 후손도 같은 절의 신도가 될 수도 있을 것이다. 이 책 제1권에서는 이렇게 현판을 보고서 선조의 행적을 좇아 그 후손도 같은 절의 신도가 되었던 에피소드가 담긴 200년 전의 현판을 소개한 적도 있다. 이처럼 현판을 통해 조상과 후손의 만남을 주선해 보는 것도 지금 사찰 측에서 충분히 고려해 볼 만한 일이 아닌가 싶다.

이 현판은 시주자와 그 시주의 내용만을 적은 글이라 길지 않고 간단하므로 전체를 한 번에 읽어본다.

가경 22년째 되는 해인 올 정축년 1월에 동래부에 사는 가의嘉義 백상렬白尙烈, 절충折衝 이근업李根業, 유학幼學 강덕윤姜德潤 등의 선비들이 재목齋沐(재계와 목욕)한 이튿날 우리 절에 들렀다. 당우가 크고 화려하며 도량이 청정함을 보고는 기뻐하면서 사중에 머무르게 되었다. 그러다 무릇 사중의 형편이 넉넉하지 않아 각 방에 창호며 등촉 등이 필요한데다 사찰의 세금 때문에 등유도 넉넉하지 못함을 보게 되었다. 그리하여 단월의 뜻을 내었다. 백상렬, 이근업 두 공은 100금을 모아 냈고, 강 공은 엽전 20꿰미를 시주했다. 그리고는 그 돈을 절에 맡겨 이것으로써 이식利殖을 해서 오래도록 비용에 충당토록 했다. 그리하여 7월에 드디어 그 이식을 받아 용처에 보탤 수 있게 되었다.

세 분이 희사해서 시주한 것은 보통 사람들이 생각하기 어려운 것이다. 살피건대, 이로 인해 새로 단 창문이며 부처님 앞에 밝히는 등촉이 연년토록 새것마냥 오래 가고, 또 등불이 밤마다 세상을 밝혀주기를 바란다. 그 분들의 정성과 믿음을 아무리 세월이 지난다 한들 누가 잊을 수가 있으랴!

아! 사물의 이치를 살펴보건대, 이루는 것은 드물고 지키는 것은 어렵다. 그런즉 이루고 지키는 이 두 가지로써 서로서로 지탱해 백년

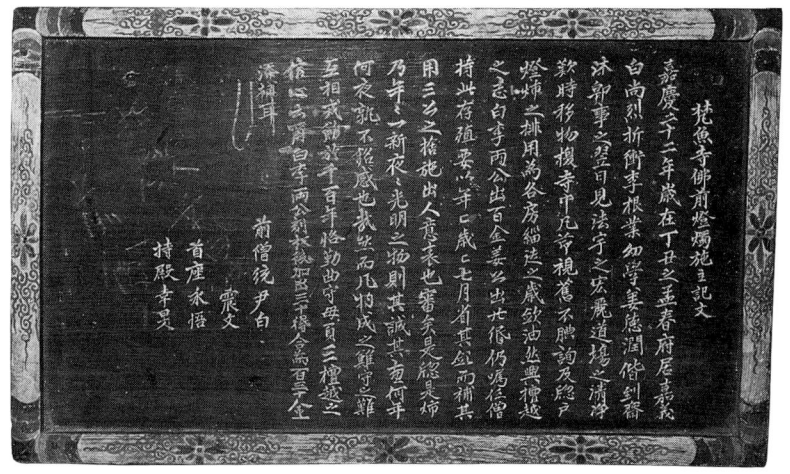

범어사 불전등촉 시주기 현판

천년 오래 가도록 해야 하지 않겠는가? 삼가고 곡진하게 단월의 신심에 대해 감사의 말씀을 드릴 뿐이다. 백 공과 이 공 두 분은 이 현판을 새긴 뒤에 또다시 30꿰미를 시주하여 도합 130금이 되었음을 추가로 적는다.

불사에 참여했던 승려는 전 승통 윤백·진문, 수좌 영오, 지전 행민 등이다.

이 현판에 등장하는 선비 세 명이 누구인지는 잘 모르겠다.『조선왕조실록』,『승정원일기』등 조선시대의 정사에는 등장하지 않지만 각각의 족보를 찾아보면 알 수도 있겠는데, 정확한 본관도 확인되지 않아서 아직 그렇게까지 조사해 보지는 못했다. 그들의 직함인 '가의'는 문관 종2품 벼슬, '절충'은 무신 정3품 이상의 당상관에게 각각 주어지는 꽤 높은 품계니 이들을 조상으로 둔 집안에서는 금방 알 수 있을 것 같다. 또 유학幼學은 벼슬길에 나아가지 않은 유생에게 붙이는 별칭이다. 이때의 불사에 사찰 측에서는 전 승통 윤백尹白과 진문震文, 수좌首座

인 영오永悟, 그리고 지전持殿인 행민幸旻 스님 등이 참여했다. 이 중 영오 스님은 그 성장과정을 화기畵記를 통해서 알 수 있다. 그의 이름은 1792년 통도사에서 신중탱·삼장탱 등을 봉안하는 불사를 할 때 정통淨桶(그릇을 깨끗이 하는 일)의 소임으로서 보인다. 정통은 비교적 법랍(출가 이후의 나이)이 적은 승려가 맡는 일이다. 그러다가 그 12년 뒤인 1804년 경상북도 문경의 혜국사에서 지장탱을 봉안할 때는 판사判事라는 직함을 맡았다. 판사란 요즘 쓰듯이 재판과 관계된 사법부의 직함이 아니라 사중에서 중견 스님에게 주는 칭호다. 그러다가 이 현판에서 보듯이 그 13년 뒤에는 범어사의 수좌가 되었다. 처음 혜국사의 정통에서 시작하여 25년 뒤 범어사의 수좌로 성장한 것을 알 수 있다. 이러한 직함이 스님으로서 도력이나 수행력을 나타내는 지표가 되는 것은 물론 아니겠지만 나름대로 행적의 판단근거가 되는 것은 분명하다. 또 이를 통해 영오 스님은 주로 영남지방에서 머물렀던 것을 알 수 있는데, 이 역시 당시 승려들의 지역 활동 상황을 이해하는데 어느 정도 도움이 된다. 이처럼 현판이나 비석, 그리고 화기 등을 데이터베이스에 넣으면 불교사에 꽤 보탬이 되는 자료를 얻을 수 있다. 그런 통합작업을 누군가가, 혹은 어느 기관에서든 서둘러 할 필요가 있다.

끝으로 범어사에 있는 다른 현판 몇 점도 함께 소개한다. 우선 경허鏡虛(1849~1912) 스님의 시가 새겨진 현판이 있다. 근현대 한국 선불교의 경지를 크게 높인 경허 스님은 1896년 이후 은둔하였는데, 범어사와는 1893년 나한상 개분 불사 때 증명법사로 참여했던 인연이 있다. 이 시는 제목은 없지만 내용으로 보아 범어사를 위해 지은 것으로 보이는데, 1900년에 지은 친필 그대로를 현판에 옮긴 것이다. 현판 말미에는 "경자년(1900) 오월悟月(7월) 하순에 호서湖西의 승려 경허가 짓다"라는

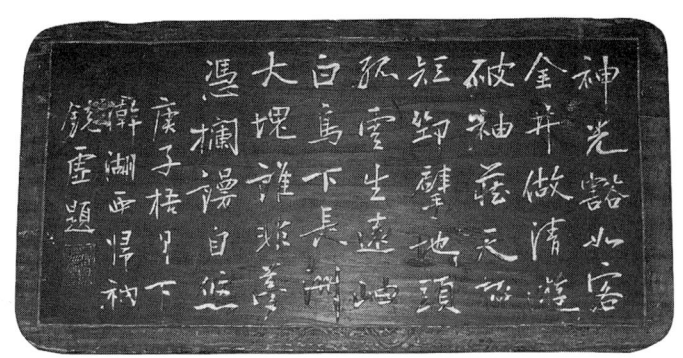

범어사 겸허 스님 시문 현판

지識가 있다. 이 시의 내용과 원문은 다음과 같다.

신비로운 빛 계곡을 넘어 객에 닿고	神光豁以客
금빛 우물 맑게 흘러가네	金井傲淸遊
소맷자락 찢어 하늘을 담고	破袖莊天極
짧은 지팡이로 땅머리를 갈랐네	短筇擘地頭
외로운 구름 하나 먼 산봉우리에 나타나더니	孤雲生遠岫
흰 새 한 마리 기다란 모래섬에 내려앉네	白鳥下長洲
커다란 흙덩이 누가 꿈이 아니라 하는가	大塊誰非夢
난간에 게으르게 기대어 서네	憑欄謾自然

그 밖에 대한제국 시절 무관인 김영택金永澤이 조선의 마지막 황태자 영친왕英親王(1897~1970)의 탄생을 축하하는 글씨를 새긴 축문祝文 현판 2점도 범어사에 전한다. 이 축문 현판은 왕실의 번영을 축원하는 의미에서 전각 내에 걸렸을 것이다.

梵魚寺佛前燈燭施主記文

嘉慶二十二年歲在丁丑之孟春 府居 嘉義白尙烈 折衝李根業 幼學姜德潤 偕到齋沐 卽事之翌日 見法友宇之宏麗 道場之淸淨 歎時移物換寺中 凡節視舊不腆 詢及窓戶燈燭之排用 爲各房 緇徒之歲斂油 然興檀越之志 白李兩公出百金 姜公出卄緡 囑任僧持此存殖 要以年年歲歲 七月省其斂而補其用 三公之捨施 出人意表也 審矣 是窓是燭 乃年年一新夜夜光明之物則 其誠其□ 何年何也 孰不銘感也 哉 然而凡物 成之鮮守之難 互相戒筋於千百年 恪勤曲守勿頁三檀越之信心云爾 白李兩公 刻板後加出三十緡 合爲百三十金 添猶耳

前僧統尹白 震文 首座 永悟 持殿 幸旻

환성 지안 스님의 시가 담긴 현판

지금까지 기문記文 현판을 주로 다루었는데, 이번에는 시문 현판을 소개한다. 현판의 종류를 내용으로 구분하면 크게 세 가지로 나뉜다. 첫 번째는 지금까지 소개한 것처럼 사찰의 불사나 중수 등을 기문으로 적은 것이고, 두 번째는 이번에 보는 것처럼 시를 적은 것이 있다. 세 번째는 불사에 참여했던 사람들의 이름을 적은 시주질 현판인데 이것은 스토리가 전개되는 것이 아니라 단순히 이름만 나열되어 있으므로 특별히 얘기할 만한 게 없다.

시문 현판은 기문 현판에 비해 아무래도 스토리가 약하다 보니 확실히 읽기에 좀 심심하다는 약점이 있다. 문학적 향취야 물론 뛰어나지만 그래도 굴곡 있는 이야기가 사람들의 귀에는 더 즐거운 게 사실이다. 지금까지 기문 현판만 소개해 온 것도 이런 까닭이었다. 하지만 절을 읊은 시문에는 절의 빼어난 풍광을 노래함으로써 요즘 사람들이 이해하기 어려운 자연의 아름다움을 새삼 깨닫게 해주기도 하거니와, 절에 관련된 흥취와 적정寂靜의 심사가 전해져 그것을 읽는 사람으로 하여금 절에 대한 감수성을 한층 높여줄 수도 있다.

지안 스님 영정(통도사)

시는 인간의 영혼을 정화시켜 준다고 하지 않는가. 이런 경험도 있었다. 언젠가 나는 강원도며 제주도며 산과 물을 가리지 않은 잇단 강행군 답사를 하느라 그만 몸에 탈이 단단히 나고 말아 한 달 넘게 앓았었다. 그런데 어느 정도 병이 나은 다음 자리를 털고 일어나니 앓는 과정에서 그간 찌들고 오탁해진 몸과 마음이 조금 가라앉은 것을 느꼈다. 곧바로 잡지의 원고 마감이 다가와 기문 현판과 시문 현판을 놓고 어느 것을 글감으로 삼을지 골라야 했는데 고민할 것도 없이 시에 먼저 마음이 갔다. 말하자면 병상에서 일어난 지 얼마 안 된 환자의 까다로운 입맛에는 시의 소금기 적은 담백하고도 깔끔한 맛이 제격인 것과 마찬가지 이치인 것 같다. 이것만 봐도 시가 영혼을 정화하는 좋은 약이란 걸 확인했다. 이처럼 정과 감수성이 요체인 시는 요즘 같이 끈끈한 인정과 순수한 사랑을 그리워하는 사회일수록 더더욱 필요한 것이건만 어찌된 일인지 갈수록 외면당하는 것 같아 아쉽다(그렇다고 해서 소설이 시보다 문학적으로 덜 순수하다는 건 아니다).

현판에 관한 자료를 뒤적이다가 양산 통도사에 보관된 숱한 현판 중 환성 지안喚惺志安(1664~1729) 스님의 시 두 수가 적힌 현판이 손 끝에 달라붙듯 닿았다. 지안 스님은 사명대사 유정 스님에서 내려오는 주류主流 선맥을 이은 직계 적자嫡子로 대단한 학식을 갖춘 당대 최고의 선지식이다. 다른 한편으로는 불교를 이해 못하는 정권의 실수로 억울하게 죽어간 순교자로서의 이미지도 선명히 남아 있기도 하다. 강원도 춘천에서 태어난 스님은 15세에 양평 미지산彌智山 용문사龍門寺로 출가하여 쌍봉 정원雙峰淨源에게 구족계를 받은 뒤, 2년 후 월담月潭의 의발衣鉢을 이어받아 조선시대 선가禪家의 정통을 계승했다.

지금부터 지안 스님의 시를 읽어 본다. 이 시는 이른바 차운시次韻詩다. 차운이란 다른 사람이 지은 시의 운에 맞춰 짓는 것이다. 차운을 하는 경우는 대체로 여러 사람이 모여서 한 주제를 놓고 차례대로 짓거나, 혹은 유명 시인의 작품을 보고 자신의 감흥을 실어 짓는 때가 많다. 후자의 경우 이른바 헌징시獻呈詩의 하나로 볼 수도 있을 것이다. 지안 스님의 시가 어느 쪽에 해당하는지 속단할 수는 없지만 "현판에 적힌 시에 삼가 차운하여"라는 제목으로 볼 때 두 수 모두 후자 쪽이 아닌가 생각한다. 또 제목에 절 이름이 나와 있지 않아서 비록 이 현판이 통도사에 전래되고 있지만 다른 절을 읊었을 가능성도 배제할 수는 없다(예컨대 통도사 주변의 산내암자나 말사 같은). 하지만 그렇게 되면 과연 어느 절을 말하는지 추측하느라 너무 복잡해지므로 일단 통도사를 읊은 것이라고 전제하고 이야기를 풀어나가겠다.

두 수 가운데 하나는 오언절구고 다른 하나는 칠언절구다. 한시에는 형식으로 볼 때 절구絶句와 율시律詩가 있는데, 4행으로 된 것이 절구, 8행 이상, 곧 행수가 4의 배수로 된 시가 율시다. 이 현판에 새겨진 글씨는 지안 스님의 초서 친필로, 서예 면으로 보더라도 보통 필력이 아님을 한눈에 알 수 있다. 감상 포인트 가운데 하나를 이 멋진 초서를 음미하는 데 두어도 좋다. 먼저 오언절구부터 본다.

입구는 평야에 잇닿고	洞口連平野
누대는 나지막한 봉우리 속에 숨은 듯하네	樓臺隱小岑
게으른 스님은 마당도 안 쓸어	居僧懶不掃
뜰엔 낙화만 가득하구나	花落滿庭心

1연에서는 통도사가 자리한 자연환경을, 2연에서는 그 중에서도 특히 누각에 대해 말하고 있다. "입구는 평야에 잇닿고"란 절 입구 주위가 평평한 대지라는 말이다. 실제로 통도사 입구는 길이 아주 평탄하고 넓건만 지금은 이 길 주변 전체를 마을이나 상점이 차지하고 있어서 지나면서도 실감을 못한다. 하지만 약 300년 전에는 지금 같은 건물들이 들어서 있지 않았을 터이므로 절 입구에서 바라다보면 너른 들이 시원하게 펼쳐진 게 한눈에 들어왔을 것이다.

2연에서는 누대가 산봉우리 아래 감싸이듯 자리한 것을 "봉우리 속에 숨은 듯하다"고 표현했다. 여기서 말하는 누대가 지금의 만세루인지는 확실치 않다. 일단 그렇게도 보이지만, 만세루는 산 반대편에 위치하기 때문에 이 시구처럼 봉우리에 파묻힌 듯이 보이지는 않기 때문이다. 그렇다면 이 쯤해서 통도사의 누각이 언제 지어졌는지, 과연 지안 스님이 이 시를 지을 때인 18세기 초에 보았을 누대는 어떤 형태였는지 알아볼 필요가 있다. 그런데 그러자면 이것저것 자료를 찾아보아야 하는데 아직은 이렇다할 자료를 못 얻었으니 그 부분은 그냥 덮어두기로 한다(사실 정확히 언제 누각이 지어졌는지 적힌 자료가 남아 있는 지도 알 수 없다). 아무래도 독자들께 '역시, 게으르군!' 하는 핀잔을 면치 못할 것 같다.

　다음은 3행과 4행인데, 이 두 구절은 그 자체로 마치 화두의 한 토막 같다는 느낌을 준다. '게으른 스님은 마당도 안 쓸어', '뜰엔 낙화만 가득하다'고 한 것은 얼핏 조롱이고 질타인 것처럼 보이지만 가만히 읽으면 지안 스님이 '이것이야말로 선禪이 아닌가!' 하고 독백하는 목소리가 들리는 것 같다. 꽃잎 떨어지는 것은 자연의 섭리인데 굳이 이걸 쓸어담는다고 해서 달라지는 것은 아무것도 없다는 뜻이다. 그리고 마당을 쓸지 않는 것도 게을러서가 아니라 무위無爲의 위爲를 말하려 함이 아닐까라는 생각을 해본다. 하긴 이런 광경을 지켜보는 것이 산중생활의 멋이요 맛일지도 모르겠다.

　지안 스님은 스승으로부터 의발을 전수받은 이후 더욱 정진하여 이윽고 당대 최고의 선지식이 되었다. 그래서 그가 가는 강석마다 제자들이 따랐고, 그가 여는 법회마다 숱한 대중들이 몰려들었다. 1725년 김제의 금산사에서 법회를 열었을 때는 전국에서 무려 1,400명

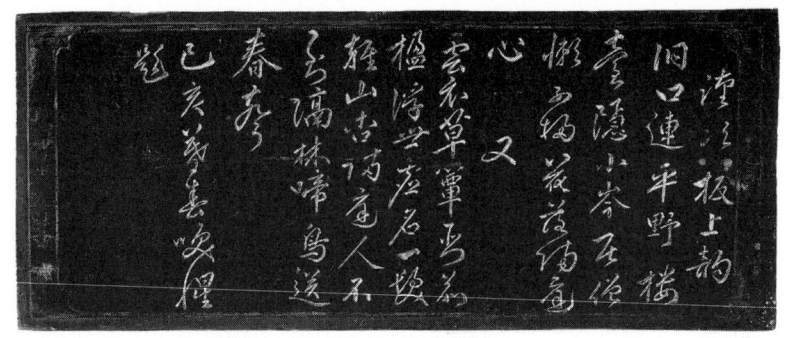

지안 스님의 초서 글씨

이나 되는 사람들이 찾아와 그의 설법을 들었다. 공전의 대성황이었지만 오히려 이것이 화가 될 줄은 스님 자신도 몰랐을 것이다. 불교를 미워했던 지방 관리가 이런 사실을 곡해해서 정부에 보고서를 올리자 조정에서는 곧바로 지안 스님에게 백성을 불러모아 현혹한다는 죄목을 씌워 투옥시킨 것이다. 하지만 모함이었기에 당연히 곧바로 풀려났다. 그러나 이 일은 그 뒤 다시 불거져 결국 1729년에 스님을 제주로 유배보내기에 이른다. 그리고 유배된 지 7일 만에 입적(승려의 죽음)하고 말았다. 유배지에 도착하자마자 급작스럽게 입적한 상황이 몹시 수상하지만, 지금으로서는 당시의 정황을 자세히 알 수는 없다. 그저 '어시오름' 부근에서 좌탈입망했다고만 전할 뿐이다.

 이 시는 1719년 쉰여섯 살 때 지은 것이니 그가 한창 명성을 날릴 때였을 것이다. 그래서인지 확실히 달관의 시선이 느껴진다. 그런 맛은 앞에서 보았던 오언절구에 이어지는 다음과 같은 칠언절구에서 더욱 짙게 나타나 있다.

  구름옷 입고 풀멍석에 누워 하늘을 바라본다   雲衣草簟臥前楹
  부평초 같은 세상의 헛된 이름이야 터럭 한 올보다 못하지

	浮世虛名一輕髮
벚나무 가득한 뜰엔 찾는 이 아무도 없고	山杏滿庭人不到
숲에서 들리는 새소리에 봄날은 간다	隔林啼鳥送春聲

오언절구를 지은 다음, 본격적으로 시흥이 일었는지 같은 운이지만 이번에는 칠언절구로 넘쳐나는 시상을 푼 것이다.

앞의 시 3·4행에서 보여주었던 선미禪味가 한층 농익으면서 이번에는 달관의 경지를 보여주고 있다. 1행의 '구름 옷'과 '풀 멍석'은 모두 부귀와 명리를 벗어난 초탈을 상징한다고 해야 할 것이다. 그런 마음이니 2행처럼 '세상의 헛된 이름' 정도는 '터럭 한 올보다 못하게' 느껴진다. 비록 아무도 찾아오지 않는 산사지만(3행), 이곳도 어김없이 시절 인연은 있어서 세월이 흐르고 있는 것이다(4행).

3행 초두의 '산행山杏'은 대부분 '산살구'로 알고 있지만 적어도 이 시에서만큼은 벚나무로 보고 싶다. 이 시를 지은 때가 3월[暮春]인데 음력 3월이면 살구는 열리지 않을 때다. 그보다는 벚꽃이 한창 피어날 때므로 시인의 마음에 선명한 이미지로 각인되었을 가능성이 높다.

독자들의 감상은 어떤지 모르겠다. 이 시를 교과서적으로 해석한다면 뜬구름 같은 인생의 부질 없음을 말한 것이라고 해야 할 것이다. 하지만 나는 어쩐지 세상에 대한 달관이나 초탈이 아니라 하직을 고하는 분위기를 느낀다. 혹은 이 시를 지은 지 꼭 10년 뒤에 맞을 죽음을 예감한 것은 아닐까라고 확대해석한다면 병자의 신경과민이라고나 해야 할까.

통도사를 읊은 시문

통도사를 읊은 시문 현판 2점

사찰과 이미지에 대해 먼저 말해 보려고 한다. 우리가 사물을 기억하는 방식에는 여러 가지가 있을 텐데, 이미지를 떠올리는 것도 그 가운데 하나라고 할 수 있다. 이미지가 왜 중요한가 하면 어떤 사물 또는 사람에 대해 가장 오래 남는 기억이기 때문일 것이다. 사람의 인식에는 한계가 있고 특히 시간에 취약하다. 시간이 오래 지날수록 구체적인 정보는 잊혀지고 전체적인 윤곽과 기억의 편린, 단상만 남게 마련이다. 예를 들어 옛날 학창 시절의 선생님을 떠올리면서 이름이나 얼굴은 잊어버렸어도 '아, 그 선생님 별명과 성격이 이러했지!' 하는 것도 실상은 구체적으로 기억나서가 아니라 자신이 보관하고 있는 이미지가 작동하는 경우라고 생각되는 것이다. 이렇게 이미지는 객관적이고 계량화되지 못한 자료일 수도 있지만 어떻게 보면 한 대상에 대해 잊혀져 가는 기억을 보완하는 새로운 정보의 창조라는 측면도 짙다고 본다(나의 이런 생각에 과학적인 증명을 동원할 필요는 없어 보인다). 이런 의미에서 이미지는 정신활동을 중시하는 현대사회에서 그 의미가 더욱 각별할 수도 있다.

갑자기 이미지 얘기를 꺼내 의아스러워할지 모르겠다. 하지만 다 나름대로의 의도가 있어서였다. 왜냐하면 나는 사찰도 각각 나름대로의 이미지를 세워서 이것을 형상화한다면 포교의 한 방법으로 활용될 수 있다고 생각하기 때문이다. 사찰의 발전은 대중의 힘 없이는 어려운 일인데, 현대사회에서 대중의 관심을 얻기 위해서는 이미지 제고가 중요하다. 그렇다고 대중성만을 좇아 사찰의 신성함을 가벼운 이미지로 대체하자는 것은 물론 아니다. 어려서부터 이미지적 자극과 효과에 민감한 젊은 (그리고 어린) 세대들이 불교에 가까이 다가서도록 하기 위한 방법, 곧 일종의 방편이라고 이해하면 괜찮을 것 같다.

사실 나는 이 현판 순례를 통해 사찰 하나하나의 이미지를 만들어오려고 해왔다. 다만 그것이 무모하게도 나의 일방적이고 자의적인 작업이 되지 않게 하기 위해서 그 이미지에 과감한 색깔을 입히지는 않았지만 나름대로 밑그림은 그려왔다. 그리고 그 이미지는 함부로 만들어내는 것이 아니라 그 사찰의 역사와 문화에 근거하여야 함은 다시 말할 필요도 없다. 사찰에 왜 고유의 이미지가 필요한가, 또 그것을 가지고 어떻게 활용할 것인가에 대해서는 다음 기회에 좀더 자세히 말할 기회가 있을 것 같다.

삼보사찰의 하나인 경상남도 양산의 영축산 통도사通度寺의 이미지는 여러 가지가 있다. 사람마다 느끼고 생각하는 게 각각이겠지만 그래도 누구나 떠올리는 것은 부처님 진신사리와 금강계단金剛戒壇이 아닐까 한다. 금강계단은 곧 부처님 진신사리가 봉안된 불사리탑을 모시고 있는 곳이므로 실은 이 두 가지가 하나의 이미지인 셈이다.

그것은 옛날 사람들도 마찬가지였던 듯, 통도사에 관한 기문과 시문 가운데 대다수가 바로 이 통도사의 금강계단에 관한 것들이다. 이미지

영파 성규 진영(통도사)

를 담고 전달하는 방법으로 시만한 것이 별로 없다. 그런 의미에서 이번에는 금강계단을 읊은 시문 현판 두 점을 소개한다.

　금강계단이란 알다시피 석가부처님의 진신사리를 봉안한 계단이다. 계단은 승려에게 계율을 내리는 신성한 장소인데 승려는 모름지기 누구나 석가부처님의 제자이므로 계단에 진신사리를 모시게 된 것이다. 금강계단에 봉안된 진신사리는 『삼국유사』에 그 유래가 분명하게 나온다. 신라의 자장慈藏 스님이 636년 중국 당나라에 가서 공부할 때 청량산에서 문수보살을 친견하고 진신사리 100과와 정골頂骨을 얻어 왔다. 그리고 이 100과 가운데 일부를 통도사에 봉안했는데 이것이 지금의 금강계단이 된 것이다. 우리나라에 진신사리가 많이 전하지만 통도사처럼 그 유래가 확실한 것도 드물다. 통도사를 불보佛寶사찰이라고 한 것도 바로 이 금강계단이 있어서니 통도사의 이미지로서는 가장 적격인 셈이다.

먼저 볼 것은 이 현판순례에서 여러 차례 소개한 바 있는 영파 성규影波聖奎(1728~1812) 스님이 지은 「통도사의 세존유적을 보고 감격하며[通度寺 感世尊遺蹟]」라는 시다. 글 끝에 "세존의 69세손 해동의 영파 성규가 82세 때인 기사년 가을에 감히 배알한 뒤 짓다[世尊六十九世孫 海東影波沙門 聖奎八十二歲 己巳秋謹拜而書]"라고 되어 있어 1809년에 지은 것임을 알 수 있다.

서천 가는 길 몇 만리던가	路隔西天幾萬里
용 타고 기러기 등에 올라 전광처럼 가야지	駕龍浮鴈電光登
영험한 바탕엔 청탁 가리는 게 되레 번거로워	靈基不繁分淸濁
부처님 계신 절을 어떻게 측량하랴	梵利何論假尺繩
경지는 삼재를 넘고 승지를 감추었으니	境脫三灾藏勝地
선제비구에게 법등을 전했어라	禪提一物囑傳燈
어찌 묘한 머리 중원에 마음 없다 하겠고	倘非妙首心中院
나무에 앉은 학 어찌 바람에 따르지 않으리	鶴樹呼風詎敢承

이 시는 사실 조금 난해하다. 시어가 분명하지 않고, 시에 나타난 이미지 역시 뚜렷하지 않다. 사실 한시는 이런 면이 있어서 이해하기에

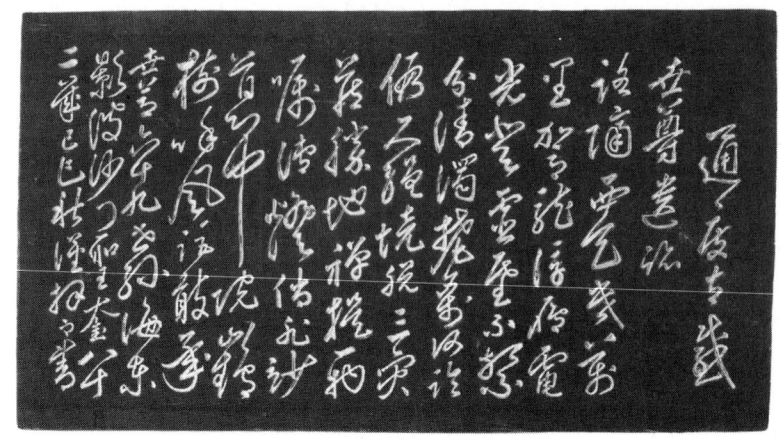
성규 스님의 초서 시문 현판

힘들기도 하다. 이럴 때는 단어 하나하나에 매달리지 말고 전체적인 흐름을 짚어나가는 게 필요하다. 시의 사상捨象(공통의 성질을 뽑아내기 위하여 낱낱의 특수한 성질을 고려의 대상에서 제외하는 일)에 신경을 쓰는 게 좋은데, 다시 말해서 단어 하나하나의 의미보다는 줄거리를 이해해야 한다는 말이기도 하다. 이 시를 그렇게 해서 보면 좀더 쉬워진다. 자장 스님이 중국에서 가져온 불사리와 정골사리가 통도사에 봉안되었고, 이 불사리를 통해서 통도사에 부처님의 법이 밝히게 되었다는 내용을 시로 표현한 것이다. 먼저 1연의 서천西天이란 인도가 아니라 중국을 말한다.

그리고 제2연에서 용이 등장한 것은, 자장 스님이 귀국할 때 용왕이 아들을 시켜 배를 호위했던 일을 표현한 것이다. 또 제4연의 선제비구는 『불설관정경佛說灌頂經』 제9권에 그 유래가 나온다. 석가부처님이 왕사성의 죽림정사에 머물 때 유야리국維耶離國에 전염병이 돌아서 많은 사람들이 죽게 되었다. 부처님은 선제비구를 그곳에 보내어 동방의

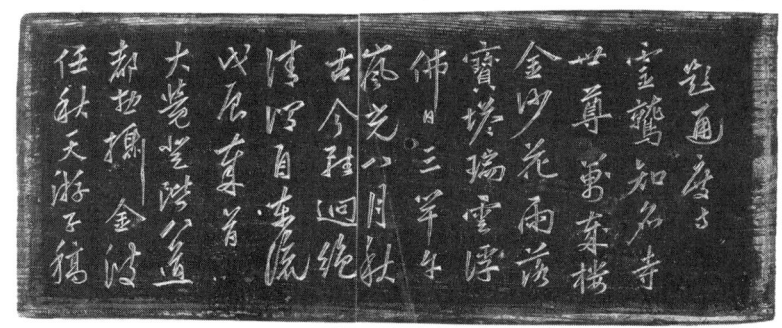

금파 응신 스님의 시문 현판

청룡 신왕, 남방의 적룡 신왕, 서방의 백룡 신왕, 북방의 흑룡 신왕, 중앙의 황룡 신왕 등의 이름을 외우는 5방 용왕의 관정 진언을 외우게 함으로써 질병을 낫게 했다. 따라서 이 시에서는 자장 스님을 바로 그 선제비구에 비유한 것이다. 그리고 제7연의 '묘한 머리'란 자장 스님이 가져온 부처님의 정골사리를 가리킨다. 이렇게 놓고 보면 이 시의 의미가 분명해지고 성규 스님이 무얼 읊었는지 쉽게 이해가 갈 것이다.

다음으로 금파 응신金波應信(1833~1894) 스님이 1868년에 지은 「통도사에서[題通度寺]」를 본다. 응신 스님은 전라남도 해남 두륜산 대흥사를 중심으로 활동한 분으로, 청정한 수행과 원만한 품격으로 대중의 존경을 받아 대흥사 행정의 중추를 맡았었다. 이 시 끝에 "무진년 초에 대각등계팔도도총섭인 금파임추가 짓다[戊辰歲首 大覺登階八道都摠攝 金波任秋 天遊子稿]"라는 후기가 있는데, 거기에 보이는 대각등계팔도도총섭은 그가 대흥사의 주요 인물이었음을 나타내는 품계다. 앞에서 보았던 성규 스님의 시보다 59년 뒤에 지어진 것인데, 성규 스님의 시보다는 이미지의 구상具象이 확연하여 이해하기가 쉽다.

영축산의 이름 있는 절	靈鷲知名寺
세존 계시는 만세루에	世尊萬歲樓
금모래 꽃비 내리니	金沙花雨落
보탑은 서운 위에 솟았네	寶塔瑞雲浮
부처님의 밝은 빛 우뚝 솟은	佛日三竿午
산바람 불어오는 팔월 가을날	嵐光八月秋
고금이 비록 다르다하나	古今雖迥絶
맑은 물은 동쪽으로 흐르는 것	淸澗自東流

제4연의 '보탑'은 바로 금강계단 위의 진신사리탑을 말한다. 지금은 석종형 부도로 생겼지만 탑 중의 탑임은 물론이다. 그다지 높다고 할 수는 없지만 그 상징적 위용은 마치 구름 위에 솟을 정도로 크다는 뜻일 것이다. 또 5연의 불일은 부처님의 덕을 해에 비유한 것이고, '삼간'은 늦은 아침, 또는 해가 높다랗게 떴음을 의미한다. 사찰 건물 벽화의 소재로 즐겨 쓰이는 심우도尋牛圖(일명 십우도) 가운데 일곱 번째 그림인 「망우존인忘牛存人」의 설명에 "홍일삼간유작몽紅日三竿猶作夢"이라는 말이 있다. "해가 석 자나 높이 떴는데도 늦잠을 자니 오히려 꿈이구나" 하는 것으로 집착에서 벗어났음을 의미하는 말이다.

이 시에서 응신 스님이 하고 싶은 말은 제7연과 8연에 집약된다. 옛날과 오늘이 다르지만 맑은 물, 곧 불법이 흘러흘러 동쪽으로 왔다는 것이다. 그리고 그것은 바로 금강계단 위의 부처님 진신사리를 통해 확인된다는 말일 것이다.

시를 적은 현판은 많지만 그런 시문 현판들이 우리에게 제대로 읽혀지고 이해되는 기회는 많다고 할 수 없다. 싯귀 속에 선인이 우리에게 알려주고자 했던 숱한 역사와 의미가 담겨 있을 수 있는데 너무 그냥 쉽게 지나치는 것은 아닐까. 현판에는 기문이든 시문이든 나름대로 매우 중요한 정보가 담겨 있기 마련인데 우리는 별 의미 없이 대하고 있기 때문이다. 그 중요한 현판을 그저 옛날 사람들의 낭만의 소산이요 그 절의 고풍의 상징처럼만 여기고 있는 것은 아닌지 생각해 봐야 한다.

남원 선국사의 현판들

전라북도 남원 하면 춘향이 먼저 떠오른다. 『춘향전』에 관심이 많은 사람이라면 그녀와 이 도령이 처음 만나 정담을 나눴던 광한루까지 언급할 수 있을 것이다. 분지에 가깝게 나지막한 남원이 골고루 내려다보이는 진산鎭山인 교룡산蛟龍山 정상에 있는 교룡산성까지 말하는 사람이 있다면 제법 역사공부를 잘 한 축에 속할 것이다. 비록 소설이기는 하지만 춘향이라는 절세미인을 남원 출신으로 설정할 수 있었던 것도 이곳이 기후가 온화하고 물산도 풍부하기에 예로부터 인물이 많이 나왔고, 따라서 선남선녀들의 사랑이야기도 다른 곳보다 풍부하게 전해졌기에 그랬을 것이다.

그런 만큼 남원에는 역사가 오래되고 훌륭한 사찰도 많은데, 산곡동 교룡산성 안에 자리한 선국사善國寺가 그 중 하나다. 선국사는 685년(신라 신문왕 5)에 창건되었다고 전하는 고찰이다. 절 이름에 '국國'자가 들어가는 사찰들이 대부분 나라를 위해 큰 역할을 담당해왔던 것처럼 선국사도 나라를 지켜낸 호국의 역사를 간직한 곳이다. 임진왜란같이 나라가 큰 위기에 빠졌을 때 호남 지역의 6개 군현에서 거둔 군량미를 바로 이 교룡산성에 보관했으며, 선국사는 교룡산성을 지키는 수비대의 본부 역할을 했다. 전성기에는 300여 명의 스님이 머물 정도로 규모가 컸다고 한다.

선국사에 가려면 일단 교룡산성 입구까지 가야 한다. 남원시내에서 서남대학교 방면으로 가다가 호성병원 앞 삼거리에서 교룡산성 입구까지 1.5km 정도 거리고, 교룡산성 동문 입구에서는 300m 정도 숲길을 따라 더 올라가면 선국사에 닿는다. 승용차로 가는 게 아니라면 남원시내에서 10분 안팎 걸리는 거리니 택시를 이용할 수도 있다.

선국사에는 대웅전, 보제루, 관음전, 칠성각, 산운각 등이 있고 이 중 대웅전은 1803년에 지은 유서 깊은 건물이다. 이 대웅전과 보제루 등에 현판 몇 점이 걸려 있는데, 전각을 지은 유래와 배경, 선국사의 경치를 읊은 시문 등을 담고 있는 역사의 손때가 묻은 소중한 자료들이다.

이 책에서는 주로 1점의 현판을 집중적으로 소개하는 형식을 빌렸다. 이것은 현판 안에 담긴 깊은 뜻을 잘 전달하는 데는 좋지만, 반면에 짤막짤막한 이야기들을 담은 현판들은 그 자체로는 한 회 분의 이야깃거리도 못 되기 때문에 소개하기가 어려운 단점도 있었다. 그런 뜻에서 이번에는 한 절에 있는 여러 현판들을 한데 모아 얘기하려고 한다. 이들을 통해 사찰의 역사가 어떻게 복원될 수 있는지를 보는 것도 다양한 현판을 접할 수 있다는 점에서 필요한 일이다. 그런 예의 하나로 선국사 현판들을 소개한다.

먼저, 대웅전에 걸려 있는 「남원부 교룡산 선국사 덕밀암 칠성각 창건록」부터 본다. 이 현판은 선국사의 산내암자인 덕밀암德密庵에 칠성각을 세운 이야기다. 지금까지 선국사의 역사를 얘기한 어떤 글에서도 덕밀암에 대한 언급은 전혀 없었다. 그만큼 철저하게 잊혀진 존재가

선국사 덕밀암 칠성각 창건록

덕밀암인데, 유일하게도 이 현판에 관련 기록이 남아 있다. 산내암자란 바로 이런 것이다 라고 간단하게 설명하기는 어렵지만, 행정적으로는 큰절에 부속되었지만 공간적으로 떨어져 있고, 또 거기에서 수도하는 수행자들의 생활이 독립적으로 이루어지는 곳이라고 말할 수 있다. 일반 사암에 비해 독립적인 면은 떨어지지만 대개 큰절에 소속된 노장 스님들이 거처하는 경우가 많기에 한 절의 역사와 규모를 말할 때 의미 있는 비교자료가 되곤 한다. 이 현판은 앞에 짤막하게 이 글을 지은 내력이 나와 있고, 나머지 대부분은 불사에 참여했던 시주자들의 이름을 적었다. 앞 부분의 내용은 이렇다.

    무릇 산이 있으면 절이 있기 마련이고, 절에는 또 칠성각이 있어야 하는 것인데 유독 이 절에만 칠성각이 없으니 식자識者된 자로서 어찌 아쉬움이 없으리오? 이에 각훈恪訓 스님이 신도 최 씨와 함께 시주를 모아 경인년 봄에 공사를 시작해서 그 해 가을에 완성하였다. 이로써 칠원성군이 머무를 수 있게 되었으니, 이 칠성각은 산과 더불어 영원히 함께 하리라. 단월 여러분들의 공이 없을 수 없었으므로 여기에 적는다. 경인년 10월 성양城陽 김봉필金鳳弼이 썼다.

이 현판은 경인년, 곧 1891년에 지은 것이다. 위 글에 이어서 불사에

십시일반으로 성의를 보탠 시주자들의 이름이 나오는데, 그 중 첫머리를 곡성谷城 현감 부부가 차지하고 있어 제법 커다란 불사였음을 짐작하게 한다.

 여기서 주제를 잠깐 옆으로 놓아두고 현판의 지은이나 글씨를 쓴 사람의 정치적 행보와, 그 사람이 갖는 문화적 가치의 차이에 대해 말해 보겠다. 얼마 전 김천 직지사의 대웅전 편액이 친일파의 거두 이완용의 글씨라는 한 연구자의 주장으로 논란이 인 적이 있었다. 이완용은 나라를 일본에 판 이른바 '을사오적' 중 한 명이다. 이완용은 구한말에 나라를 일본에 팔아먹은 매국노 역적으로 알려져 있는데 그의 글씨가 버젓이 우리나라를 대표하는 대찰의 법당에 걸려 있다면 국민 정서상 용납하기 힘든 게 사실이다. 그런데 그의 매국적 행보와는 상관없이, 당대에 그의 글씨는 명필로 소문났었다. 글씨라는 게 한 사람의 인격을 그대로 드러내준다는 가설에 따르면 이해하기 어려운 일이지만, 어쨌든 글씨 자체만 놓고 본다면 분명 대단한 수준인 것은 사실이다. 내 생각으로는 혹여 편액을 내리게 되더라도 없애지는 말고 그대로 보관했으면 좋겠다. 사람은 사람이고 글씨는 글씨니까. 이집트 피라미드는 수십만 명의 노예를 혹사하여 만들었다. 따지고 보면 이것처럼 수많은 인간을 희생하며 만든 건축물도 드물다. 하지만 그렇다고 해서 이를 파괴하자고 주장하는 사람은 없다. 작품이 작품으로 인정받지 못하고 그것을 만든 사람의 운명과 같이해야 한다는 건 문화적으로 불행한 일이다.

 다시 현판으로 돌아와서, 다음에 소개할 현판은 선국사의 보제루를 소재로 하고 여기다가 교룡산성과 자신들의 시회詩會를 투영시켜 지은 명사名士들의 7언율시 모음집으로, 제목은 「선국사 보제루 중수문」이

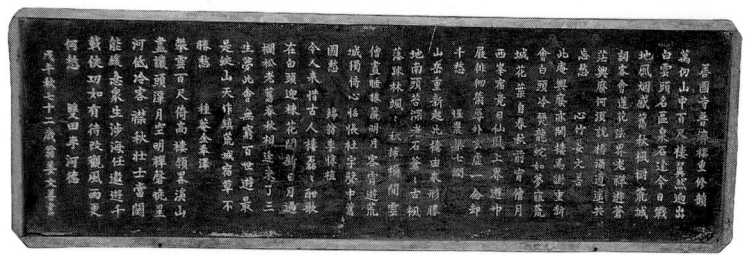

다섯 사람의 시가 적힌 선국사 시문 현판

다. 남원의 유지 또는 명망 있는 선비들의 선국사 찬사집讚辭集이라고 할 수 있다. 모두 5명의 시가 한데 엮여 있다. 아쉬운 점은 이 다섯 명이 어떤 사람들인지 지금으로서는 잘 알 수 없다는 점이다. 앞으로 관심 있는 이의 연구가 있으면 좋겠다. 흔히 이런 시문 현판들을 소홀히 하곤 하는데, 한 사찰의 역사, 문화와 관련하여 사실은 매우 중요한 자료들이니 앞으로라도 소중하게 다루어야만 한다. 아울러 절들도 다양한 사찰문화를 선뵈기 위해서는 이런 시문 현판들을 알기 쉽게 구성해서 좀더 적극적으로 대중에게 알릴 필요가 있다.

심죽心竹 강문선姜文善의 시

만길 높은 산 아래 백 척 같은 누각 걸려 있고	萬仞山中百尺樓
저 멀리 앞에는 산머리에 흰 구름 걸려 있네	翼然迥出白雲頭
이름나고 산수 좋은 곳 오늘에야 찾았으니	名區泉石逢今日
전장터의 포연 가득했던 그 옛날이 느껴지네	戰地風煙感舊秋
단풍나무 우거진 성터에는 시 읊는 손들이 모였고	楓樹荒城詞客會
연화법계 절에는 늙은 선사가 노니네	蓮花法界老禪遊
까마득한 옛날의 흥폐를 어찌 말할 수 있으랴	蒼茫興廢何須說
술 한 잔 들고 노닐며 함께 근심을 잊어볼 밖에	樽酒逍遙共忘愁

여러 선비들이 보제루에 모여 앉아 시회를 가지다가, 문득 글짓기는 그만두고 술동이 갖다놓고 서로 잔 권하며 세상 근심이나 잊어보자고 하는 얘기 같다. 물론 말은 이렇게 했지만, 주변의 아름다운 풍광을 노래하고, 속세의 흥망을 산성에, 그리고 법계의 정결함을 보제루에 비유함으로써 선국사의 고고함을 말하고 있다.

시에 나오는 산성이란 말할 것도 없이 교룡산성이다. 백제시대에 처음 쌓은 것으로 고려 말에는 조선을 건국한 이성계 장군이 왜구를 맞아 싸운 곳이고, 임진왜란 때는 승장 처영處英 스님이 보수하고 이곳을 근거지로 삼아 왜구에 대항했다. 그리고 동학혁명 때는 접주 김개남이 이끄는 농민군이 관군과 큰 접전을 벌인 역사적인 유적지다. 1960년 보제루에서 발견된 구리[銅] 도장은 조정에서 산성을 지키던 승군에게 내려보낸 것으로, 바로 이런 시구詩句들과 딱 어울리는 유물인 셈이다.

성농惺農 양칠윤梁七潤의 시

이 절의 흥폐는 곧 이 누각의 역사로다	此庵興廢亦關樓
중창을 감사하며 노인들이 모였나니	爲謝重新會白頭
그 옛날 전쟁 끝난 지가 꿈속처럼 아득하여	冷燹龍蛇如夢寐
쓸쓸한 성터에 낙엽 지니 세월은 절로 가네	荒城花葉自春秋
새벽 스님과 달은 서쪽 봉우리에서 잠들고	前宵僧月西峯宿
밤이 되면 신선은 하늘로 올라가 노니는구나	竟日仙風上界遊
오랜 세월 동안의 배회는 영욕을 벗어났고	□□徘徊榮辱外
오묘한 경지 한마음으로 천년을 흘러왔네	玄虛一念却千秋

조선시대 후기에 와서 불교와 도가道家가 서로 어울리는 모습을 자주 본다. 사찰을 신선이 사는 동구洞口와 비유해서 스님과 신선을 동일시하는 내용의 글이 이 시기에 많이 쓰이곤 했다. 이 시 역시

그런 불선일치佛仙一致의 관념이 농후하게 스며 있는 작품이다. 그런 것이 꼭 불교를 높이는 것도 아니고, 어떤 의미에서는 불교의 이념을 흐리게 하는 것도 사실이지만, 어쨌든 19세기 후반에 그런 풍조가 제법 풍미했다는 것만은 틀림없다. 그런 현상을 바로 위 시에서도 읽어낼 수 있었다.

금옹錦翁 이돈식李惇植의 시

산사가 열리며 이 누각 일으켰으니	山岳重新起此樓
유래와 형승은 남녘의 으뜸이라	由來形勝指南頭
이끼와 바위는 오랜 옛날을 보여주고	苔深老石蒼蒼古
단풍 떨어진 숲 사이 가을바람 불어오네	楓落疎林颯颯秋
한가한 구름 아래 스님은 방안에서 졸고	掃榻閒雲僧晝睡
발 걷어올려 맞은 밝은 달밤 객은 아침까지 노니네	捲簾明月客宵遊
쓸쓸한 성터에 홀로 남아 마음은 슬픈데	荒城獨倚心怊悵
두견새 우는 소리에 그 옛날 근심이 들려라	杜宇聲中舊國愁

사찰이 중창되면서 보제루가 함께 중수되었음을 이 시를 통해 짐작할 수 있다. 그런 면에서 이 시는 선국사와 보제루 중수 역사의 자료라고 할 수 있다. 또 분위기가 가을임이 역력해, 이 시를 지은 계절적 배경도 아울러 알 수 있다. 지은이가 낙엽을 쓸어낸 뒤 보제루에 걸터앉아 자연을 감상하는 어느 가을날 오후, 스님은 꾸벅꾸벅 졸고, 밤이 되자 발을 걷고 밝은 달을 바라보는 광경은 그야말로 한 폭의 동양화를 보는 것 같다. '쓸쓸한 성터'란 교룡산성이고, '그 옛날 근심'이란 왜적과 대항했던 임진왜란 말한 것 같다. 아마도 이 지역에서 임진왜란은 당시까지 잊히지 않았던 생생한 전란의 아픈 기억이었던 것 같다.

그로 인한 '근심'은 이 시에서 아예 시어詩語로 자리잡았을 정도니까.

종암種菴 김봉택金奉澤의 시

지금 사람들 옛사람의 누각이 아까워	今人來惜古人樓
시끌벅적 모여 술과 노래 즐기니 어언 백발일세	磊磊酣歌在白頭
용마루에 핀 꽃 반기며…	迎棟花開□□月
난간 기대어 핀 늙은 소나무 옛날을 말해주네	過欄松老舊春秋
서로 만나 헤어짐은 삼생의 꿈인데	相逢□了三生夢
이 모임 무궁토록 이어져 백세를 놀아보세	此會無窮百世遊
바로 이 교룡산은 하늘이 지어준 요새	最是蛟山天作鎭
쓸쓸한 옛 성터 오랜 풀 근심을 누르지 못하네	荒城宿草不勝愁

이 시는 과거와 현재 역사의 무상함을 보제루에 빗대어 말하고 있다. 친구들과 모여 보제루에 둘러앉아 시 짓기며 술이며 하다 보니 어언 머리는 허옇게 되고 인생은 황혼기에 접어들었다. 용마루에 핀 꽃은(이 부분은 현판 일부가 지워져 알 수가 없다) 고목에 핀 꽃처럼 회춘의 갈망을 말하는 듯하다. 서로 만나 헤어지는 회자정리會者定離의 불교 가르침은 이해되지만, 이생에서 만난 우리들이라도 100년을 함께 해보고 싶은 인지상정을 숨기지 않는다. 그렇지만 어쩌랴, 하늘이 지은 듯한 교룡산성도 허물어지는 게 세월이니, 놀고놀고 또 노닐지만 근심 역시 가눌 수 없는 게 인생사임을 이 시는 말하고 있다.

쌍전雙田 이하덕李河德의 시

구름 잡으러 올라갔나 백 척 높은 저 누각	攀雲百尺倚高樓
야트막한 계곡과 산 무궁토록 뻗어있구나	領略溪山盡讓頭
못에 어린 저 달 새벽녘 스님의 목소리 같고	潭月空明禪聲曉

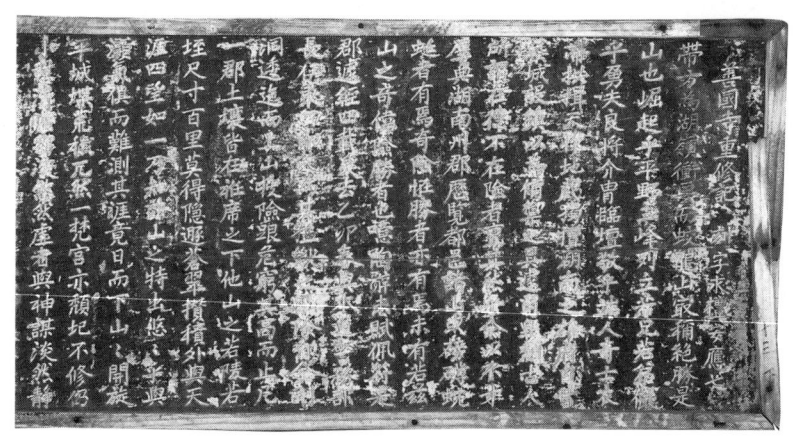

「선국사 중수기」

하늘 가까운 은하수에 객의 근심은 깊어져라	星河低冷客襟秋
장수가 성을 맡아서는 능히 완급을 조절하듯	壯士當關能緩急
중생은 고해를 건너 한가로이 노닐자꾸나	衆生涉海任邀遊
천년 공덕에 어찌 기다림이 없을손가	千載侯功如有待
다시 한 번 비바람 쳐다봄에 무슨 근심 있으랴	改觀風雨更何愁

　보제루의 높고 당당한 모습은 선국사의 가람 속에서도 단연 뛰어났다. 누각 앞 계곡은 밤이 되면 두둥실 떠오른 달에서 비추이는 달빛이 교교한 곳인데, 지은이에게는 새벽녘 염불하는 스님의 목소리가 달 속에 실려 있는 듯 했나 보다. 장수가 성의 관문을 맡아 능히 지켜내듯 우리 중생들 역시 고해를 건너 근심을 떨궈내고 싶은 마음을 어찌 감출 수 있겠는가. 대부분 시인들이 허물어진 저 산성을 보며 근심을 하지만, 이 시를 지은 시인만큼은 천년을 지켜온 그 모습에 오히려 근심이 사라진다는 멋진 역발상을 보여주는 것으로 끝을 맺고 있다.

서준식이 지은 시문 현판

지금까지 「선국사 보제루 중수문」에 실린 다섯 편의 시를 소개하고 해석 겸 설명을 곁들였다. 이 밖에도 선국사에는 절의 역사를 담고 있는 「선국사 중수기」가 있고, 또 앞에서 본 「선국사 보제루 중수문」 말고도 서준식徐畯植 등 여러 문사들이 지은 시문 현판들이 전한다.

한시는 읽는 이마다 해석이 조금씩 달라질 수 있다는 점이 매력인데, 독자 여러분들께서는 과연 어떻게 감상했는지 모르겠다. 대체로 한시의 해석은 현재의 감수성과 꽤 떨어져 있어 실감이 나지 않는 경우가 많다. 특히 사찰에 관련된 시는 더더욱 그러하다. 하지만 판에 박힌 해석보다는 틀에 얽매이지 않으면서 단어 하나하나에서 사찰의 이미지를 찾아보려고 시도한다면 사찰을 주제로 한 한시는 더욱 미묘한 감성을 실어줄 수 있다는 것을 꼭 말해두고 싶다.

선국사에서는 인터넷 사이트 'daum'에서 '인연의 향기'라는 카페를 운영하고 있다. 혹시 지금껏 소개해 드린 옛사람들의 시를 통해 선국사에 관심이 있는 독자라면 선국사에서 옛사람들의 향취를 직접 느껴보는 것도 좋고, 아니면 인터넷을 통해서라도 소중한 인연을 맺어봄은 또 어떨는지.

부안 내소사의 현판들

우리나라에 얼마나 많은 사찰이 있을까? 한 번도 공식적으로 집계된 적은 없으니 정확한 숫자는 누구도 모른다. 사찰이라 하면 '불상을 모시고 승려들이 거주하면서 불도佛道를 닦고 교법을 설하기 위해 세운 건축물'이라는 게 사전적 정의定義다. 그런데 이런 정의에는 종단이라는 '조건'이 달려 있지 않기 때문에 이런 조건을 달면 실제로는 수만, 혹은 수십만을 헤아릴지도 모른다. 다만 한국불교종단협회에 등록된 27개 종단의 사찰로 조건을 제한하면 대략 수만 정도 되고, 이것도 좀 많다 싶으면 문화관광체육부에 등록된 '전통사찰'로만 꼽을 때 2011년 현재 900개 사찰이 넘는다.

어느 종교마다 성지순례라는 게 있어서 역사적으로 의미 깊은 성소를 순례하는 게 종교인으로서의 최대 열망이 되곤 하는데, 불교에서도 역시 그런 풍속이 있다. 그런데 성지순례는 좋지만, 우리는 너무 유명 사찰만 찾는 게 아닌가 하는 생각이 들곤 한다. 이웃 일본에서는 '천사순례千寺巡禮'라는 게 있어서 일반적 평판에 얽매이지 않고 자신이 가고 싶어하는 어느 사찰이나 선택해서 모두 천 곳의 사찰을

내소사 대웅보전

순례하는 풍속이 있다고 한다. 그래서 어떤 신도가 천 곳의 사찰 순례를 다 마치면 그는 현세에서 커다란 공덕을 지은 것으로 인정한다는 것이다. 우리도 이와 비슷한 인식이 생겼으면 하는 게 바람이다. 왜냐하면 우리는 지나치게 유명 사찰에만 관심을 기울이기 때문에 정작 눈길과 손길이 필요한 마을의 자그마한 암자는 늘 힘들게 운영되는 경우가 많아서다. 앞서 전통사찰을 말했지만, 전통사찰이란 종단이나 학자들에 의해 오랜 역사와 더불어 그곳에 한국의 전통문화와 문화재가 있다는 인정을 받은 곳을 말한다. 적어도 전통사찰에 해당하는 곳은 대부분 성지순례의 대상이 되어도 괜찮은 곳들이다.

그러니 꼭 규모가 큰 곳만 찾지 말고 전통사찰을 천사 순례의 대상으로 잡으면 좋지 않을까 싶다. 물론 기왕이면 주변 풍광이 좋은 곳을 선택하면 여행의 즐거움도 함께 누릴 수 있을 것이고. 그런 의미에선 앞으로 우리나라에서 주변의 풍광까지 포함해서 가장 아름다운 사찰이 어디인가 하는 논의도 나올 만도 하다. '아름다운 사찰'이란 꼽는 사람의 주관에 달린 문제기는 해도 누가 꼽더라도 열 손가락 안에 꼭 드는 사찰 중의 하나가 바로 내소사가 아닌가 한다.

전라북도 부안군에 자리한 내소사來蘇寺는 서해바다가 바로 지척이고 여기에 변산반도, 곰소만, 채석강 등 주변에 즐비한 아름다운 경관으로 인해 무척이나 서정적인 인상을 주는 곳이다. 내소사에는 10여 점의 현판이 봉서루에 걸려 있어 나처럼 현판만 보면 눈이 번쩍 뜨이는 사람에게는 즐거운 곳이다. 이 중 19세기 후반 내소사의 중창에 힘을 보탰던 주변 마을사람들의 이야기가 적힌 「내소사 친목회서」는 이 책 1권에서 소개했다.

이번에는 그 밖의 몇 점을 더 골라 소개한다. 사실 이 책을 통해 몇 번 얘기했지만, 사찰 현판의 상당수는 '이야기'가 아니라 '시'가 적힌 시문 현판이다. 시는 문학으로 접근할 수도 있고, 또 그 주제가 사찰에 관한 것이므로 역사적인 관점으로도 접근할 수 있으니 시문 현판 역시 사료적 가치가 큰 것임은 분명하다.

하지만 아무래도 지면을 통해 독자들에게 소개하기에는 '이야기꺼리'가 많은 쪽이 더 좋으므로 시문 현판은 그다지 소개드릴 기회가 없었다. 앞으로 시문 현판에 더욱 관심이 많아지기를 기대해 본다. 먼저 「송덕문」이란 현판부터 본다.

봉래산 내소사는 강호의 일대一大 명찰이다. 그 유래를 살펴보면, 옛날에는 매우 크고 아름다운 곳이었으나 점차 참담하게 바뀌었다. 절의 운세가 기울었고 이를 일으킬 사람의 힘이 없었기 때문이다.

내소사 「송덕문」 현판

'사람의 힘'이라는 것은, 그 사람의 도덕의 높고 낮음에만 있는 게 아니라 얼마만큼 절을 위해 시주를 하는가에 달려 있는 것이기도 하다. 산사의 흥폐는 바로 여기에 달려 있다. 내호에 사는 신사 박용준 씨는 덕과 의로움을 닦으며 시주하기를 좋아하는 사람인데, 그 이름이 내소사보다 더 널리 알려져 있다. 명찰이 황폐해진 것을 안타깝게 여기던 중 지난해 광무 9년 을사년(1905) 6월 여름에 부처님 계신 곳에 좋은 인연 심음을 기뻐하며 1000금을 기부하였다.

이와 같았으니, 이곳에 머무는 사람으로서 그의 덕과 의로움을 생각하면서 어찌 아무런 기록이 없을 수 있겠는가? 이로써 내소사는 다시 옛 모습을 되찾아 범종 소리 낭랑하게 울리게 되었으니, 이는 누구의 덕이겠는가, 오래도록 잊지 말고 칭송할 일인저. 박용준 씨는 경오생으로 부안군 내호에 거주하며, 아들 영태 씨는 병오생으로 융희 2년 무신년 3월생이다.

頌德文 蓬萊之來蘇寺 江湖上一大名藍也 攬近由來 昔日之宏麗 漸化爲慘憺者 不獨 寺運垂□抑不得可爲的人焉 其人也 唯不在道德之隆緣 比例義捐之多少 山寺之興廢因焉 萊湖紳士朴龍駿氏 修德義好惠施 有名重於此寺 感係名藍之荒榛 前光武九年乙巳 楡月夏 捐千金而喜種金地勝因於戲如是 而居斯者 可無記 念其德義哉 古宮更煥 啞鍾復鳴 是誰之賜 愈久景誦 乾命朴龍駿庚午生本郡萊居 子榮泰丙午生 隆熙二年戊申三月日

이 현판은, 1905년 내소사의 중수를 도운 박용준朴龍駿의 덕을 기리는 글이다. 경제적 자립이 힘들 수밖에 없는 사찰 입장에서는-적어도 숭유억불의 시대인 조선시대에-재정적으로 절의 운영을 도와준 사람(들)이 있다는 건 아주 중요한 일이다. 따라서 그들의 공을 현판에 새겨 널리 알리는 건 도움을 받은 절로서는 도의에 관한 문제이기도 하고, 또 이런 시주공덕을 다른 사람들도 따라해 주었으면 하는 마음이 드는 게 인지상정이다. 그런 면에서 이런 종류의 공덕문이 적힌 현판이 많이 만들어진 건 당연한 일이었다. 그런데 이를 한 개인의 선행 정도로만 의미를 축소한다면 곤란하다. 왜냐하면 이들이 없었다면 지금의 사찰은 대부분 아주 힘들게 유지되고 있었을 게 틀림없을 테니까. 그러한 시각을 고스란히 보여주는 대목이 이 현판 글 중에 나온다. 사찰에서 불사가 이뤄지게 되는 동기를 살펴본다는 측면에서 매우 흥미로운 부분이기도 한데, 글 첫머리에서 저자는 사찰의 흥망에는 사람의 힘이 중요하다고 하면서, 그 사람의 힘이란 다름 아니라 "도덕의 높고 낮음에만 있는 게 아니라 얼마만큼 절을 위해 시주를 하는가에 달려 있다"고 한 대목이 그것이다. 한 마디로 사람 사는 데는 도덕만 갖고서는 안 된다는 것이다. 어떻게 보면 사람의 가치를 돈의 많고 적음에 두는 것 같아 저급한 금권만능주의를 떠올릴지도 모르겠지만, 꼭 그렇게만 생각할 일도 아닌 것 같다. 따지고 보면 사람 사는 일 자체가 경제적 활동의 일부 아닌가? 그런즉 사찰 운영에 실질적 도움을 주는 사람을 필요로 하는 건 당연하고도 솔직한 심정 아닐까? 이 글을 지은 사람이 돈만 가지고 사람을 평가하려는 의도로 쓴 것은 아닐 것이고, 그런 행위를 한 것에 대한 고마움의 표현일 거라고 나는 생각한다. 어쨌든 당시 이런 시주자가 필요했고, 그로 인해 중수가

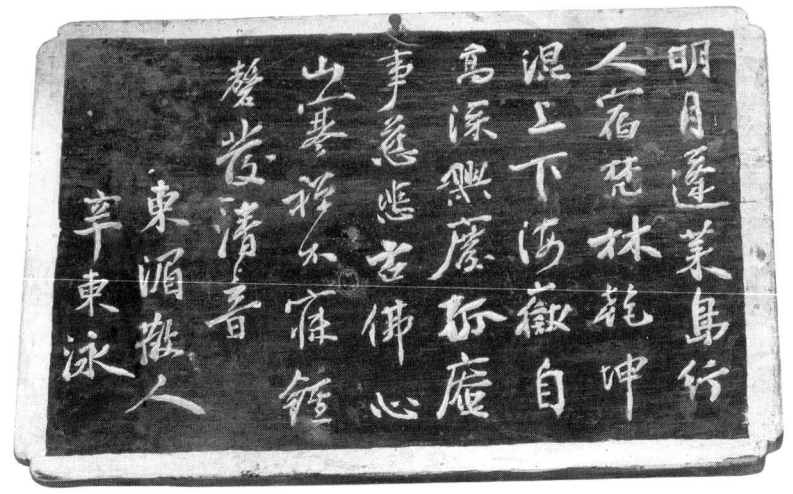

신동영이 지은 시문 현판

가능했다면 그 자체가 곧 당시 내소사 역사의 하나일 터이니 이런 공덕문 현판도 나름의 가치와 의미가 있다고 할 수 있다.

다음으로 시문 현판 두 점을 소개한다. 모두 20세기 초에 지어진 것으로 생각되는데, 먼저 동미산인東湄散人 신동영辛東泳의 시를 본다.

달 밝은 밤 봉래섬에 놀러 와	明月蓬萊島
나그네 절에서 하루를 묵네	行人宿梵林
땅과 하늘 모두 다 섞인 밤	乾坤混上下
누각은 저 홀로 높이 솟았어라	樓微自高深
흥폐 또한 암자의 일임은	興廢亦庵事
대자대비 고불의 마음이라	慈悲古佛心
산은 추워 나그네 잠 못 드는데	山寒□不寐
맑디맑은 종소리 어디선가 울려오네	鍾聲發淸音

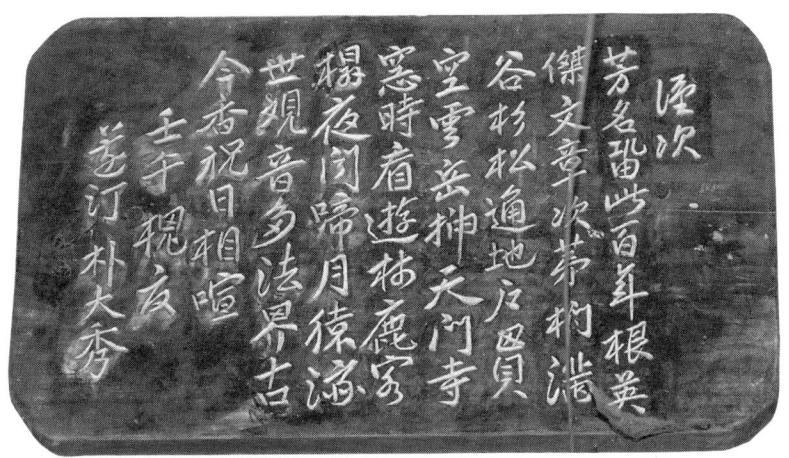

내소사 박대수가 지은 시문 현판

내소사에 있는 10여 점의 시문현판 중에서 하필 이것을 고른 이유는, 고시의 풍격을 가장 잘 이어받아―다시 말해서 시의 형식이 잘 갖추어져 있는데다가―내소사의 분위기를 제법 잘 표현하고 있다고 생각되어서다. 지은이에 대해서는 현재 아무런 정보가 없지만, 시작詩作을 꽤 해 본 사람임에 틀림없어 보인다. 예로부터 내소사가 있는 이곳을 신선이 산다는 봉래섬에 비유하곤 했는데 그런 서정이 이 시에는 잘 나와 있다. "흥폐 또한 암자의 일임은 대자대비 고불의 마음이라" 한 절창도, 비록 지나치게 기교적이며 상투적이라는 느낌이 없지 않지만 내소사를 주제로 해서는 오히려 신선한 맛을 준다. 문인이면서 절 꽤나 다녀본 사람일 거라고 확신한다. 다음은 형식도 우수하지만 그보다는 내용 면에서 가장 뛰어난 작품을 소개한다.

꽃다운 이름은 백년뿌리 안에 전하고　　芳名留此百年根
영웅호걸의 문장 바로 저 난간일세　　　英傑文章此第欄
계곡의 소나무 땅속으로 통하는 문이요　萬谷杉松通地戶

하늘에 걸친 구름과 바위 신묘한 하늘문이네
貫空雲岳神天門
절에 앉아 창을 보니 숲속에 노루 노닐고 　寺窓時看遊林鹿
한가로이 탁자에 기댄 밤 달 부르는 원숭이의 노래 들리네
寂榻夜聞嚆月猿
관음보살은 법계 안에 많이 계시니 　□世觀音多法界
고금의 향축 해와 더불어 끊이지 않으리 　古今香祝日相喧

"옛 시의 운에 맞추어 지음"이라는 설명이 달린 이 시는 박대수朴大秀가 지었다. 앞 시와 마찬가지로 역시 그가 누구인지 지금으로서는 전혀 모르는 게 아쉽지만, 분명 시인의 자질이 뛰어났던 인물이었을 것이다. 그만큼 시의 풍격이 좋고 상상력도 남다르며, 무엇보다 시의 본질이랄 수 있는 감수성이 매우 예민한 게 눈에 띤다. 봉래루 혹은 내소사 자체를 직접적 소재로 하여 사찰의 고태와 신비로운 이미지를 잘 담아냈다고 보인다. 아마도 이 시의 시간적 배경은 밤 깊은 10시에서 12시 사이가 아니었을까 싶다.

이렇게 사찰의 시문 현판 중에는 뛰어난 감수성과 서정성이 돋보이는 작품들이 많다. 일반 시에 비해 더 낫다는 비교는 할 필요도 없지만, 사찰 시문만의 독특한 풍격을 세우거나 알고 싶다면 바로 이 시문 현판들을 연구하면 된다고 말하고 싶다. 이 현판들을 묵혀두고 있는 게 너무 아쉬울 따름이다.

요즘 인터넷을 보면 개인 '블로그'가 꽤 유행하고 있다. 자신의 생각이나 일상을 담은 미니 홈페이지가 블로그인데, 철저히 개인적인 것을 추구하면서도 한편으로는 자신의 생각을 여러 사람에게 알리고 공유하고 싶어하는 현대인의 성향을 잘 반영한 형태인 것 같다. 예를 들어

여름휴가가 끝난 직후면 사람들은 블로그에 여행 삼아 다녀온 사찰 탐방 후기를 직접 찍은 사진들과 함께 올리곤 한다. 이것은 단순한 사찰탐방기에 그치는 게 아니라, 이 나라를 사랑하는 보통사람들의 국토순례기에 다름 아닐 것이다. 그런 걸 보면서 옛 사람들이나 지금의 우리들이나 정서적 공감대는 변한 게 없음을 느끼게 된다. 굳이 다른 게 있다면 옛 사람들은 사찰에서 느낀 감흥을 시로 지어 현판에 새겨 걸어놓았고, 지금의 우리들은 인터넷 블로그에 올려놓은 점 정도라고나 할까.

송광사의 아름다움을 읊은 현판들

"우리나라에서 가장 큰 사찰 세 곳은?" 하고 묻는다면 필시 TV 퀴즈프로에나 나올 법한 얼치기 상식 문제 중 하나일 터다. 불교를 조금이라도 아는 사람이라면 이런 식의 무모한 질문은 절대 안 한다. 사찰의 크기는 단순히 공간비교로써 결정할 수 있는 게 아니기 때문이다. 그러면 "우리나라에서 가장 오래된 사찰 세 곳은?"이란 질문은 어떨까? 역시 앞의 것과 오십보백보 격의 우문이다. 모든 사찰마다 창건연도가 정확히 기록되어 있지 않아서 비교 자체가 무의미해서다. 이렇게 사람들은 어떤 식으로든 우열 가리기를 좋아하는 것 같다. 사람과 사람 사이도 그렇고, 이 세상의 모든 사물들에 대해서도 등수 매기는 습관을 좀처럼 놓으려하지 않는다. 그런 대상이 되기는 유물도 마찬가지여서 우리나라에서 가장 오래된 것은? 하는 식의 질문은 어느 분야에서든 끊이지 않는다. 그 이면에서 오래된 것은 무조건 좋고 옳은 것이라는 맹목적 상고주의尙古主義의 천박함이 물씬 풍기는 것 같아 불쾌하다. 그렇지만 기왕 말이 나온 김에 퀴즈 아닌 퀴즈 하나는 내놓아보고 그만두어야겠다. "우리나라에서 가장 유명한 사찰 세 곳은?" 하는 것으로.

송광사 내경(침계루)

 사실 이런 막무가내 식의 질문은 의외로 자주 듣는 편이다. 외국인으로부터도 그렇고, 또 불교를 잘 모르는 사람들한테서도 곧잘 듣는다. 퀴즈든 아니면 누군가 물어와 대답해야 하는 질문이든, 이 질문에 대한 정답은 없다. 유명하고 안 하고는 다분히 주관적인 판단일 수 있으니까. 하지만 이럴 때 삼보사찰을 떠올리면 좋다. 불佛·법法·승僧의 삼보三寶에 각각 해당하는 사찰이 다행히 우리에게 있다. 불보사찰은 석가여래 진신사리가 봉안된 양산 통도사, 법보사찰은 팔만대장경이 있는 합천 해인사, 승보사찰은 걸출한 고승들이 유독 많이 배출되었고 지금도 승려교육의 일선을 담당하는 순천 송광사다. 이 세 사찰은 역사나 규모 면에서도 우리나라 사찰 중 가장 윗선을 오르내리고 있으니, 혹시라도 앞서 든 질문들에 대해 꼭 대답해야 할 처지라면 주저 없이 이 세 사찰을 말해주면 될 것이다.

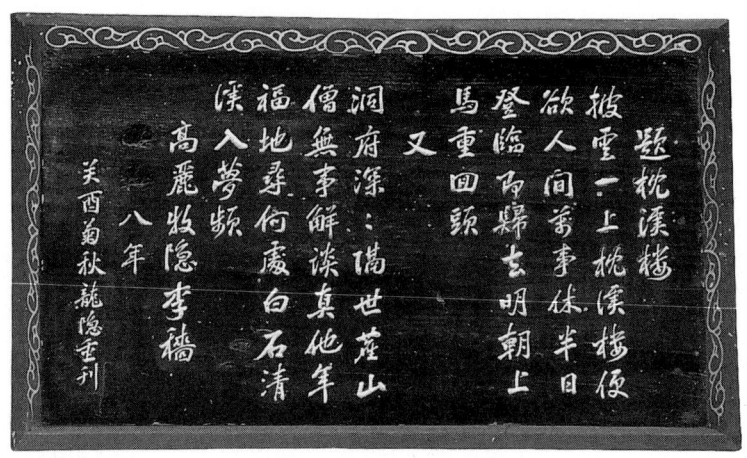

송광사 이색이 지은 시문 현판

이번에는 삼보사찰 중에서도 승보사찰 송광사의 현판에 대해 말하려 한다. 송광사 현판 중 특히 기억해 둘 만한 것으로는 이 책에서도 소개한 바 있는 「연천옹유산록」이 있다. 조선시대 후기의 문인이자 학자, 고위관료였던 홍석주洪奭周가 송광사에 유람 와서 보고 들은 바를 기록한 글인데, 문장도 훌륭한데다가 당시 송광사의 여러 면모를 살필 수 있는 내용이 많이 담겨 있어서 기록물로서도 가치가 있는 현판이다. 송광사에는 그 밖에도 여러 점의 현판이 있는데, 그 중에서 송광사의 풍광과 경관을 노래한 시문 현판 몇 점을 소개해 드린다. 먼저 고려 후기의 최고 시인이었던 목은 이색李穡이 누각인 침계루를 노래한 시다.

조각구름 하나 침계루에 올라	披雲一上枕溪樓
인간 욕심 헛됨을 말하려 하네	便欲人間萬事休
반나절 머물다 돌아가는 길	半日登臨卽歸去
내일 아침 말 위에서 돌아보겠지	明朝上馬重回頭

절은 깊어 세상 티끌 묻지 않고	洞府深深隔世塵
산승은 무심히 진실한 말씀 풀어 놓네	山僧無事解談眞
다른 날 절 찾으러 또 어디를 갈까나	他年福地尋何處
흰 돌 푸른 물에 신선되는 꿈이나 꾸리니	白石淸溪入夢頻

이색이 노래한 침계루는 지금 송광사 경내로 들어가는 입구에 있다. 바로 옆에 우화각과 천왕문이 촘촘히 붙어 있다. 경내와 바깥 사이는 계곡이 흐르고 그 위에 아치 모양의 홍교인 능파교가 놓여 있어 사람들은 아주 우아하게 여기를 통해 출입하게 된다(침계루도 그렇고, 우화각이나 능파교 같은 이름들은 얼마나 아름다운지!). 송광사에 가거든 꼭 능파교를 건너 침계루를 올라본 다음 우화각까지 가보시기를 권한다. 그런데 이 시에서, 이색은 몇 가지 중의법을 동원했는데 그 중 하나가 첫 구절에 등장하는 '조각구름'이다. 이는 곧 이색 자신으로서, 침계루에 올라보니 인간만사 다 헛됨이 느껴지더라는 것이다. 세 번째와 네 번째 구에서 말하는 것은, 지금 반나절 동안 침계루에서 노닐고 있는데 아마도 다음 날 아침 말 타고 돌아갈 때면 아쉬워 다시 한 번 쳐다보게 될 것 같다는 아쉬움을 말했다. 물론 시적 표현이기는 하지만 그래도 이를 통해 다소간 비약을 해본다면, 이색이 송광사에 와서 침계루에 묵어간 게 아닐까 추측된다. 다시 말해서 침계루는 곧 명사들이 와서 절에서 묵던 곳으로 애용되었던 것 같다. 물론 객이 머물 따뜻한 방사야 여기 말고도 많겠지만, 시와 낭만을 위해 온 문인들이 춥고 다소간 불편하더라도 경치 좋은 침계루 누각에 하룻밤 머물고 싶어했을 심정은 충분히 상상되고도 남음이 있다. 다섯 번째와 여섯 번째 구에서는 속세를 격한 송광사와, 그 속에서 한가히 또는 무심히 진실을 말하는 스님을 그렸다. 여기서의 '진실[談眞]'은 곧 부처님의

송광사 윤성구가 지은 시문 현판

법을 은유한 것임은 말할 것도 없다. 그리하여 시인은 마지막 일곱 번째와 여덟 번째 구에서 이 세상 다른 어느 복된 땅보다도 바로 이곳이 가장 아름다운 곳임을 말하고 있다. 특히 마지막 구에서 구사한, '흰 돌 푸른 물[白石淸溪]'의 선연한 색채대비는 시가 읽는 게 아니라 보는 것임을(마음으로 느끼며 그려보는 것임을) 다른 어떤 복잡한 문학이론보다도 더 확실히 천명한 절창이라고 생각한다.

다음은 우화각을 노래한 윤성구尹成求의 시문 현판을 소개한다. 그는 조선 후기 고종 임금 당시 순천부를 다스렸던 부윤인데, 재임 중에 송광사에 왔다가 우화각에 올라가 흥취를 못 이기고 한 수 지었다.

부처님은 불사의 마음을 아셨던 게지	是佛應知不死心
높다란 삼일루에 올라 우화등선 하셨을까	三日高樓疑羽化
불어오는 바람에 나뭇가지들은 떨어지고	御風灑落披靑襟
임궁패수 같은 이곳에 오후나절이 더디 가네	琳宮貝樹午陰遲
앉아 얘기했던 건 남종의 설법 때라	坐說南宗雨法時
마음의 경계 가득 비어 삼일천에 잠겼구나	心境涵虛三日泉
춘광은 스러지지 않고 두 대바구니 가득한데	春光不老兩筇枝

토해낸 물고기로 그 자취를 설하셨구나   吐魚應器留陳跡

이색의 시가 절제미가 뛰어나고 시어가 간결하여 선명한 비유를 보이는 것에 비해서 이 시는 다변적이고 설명조라는 느낌이 짙다. 아마도 대시인과 평범한 시인의 차이가 바로 이것이기도 하겠지만, 그렇다고 해서 윤성구의 시가 형편없다는 뜻은 결코 아니다. 시라는 제한된 형식 속에서 불교와 송광사의 인상적인 부분을 가득 담아내려고 한 흔적이 여실하여 성실한 맛이 잘 나타나 있다. 다만 지나치게 시어가 많이 나열되어 있어서 시의 특성인 간결한 이미지가 퇴색된 게 아닌가 싶기는 하다. 마지막 구절의 '토해낸 물고기[吐魚]'란 송광사가 자랑하는 보조국사 지눌 스님이 사람들에게 도력을 보여주기 위해 물고기를 먹고는 곧바로 토해냈는데 여전히 펄펄 살아 있더라는 일화를 말한 것이다. 이 시는 전체적으로 송광사의 아름다운 풍광을 자세하게 표현하는 데 공을 들였다. 송광사 앞에 시내가 흐르고 있어서 침계루와 능파교가 그 위를 걸치고 있다고 앞에서 말했는데, 뿐만 아니라 경내 오른쪽을 감싸고 흐르는 계곡 주변에는 수석정水石亭이 있고 인소印沼라는 못도 있어서 그쪽 경치도 꽤 훌륭했던 것 같다. 70~80년 전에 찍은 사진에 이 인소에 배를 띄우고서 뱃놀이 하는 장면이 있는데 우리나라 사찰 중에 이런 풍류를 즐길 수 있는 곳이 과연 얼마나 더 있을까 싶다.

끝으로, 현판이라기보다는 편액이라고 해야 하겠는데, '松廣寺'라고 쓴 글씨를 소개해 드린다. '송광사' 글씨가 한가운데 큼직하게 쓰여졌고, 그 좌우에 내나무와 난조가 그려진 특이한 모습이다. 글씨는 해강 김규진(1868~1933)이 썼고, 그림은 죽농 서동균(1902~1978)의 솜씨다.

「송광사」 편액 글씨

이 두 사람은 사제간으로, 스승의 글씨에 제자의 그림이 어울린 독특한 편액이다. 여기 말고도 전등사나 은해사 등에 사제가 함께 만든 이런 형태의 작품 편액이 더러 전하고 있으니 눈여겨봐 두었다가 다른 절에 갔을 때 확인해 보시기 바란다.

현판 내용을 구분해보면 사찰의 역사와 인물의 행적을 기록한 기문 및 시문으로 나누어볼 수 있는데, 어느 쪽이 더 어려운가 말하라고 한다면, 당연히 시문이 훨씬 어렵다. 기문도 물론 쉬운 건 아니지만, 일단 읽히는 대로 쓰면 크게 잘못될 일은 없다. 문장에는 상징과 비유라는 게 있어서 의미가 함축된 곳이 있기 마련이라 이런 부분을 의역하지 않고서는 전체 문맥을 제대로 전달하지 못할 수도 있지만, 그래도 전체적인 의미를 파악하고 소개하는 데는 크게 문제가 되지 않는다. 하지만 시라는 것은 전체가 비유의 퍼레이드다. 은유와 상징, 함축과 중의와 과장 등등 온갖 수사가 다 등장하는 게 바로 시다. 그런데 이런 종류의 수사법이 한글시보다는 한시에 더 자주 나타나는 것 같다. 이런 부분을 제대로 이해하지 못하거나 놓치면 원작자의 의도와는 전혀 다른 내용으로 번역할 가능성이 참 많다. 장담하건대, 우리나라 사찰 관련 한시 중 상당수가 본래 원작자가 의도하고 그리고자 했던 서정성과는 아주 동떨어진 내용으로 번역된 게 참 많다고 말씀 드릴 수 있다. 나는 이런 종류의 한시 번역을 아주 못마땅하게 생각하고, 내가 번역할 때는 그러지 말아야겠다고 생각하곤 했다. 그래서 몇 줄 되지 않는 글을 책상 위에 놓고서 그 안에 원작자가 교묘하게 감추어놓은 의도와 반전의 장치를 알아내느라 얼마나 많은 시간을 보내야 했는지 모른다. 그러니 내용은 짧아도 한시 현판을 소개해 드리는 게 더 힘들고 조심스러울 수밖에 없었다. 하지만 시문 현판은 사찰의 아취와 주변의 풍광을 감상하는 데는 아주 유용한 형식이므로 빼놓을 순 없기에 이 책의 끝부분에 여러 차례 소개했던 것이다. 독자들께서는 사찰에 갈 때 이런 시문 현판을 잘 살펴보기 바란다. 물론 한문으로 되어 있어 당장 이해하기에는 조금 힘들 수도 있지만, 사진을 찍거나 적어놓고 나중에 찬찬히 살펴보며 그 의미를 되새기며 음미하는 재미도 꽤 쏠쏠할 것 같아서다.

II. 금강산 사찰들의 현판

금강 도산사기

내금강 백화암

북한에 있는 사찰들이 점점 가까워지고 있다. 1998년에 시작된 금강산 관광이 어언 10년이 넘어갔다. 비록 외금강만으로 제한된 탐방이었지만 말로만 듣던 금강산의 절경을 일부나마 직접 찾아가 볼 수 있다는 건 정말 대단한 일이었다. 게다가 2007년 6월부터는 내금강 순례 길도 열렸다. 외금강이 주로 금강산의 기암절벽 등 경치 감상이 위주였다면, 내금강 탐방에는 장안사·표훈사·신계사 등 명찰들을 순력하는 길이 포함되어 성지순례의 정갈한 마음도 함께 느껴볼 수 있게 되었다. 금강산뿐만 아니라, 앞으로 개성 일대의 관광 길도 열릴 가능성이 높다고 한다. 이렇게 되면 그동안 베일에 가려져 있던 북한지역의 사찰이 상당 부분 그 모습을 보여줄 수 있을 것 같다. 비록 근래 남북한 관계가 굳어지면서 그 여파로 남한 상사商社의 북한 내 주재원이 전원 강제 퇴거되기도 하고, 금강산 관광도 전면 중단되기는 했지만, 곧 전과 같이 남북한의 민간 및 문화교류가 다시금 이어지기를 기대해 본다.

 나는 가장 궁금한 게 북한지역 사찰에 얼마만큼의 현판이 남아 있을까 하는 것이다. 지금까지 산발적으로 조금씩

백화암 부도(『조선고적도보』)

북한 사찰이 소개되기는 했지만 현판이 어떻다는 언급은 하나도 없었다. 이런저런 소식을 종합해 보면 건물을 비롯해서 불상, 불화 등의 문화재는 의외로 그다지 큰 피해가 없는 것 같다. 옛날부터 전해오는 현판들도 온전히 남아 있을지 모른다는 기대가 크다.

앞으로 좀더 북한 사찰에 대해 관심을 기울일 필요가 있다. 비단 학술적 의미로서만이 아니라, 성지순례 떠나듯 손쉽게 찾아갈 수 있는 현실적 접근성으로서도 그렇다는 의미다. 언젠가 통일이 되거나 그에 준하는 완전 자유왕래가 이루어지면 사찰 순례를 맘껏 할 수 있겠지만, 그렇게 되더라도 아무런 사전지식 없이 간다면 제대로 못 볼 수밖에 없기 때문이다. 그런 뜻에서 북한지역의 대표적 대찰과 금강산 일대의 명찰에 관련된 현판을 집중 조명해 보려고 한다. 비록 현판 실물을 지금 당장 확인할 수는 없지만, 1900년대에 실시한 조사 때 발견된 현판과, 고기록 중에서 현판의 내용임이 분명한 것을 가려서 소개해 보겠다.

그 첫 번째로, 도산사의 중창을 기록한 「도산사기」를 골라보았다. 도산사都山寺는 지금은 비교적 낯선 이름이 되었지만, 조선시대만 하더라도 금강산의 명찰 중 하나로 꼽혀 금강산 여행길에 나서면 장연사와 더불어 으레 들르곤 하던 고찰이었다. 삼불암에서 표훈사로 올라가는 길목에 있다. 최근 금강산 여행길 코스로 지정되어 이 절을 들러본 사람도 꽤 많을 것 같다.

도산사는 고려 후기에 창건된 뒤 조선 후기 무렵에 백화암으로 이름이 바뀌었다. 1914년에 불이 나 대부분의 건물이 없어졌고, 금강산에 있었던 지공, 나옹, 무학, 서산, 사명 등 다섯 고승의 영정을 모신 수충영각酬忠影閣도 6·25전쟁 때 폭격으로 사라졌다. 지금은 도산사지로 알려진 곳에 위 다섯 고승을 비롯하여 여러 스님들의 부도가 모아져 있어서 '백화암 부도떼'라는 이름으로 알려져 있다. 이 자리는 앞이 확 트여 있어 만천계곡의 계곡미가 뛰어난데다가, 뒤쪽으로 중향성, 수미봉 등의 기묘한 바위가 둘러싸고 있어 절경을 이루고 있다.

이 현판문은 고려 말의 문장가 이곡李穀(1298~1351)이 지었다. 일찍이 원나라로 유학 가서 과거에 합격하며 중국에 이름을 날렸고, 고려를 정벌하지 말 것을 건의하였다. 고려에 귀국한 뒤 관직생활은 순탄하였으나 정치적으로는 그다지 큰 빛을 보지 못했고, 그 대신에 문학으로 널리 알려졌다. 대문장가로 유명한 이색은 그의 아들이다. 이 글은 조림의 도움으로 도산사를 중창하는 과정을 적었다. 글 앞 대목은 금강산의 아름다움이 문장가의 솜씨로 잘 묘사되어 있어 혹 근래 이곳을 갔다왔거나 갈 예정인 사람들은 한 번 읽어볼 만하다.

　　해동의 산수는 천하에 이름났는데 금강산의 기이한 절경은 또 해동의 산수에서도 으뜸이 된다. 또 불경에 담무갈보살曇無竭菩薩이 거주했다는 설이 있어 세상에서는 드디어 인간 정토淨土라고 한다. 향과 폐백을 가져오는 천자의 사신이 길에 연이었고 사방의 남녀들이 천리 길을 멀다 하지 않고 소와 말에게 싣고 등에 지고 머리에 이고 와서 부처님과 스님에게 공양하는 자들의 발길이 서로 이어졌다.
　　산의 서북쪽에 고개가 있는데 길게 가로지른 듯하고 높고 험하여 하늘에 오르는 것 같으므로 사람들이 이곳에 이르면 지나가기 어려워 반드시 서성거리며 쉬곤 하였다. 이곳은 너무 외졌으므로 사는 백성도 매우 적어서 혹 비바람이라도 만나면 노숙하기 곤란하였는데, 지원 기묘년에 쌍성총관雙城摠官 조후趙侯가 계청戒淸 스님과 의논하고 그 요충지인 임도현臨道縣에 몇 뙈기의 땅을 사서 불사를 창건하여 임금의 장수를 축수하는 도량으로 만들었다. 봄가을로 좁쌀을 배로 실어다가 드나드는 자들을 먹이고 그 나머지는 산중의 여러 절에 나누어주어 겨울과 여름의 먹을 것으로 하도록 해마다 주기로 정하였다. 그러므로 이름 붙이기를 도산都山이라 하였다.
　　조후가 이 절을 경영할 적에 그 경내의 승려들에게 명령하였다.
　　"승려들은 내가 다 안다. 위로는 네 가지 은혜를 갚고 아래로는 삼도三塗를 제도해야 한다고 말하지 않았느냐. 배고프면 먹고 목마르면 마시면서 배우는 것도 끊어버리고 하는 일이 없이 사는 자는 상등 대접을 받고, 부지런히 강경講經하고 설법하며 힘써 교화하고 권유하는 자는 다음이 되고, 머리 깎고 집에 살면서 부역과 세금을 피하고 재산을 모으는 자는 하등이 되는 것이다. 승려로서 하등이 되는 것은 불교의 죄인이 될 뿐만 아니라 국가의 놀고먹는 백성이니 너희들이 이미 관가에 부역하지도 않고 나도 돕지 않는 자는 처벌하리라."

이에 여러 스님들이 부끄러워하기도 하고 기뻐하기도 하며 다투어 재주 있는 대로 가지고 와서 도끼질하는 자는 도끼질하고 톱질하는 자는 톱질하고 다듬고 깎고 바르고 미니, 조후는 집의 곡식을 날라 그들을 먹이고 집의 기와를 걷어다가 이어서 백성의 힘을 빌지 않고 며칠도 되지 않아 완성하였다. 공사가 끝나자, 사람을 보내와서 그 일을 기술하기를 청했다. 내가 비록 조후를 알지는 못하나 어질다는 명성은 들은 지 오래되었다. 모든 일을 하는 데에는 마땅히 물건에 이롭고 사람에게 편하게 할 따름이지 자기를 위하여 복을 구하는 자는 끝이다. 임도臨道는 한 산山의 요충지다. 그러므로 이 절을 지어서 드나드는 자를 편리하게 하였다. 쌍성도 역시 한 지방의 요충지니, 이런 생각을 미루어서 정치를 행한다면 그 백성에게 편리한 것이 반드시 많으리라.

근래에 동남쪽 변방 백성들이 그의 경내로 흘러 들어오는 경우가 있었는데, 조후는 그 까닭을 힐책하고 거절하면서 말하였다.

"너희들은 항산恒産이 없어서 항심恒心이 없는 것이다. 그러므로 떠돌아다닌다. 사람으로서 항심이 없으면 어디를 간들 용납되겠는가."

내가 이래서 더욱 조후의 사람됨을 알았으니, 어찌 기문을 짓지 않겠는가. 조후의 이름은 조림趙琳으로, 일찍이 본국으로 들어와 벼슬하였고 선왕을 따라서 연경에 있은 지가 5년이다. 공功으로써 세 번 옮겨 대호군大護軍이 되어 검교첨의평리檢校僉議評理에 승진하였고, 이제 가업을 계승하여 쌍성등처군민총관雙城等處軍民摠管이 되었다. 성품이 유교와 불교를 좋아하고 놀고 사냥하는 것을 좋아하지 않으며, 시서詩書에 통달하고 예의를 숭상하였다. 사람들이 이로써 장하게 여겼다.

위 글에서는 크게 두 가지 내용이 눈에 띈다. 먼저 도산사의 지리적 배경과 절 이름의 유래, 그리고 이 절이 지방장관인 조림趙琳(?~1408)의

백화암에 있었던 경암대사비(『조선고적도보』)

독려로써 중창되는 과정 등이다. 특히 조림이 수동적인 승려들을 꾸짖고 재촉해서 불사를 일으킴으로써 좋은 절을 이루었다는 내용은 당시 흐트러진 불교계의 기강을 엿볼 수 있는 대목이다. 현판을 비롯한 사찰 관련 기문은 그 자체로서 하나의 중요한 사료임을 여기에서도 알 수 있다.

金剛都山寺記

海東山水名於天下 而金剛山之奇絶 又爲之冠 且以佛書有曇無竭菩薩所住之說 世遂謂人間淨土 天子之使 降香幣絡繹于道 而四方士女 不遠千里 牛載馬馱 背負首戴 供養佛僧者踵相躡也 山之西北有嶺 橫截峻險若登天然 人之至此 必盤桓休息 地旣僻 居民絶少 或値風雨 病于露宿 至元己卯 雙城總管趙侯謀于山僧戒淸 卽其要衝臨道縣 買地數頃刱佛寺 爲祝聖道場 春秋舟粟以飯出入者 散其餘山中諸蘭若 資冬夏食 歲以爲率 故揭名都山 侯之經營是寺也 令其境內僧徒曰 爲浮圖者吾知之矣 其不曰上報四恩 下濟三塗乎 若飢飡渴飮 絶學無爲者上也 勤勤講說 孜孜化誘者次也 髠而家居 逃賦而營産 斯爲下矣 僧而爲下 不惟佛氏之罪人 亦國家之游民也 爾旣不役於官 而又不吾助者罰 於是衆髠且懃且喜 爭執藝事以來 斧者斧之 鋸者鋸之 撲斲之塗墍之 侯輸家粟以食之 撤屋瓦以蓋之 不借民力 不日成之 工旣畢 使來請記其事 余雖不識趙侯 聞其賢久矣 凡爲事 當利於物而便於人 爲己而求福者末也 夫臨道一山之要害 故營是寺 以便其出入者雙城 亦一方之要害也 推是心以行其政 其便於人民者必多矣 近有東南邊民流入彼境 侯則詰責所由 拒而不納曰 爾無恒産 因無恒心 故流徙耳 人無恒心 焉往而能容哉 余於是益知趙侯之爲人也 敢不爲之記 侯名琳 嘗入仕本國 從先王在都下五年 以功三轉大護軍 陞檢校僉議評理 今承家業 爲雙城等處軍民摠管 性好儒釋 不喜游畋 通詩書尙禮義 人以此多之

내금강 표훈사

금강산의 명찰 중 남북한 분단 이후 처음으로 우리의 발길을 허용한 곳 중 하나가 표훈사였다. 대각국사 의천 스님의 자취가 가득한 개성 영통사에 이어 드디어 내금강의 가장 유명한 사찰 중 하나인 표훈사도 빗장을 푼 것이다. 2007년 7~8월에 세 차례에 걸친 시범순례를 끝냈고, 이미 그 전 7월 21~23일에는 조계종 총무원 관계자에 의한 순례길 점검 차원의 사전답사도 마친 다음 9월부터 매주 한 차례 150명씩 내금강 성지 순례길을 떠날 수 있게 되었다. 표훈사는 외금강 숙소인 온정각에서 버스로 두 시간 거리니 그다지 먼 길도 아니다.

    표훈사는 서기 598년 신림사神琳寺라는 이름으로 창건되었고, 670년(문무왕 10) 표훈 스님이 중창했다. 창건 이래 우리의 대표적 명찰로 이름 높았으나 6·25전쟁 때 대부분 불타 없어졌다. 몇 년 전에 청학 주지가 남한 측 신문사와 했던 인터뷰 기사가 인터넷에 소개되고 사진이 실리기도 했나. 회사원처럼 머리카락을 옆으로 빗어넘긴 채 가사상삼을 걸친 모습이 어딘지 어색하고 낯설기는 하지만, 아무쪼록 표훈사를 잘 관리해 주었으면 하는 바람이다.

표훈사 전경(『조선고적도보』)

표훈사에는 현재 북측이 복원한 반야보전을 비롯해서 영산전·능파루·명부전·칠성각·어실각·판도방 등이 남아 있다고 한다. 험한 전란을 거친 모습치고는 꽤 괜찮은 편이다. 표훈사 앞을 흐르는 개울 바로 건너편에 백화암 터가 있고, 여기에 북한 보물급문화재 제42호 서산대사비 등 10개의 부도비가 있다고 한다. 또 여기서 500미터 거리에 아미타·석가·미륵불을 바위에 새긴 것으로 유명한 삼불암이 있다.

일제강점기에 전국의 사찰을 조사할 때 표훈사 반야보전에 걸려 있던 현판이 조사된 적이 있었다. 그 현판이 바로 지금 살펴볼 반야보전 중건에 관한 현판이다. 1890년(고종 27)에 반야보전 중건을 기념하기 위해 동선 정의東船淨義 스님이 지었다. 표훈사 관련 기록이 그다지 풍부하지 못하지만 그나마 이 현판을 통해 여러 가지 잘 알려지지 않았던 사실들을 알 수 있음은 다행이다. 1889년에 시작해서 이듬해

마친 반야보전 중건에 얽힌 이야기가 주제인데, 그 일에 간여했던 표훈사 스님들과 시주자, 그리고 왕실의 지원 등이 비교적 소상히 나와 있다.

우선 반야보전을 중건하게 된 경과를 보면, 그 당시 절은 꽤 쇠락해 있었던 것 같다. 그래서 많은 사람들이 중건의 필요성을 느끼고 있었으나 먼저 선뜻 나서는 사람이 없었다. 화계사華溪寺의 화산華山 스님이 이러한 소식을 듣고는 몸소 중건불사를 맡고자 표훈사로 찾아왔다. 본문에는 '한강 이북의 화계사'라고 했으니, 지금 서울 강북구 수유동의 국제선원으로 유명한 그 화계사일 것이다. 물론 화산 스님 혼자서 결정해서 내려온 것은 아닐 테고 표훈사의 노스님 등과 미리 의논을 해서 초빙되었다. 하지만 당시로서는 법당 건물 한 동 짓는다는 것이 비용이나 노동력 동원 면에서 결코 쉬운 일은 아니었다. 미리 마음을 단단히 먹고 일을 시작할 필요가 있었을 것이다. 이에 표훈사의 노장 보암寶菴 스님이 대중 전체를 한데 모아놓고 이렇게 말했다.

"예로부터 일하지 않으면 몸과 마음이 편할 수 없다고 했다. 지금 우리가 나서지 않으면 훗날 사람들 중 누가 우리더러 공을 이루었다고 하겠는가? 나 보암과 화산 우리 두 사람은 뜻을 함께했다. 대중들은 과연 이 불사에 찬성하는지 안 하는지 말하도록 하라."

기왕 할 불사면 만사를 젖혀놓고 한 사람의 예외도 없이 일심동체로 일에 매진하든가, 아니면 애초에 시작도 하지 말자는 선언이다. 보암 노상스님의 선에 없이 결의에 잔 어조가 굳이 없었더라도, 사실 사중 누구 한 사람 이 불사에 반대할 이는 없었을 것 같다. 다만 보암 스님은 멀리 한양에서부터 불사를 주관할 화산 스님까지 모셔온 마당이니

표훈사 반야보전

모두들 모여 한 번 결의를 다져보자는 의미였을 것이다.

물론 반대하는 사람은 없었다. 당연히 불사는 계획대로 착착 진행되었고 일도 순조로웠다. 여기에 희소식도 날아들었다. 불사에 드는 비용은 대부분 시주금으로 충당해야 하는데, 일반 신도들의 호응이 컸을 뿐만 아니라 왕실에서도 큰 관심을 보인 것이다. 현판에는 "한양에서 이 씨 마마가 금강산 구경을 왔을 때 화산 스님이 읍소하여 도움을 청했다"고 나와 있다. 그 '이씨 마마'가 궁중에 돌아가자마자 자성전하慈聖殿下, 곧 임금에게 아뢰어 5만 금을 표훈사에 하사하도록 하였다. 임금의 가족을 마마라고 부르니 그는 아마도 고종의 딸일지도 모르겠다. 이렇게 되니 표훈사가 자리한 회양의 부사인 김두환金斗煥도 사비로 500금을 시주하였고, 또 지금의 경기도 용인시 양지면과 안성시 고삼면 일대인 양지陽智 고을의 현감 송병준宋秉畯도 3,000금이 넘는 시줏돈을

냈다. 절에서는 이 돈으로 전각의 단청과 명월방의 도배장판까지 다 했으니 망외의 호응에 뿌듯했을 게다. 송병준(1828~1925)은 구한말의 무관 출신으로 파란만장한 삶을 산 인물이다. 한때 오위도총부 도사, 사헌부 감찰 등의 요직을 맡았고, 밀명을 받아 개화파의 거두였지만 혁명에 실패하여 망명중이던 김옥균을 암살하러 일본까지 갔다가 오히려 그의 인품에 감동하여 동지가 되었다. 이 일로 귀국해서 투옥되었으나 당시 한창 세도를 떨치던 민영환의 주선으로 풀려난 뒤 흥해 군수와 양지 현감을 지냈다. 그 뒤 일본에 편승하여 친일어용단체인 일진회를 조직하고 이완용 등과 함께 고종의 양위에 이어 한일합방까지 주도적으로 처리했다. 이렇게 그는 일제의 앞잡이요 하수인 노릇을 했지만 표훈사에는 좋은 일을 했으니 역사는 한 가지로 모나지만은 않은 것 같다. 물론 그의 시주가 순수한 마음에서라기보다 임금이 직접 나서서 시주하는 상황이니 잘 보이기 위한 처신에 불과했을지도 모른다. 하지만 그가 돈독한 불자였을 수도 있고, 또 그의 고향이 표훈사와 그다지 멀지 않은 함경남도 장진이므로 고향 부근의 명찰에 시주하고픈 마음도 없지 않았을 듯하다.

어쨌든 표훈사의 입장에서는 순풍에 돛단 듯 중건 불사가 잘 풀려나갔다. 하지만 호사다마라는 말이 있듯이 얼마 안 있어 우환이 닥쳐왔다. 이 중건불사를 이끌던 화산 스님이 불사 도중에 그만 병으로 몸져 누워버리고 만 것이다. 병명은 나와 있지 않지만, 아마도 노구를 무릅쓰고 불사를 진두지휘하느라 무리했던 게 원인이 아닌가 싶다. 어쩔 수 없이 화산 스님 대신에 숭장崇長 스님이 나서서 일을 지휘하여 결국 훌륭하게 마무리하기는 했지만, 화산 스님은 끝내 완성을 다 보지 못하고 입적하고 말았다. 대중들은 크게 상심했다. 당시의 상황을 현판에서는 이렇게 묘사하고 있다.

"대사께서 돌아가셨다.…… 숙원이었던 불사는 완성했으나 스님은 이제 다시 볼 길 없는 그 길을 떠나가시고 말았다. 산도 슬퍼하고 물도 목 놓아 울었으니 하물며 함께 지냈던 여러 대중들이야 어떠했겠는가? 다만 대사의 노력으로 전각이 우뚝 섰으니, 하늘과 땅에서 대사의 면목을 대할 뿐이다."

한편으로 화산 스님을 초빙했던 보암 노장의 헌신과 대중의 노력에 대한 상찬도 잊지 않았다.

"비록 화산 대사의 헌신으로 불사를 시작할 수 있었지만, 만일 우리 보암 스님이 없었더라면 어찌 원만히 성취할 수 있었겠는가? 또 일을 도모함에 있어서 대중의 힘이 없었다면 어떻게 이 일을 이룰 수 있었겠는가? 그리하여 마땅히 이 일을 글로 적어 알림으로써 후세의 귀감이 되도록 하였다."

표훈사에 전하던 이 반야보전 현판이 그 뒤 어떻게 되었는지 모르겠다. 현재의 반야보전은 근래 복원된 것이니 그 전에 없어졌을 가능성이 높다. 지금 표훈사를 관리하는 스님이 약 150년 전에 이 전각을 새로 짓기 위해 노심초사했던 표훈사 스님들의 노고를 알아주었으면 좋겠다.

表訓寺 般若寶殿重建記

述夫殿以般若扁額者用梵語而安之 華飜智慧所安之像 曰 法起用華言而稱之也 凡云曇無竭 此菩薩摩訶薩與菩薩各眷屬萬二千人說般若於此山 而山以金剛名焉者 金剛世界之寶 而其性至堅至利以喩般若之能斷惑結也 古人之托法

而顯名者良有以哉 歲在光緒之黃牛白虎之中 增舊制而重建之 囑余而記之 所
以圖今日之事於不昧於後之人心目也 余固知夫般若中知亡言 且涉於名言而記
之曰 山之於天下爲麗 勝奇之於山也 爲址最要 殿址於寺也 爲奉最斯 微殿重無
以爲寺利也 微玆奇無以鎭名區也 微玆山無以聞天下也 此殿之所以隨壞隨成
代不乏人者也 吁 奇之 濫觴創自羅代 計今千有餘載也 則流來之否泰 傳記之所
未詳 不可考也 而第聞 是殿之老朽 而蕭索居 徒之抱恨者久矣 爰有沙門華山大
師 超發漢北之華溪 晦跡于此 奇者 盖數載而惟於 是殿 矢心營葺夙夜憧憧 乃與
本寺主管 寶菴長老 牢約集衆而告之曰 古云 不一勞者不永寧 與其安 于今孰
若無勞於後哉 與其招尤 於人孰若成功於其哉 吾兩人同志 汝比丘如何 陳贊否
無斷所懷 唯此一衆 夙願無二聲 勢所曁從應如響 於是乎 鳩財迹涉京鄕殆忘所
勞 而遠近間緇素之所助 亦不爲不多矣 若曰 功成而事遂則了不相當矣 適有京
中檀侯李氏孃孃 遊賞入山 華山訴伸所事請求委助夫人 李氏歸啓慈聖殿下 各
護錢五萬金劃下大樹功之本 而府伯金公斗煥 許施主私儲葉文五百金 爲作助
緣之資 時陽智縣監宋公秉畯 能施自財三千餘金 俾稱不瞻 又此丹臒彩色及明
月房塗排壯版全主 其施 於是焉 計路始通能事方圓 豈意勞生之福業 復固於後
五百之後哉 遂於己丑命工越庚寅覆簀 噫 表裏之相 順非曰 不佳 而事鋸役重
從始自終 遂跨兩歲 兩和尙之辛酸 一寺中之勞苦 盖可見矣 然好事所做魔障易
生 華山大師中感病 崇長委牀褥 乘時強振 且監且獎 惟恐不及 是知中外周旋大
小指揮 皆是大師調愼中所運策也 然 勝事不常 嘉運難再 殿設也 丹臒也 佛事也
相繼責工功未周 大師竟以所患遷逝則夙願有來 斂迹還源也 山以之嚬 川以之
咽 況同居諸大衆乎況 門下諸弟子乎 自此但看湧殿巋然 於川聲岳色之中流舟
丹耀然 雲根月窟之下 大師面目於斯 時時彷彿余對也 然 凡此一新雖資始 於吾
師 而非寶菴老之乾□也 諸舍施之人 以待檀喊之別錄 玆不煩顯云爾
光緖十六年庚寅年秋 東船淨義識

보덕굴사적습유록

내금강 보덕암

　국민의 커다란 관심과 희망을 안고 시작된 금강산 관광은 초기의 해로에서 더 나아가 2004년부터 육로 관광도 개통되었고 외금강산 탐방길도 열렸다. 하지만 그동안 북한 측은 버스로 지나는 금강산 관광 길 주변에 군사시설이 많다며 내금강산만은 공개를 거부했었다. 때문에 반쪽 관광이라는 불만도 있었으나, 어쩔 도리가 없었다. 그러다가 2007년 6월부터 드디어 꿈에 그리던 내금강 전역을 볼 수 있게 되었다. 해방 뒤에 남북이 반목하다가 급기야 서로 왕래를 못하도록 임의로 국토 중앙을 가로지르는 금을 그어버린 것이 1948년이었고, 그 뒤로 금강산 구경을 갈 수 없는 아쉬움은 "금강산 찾아가자 일만이천봉……"으로 시작하는 동요로나 달래야 했다. 이제 무려 59년 만에 내외 금강산을 온전히 갈 수 있게 된 것이다.
　이번에 살펴볼 금강산 사찰 속의 현판은, 규모는 작아도 누구에게나 가장 인상적으로 기억되는 보덕암普德庵의 현판이다. 이름은 「보덕굴사적습유록普德窟事蹟拾遺錄」으로서, 뜻을 풀이해 보면 '보덕굴 사적에 관한 글을 여기저기에서 모아 엮음'쯤으로 볼 수 있다. 1855년 9월 9일에 부림 보욱扶林

보덕암

保郁 스님이 지었다. 글 끝부분에, "……이 절의 사적이 이와 같다. 이곳에 와서 보고 듣고 가는 사람들은 많으나 그 역사가 입에서 입으로 구전되기만 해서는 앞으로 언제 끊어질지 모르기에 장차 사람들이 읽을 수 있도록 글로 써서 걸어 놓으려 한다"는 말이 있어서 처음부터 현판용으로 지은 글임을 알 수 있다. 그러나 이 현판이 지금 보덕암에 제대로 전하고 있는지는 알 수 없고, 다만 글의 원문이 『유점사본말사지』에 채록되어 있을 뿐이다.

근래에 다녀온 사람들 말로는 내금강을 오르는 등산로는 그리 힘들지 않아서 산책 하듯이 주변 정취를 느긋하게 감상할 수 있다고 한다.

보덕암은 만폭팔담으로 불리는 8개의 옥빛 연못을 지나면 나온다. 먼발치서 보덕암을 보면 누구나 감탄사를 연발하지 않을 수 없게 된다. 암자 하나가 그야말로 깎아지른 듯한 높다란 바위 절벽 끝자락에 위태롭게 매달리다시피 자리하고 있기 때문이다. 그래서 내금강의 진짜 볼거리는 바로 '보덕암'이라고 한다고도 한다.

보덕암을 지나면 곧바로 높이 15m, 폭 9.4m의 한국 최대 마애불 '묘길상'과 마주하게 되니, 이 둘은 한 번에 감상할 수 있다. 또 묘길상을 뒤로하고 내려오는 길에도 서산 대사가 머물렀던 곳으로 유명한 백화암 터에 있는 부도밭을 볼 수 있고-백화암 터에 앞서 표훈사로 가는 길을 택하는 것도 훌륭한 코스다-, 좀더 지나면 고려시대 때 나옹 스님의 원불로 조각된 불상을 모셔놓은 삼불암, 그리고 그 유명한 장안사까지 살펴볼 수 있다.

보덕암의 창건연대와 창건주에 대한 이야기는 조금 복잡하다. 우선 고구려의 보덕寶德 스님이 창건했다는 게 정설이다. 보덕은 고구려의 고승인데 훗날 백제로 옮겨 전법했다. 이렇게만 보면 간단한데, 한편에서는 고려시대에 회정懷正 선사가 창건하였다는 말도 있고, 고려가 아닌 신라시대에 회정 스님이 창건했다는 설도 있다. 또 보덕 스님이 아니라 삼한시대에 신녀神女인 보덕이 창건했다고도 한다. 말하자면 서로 다른 창건주와 창건연대가 한데 섞여서 각종 창건담이 전하는 것이다. 그런데 이 현판은 이 같은 혼동에 대해 맘먹고 정리할 요량이었는지 창건주와 그 창건인연에 대해 상당한 분량을 할애하여 언급하고 있다. 현재 나와 있는 시중의 출판물에서는 보덕암 창건담이 매우 짧고 어설프게 처리되어 있어 그걸 읽다 보면 더 혼돈스러워 지는 것에 비해 아주 바람직한 서술태도라고 말하고 싶다. 그러므로 여기서

김홍도의 「묘길상」도

는 현판에 나와 있는 창건담을 그대로 옮겨 창건 과정을 확실하게 알아보도록 하겠다.

굴의 이름이 보덕인 것은 무슨 까닭인가? 이는 회정 선사의 전생의 이름이었다. 선사께서 풍악산 송라암松蘿庵에 있을 때였다. 「대비주」를 지송하면서 관음보살을 친견하기를 기원했었다. 그리하기를 3년, 하루는 백의를 입은 한 노파가 꿈에 나타나 말했다.

"몰골沒骨 노인을 찾아가 해명방解明方을 물어 보거라."

이에 회정 선사는 곳곳을 찾아다니며 그 이름을 물어보았으나 아는 사람이 아무도 없었다. 그러다가 우연히 산 속에 있는 어떤 집에 들렀다가 한 노인을 보았는데, 새끼줄을 꼬아서 만든 갓을 썼고 눈물을 쏟으며 옷을 적시고 있었다. 회정은 정중히 두 손을 모아 예를 갖추며 물었다.

"혹시 몰골 노인을 아십니까?"
"내가 바로 그 몰골 노인이네."
그러더니 조[粟]로 밥을 짓고 달래나물과 거친 채소로 반찬을 만들어 회정에게 주었다. 그러나 회정은 사양하고 먹지 않았다. 다음 날 노인은 해명방이 있는 곳을 가르쳐 주었다. 회정은 종일토록 걸어가다가 날이 저물자 어느 집에 들어갔다. 한 처녀가 있었는데 나이는 열여덟이나 열아홉쯤 되었다. 처녀는 옷가지를 장대에 널어 말리면서 말했다.
"거지트之(고려 때 항간에서 승려를 부르던 이름이다)께서는 어쩐 일로 이곳까지 오셨습니까?"
"해명방이 누구입니까?"
"제 아버지가 해명방입니다."
회정은 (해명방을 만나지 못한 채) 얼마 있지 않고 돌아왔다. 그러나 만약 해명방을 만나보라는 말을 안 따른다면 온전히 공부한 것도 아니려니와 무릇 순리를 거역하는 일임은 의심할 바가 아닐 것이다. 이때 홀연히 키가 9척이나 되는 스님이 장작더미를 지고 나타나서는 지팡이로 닥치는 대로 사람들을 쫓아낸다는 말을 들었다. 회정은 그 처녀의 말을 떠올리며 다시 그 집을 찾아갔더니 마침 해명방이 있었다. 그는 회정을 보더니 이렇게 말했다.
"이 친구, 담력 하나 쓸 만하군!"
그러더니 방으로 들어가 7일 동안이나 계속 잠만 자다가 일어나서는 다시 회정을 불러 말하였다.
"너는 나의 사위가 될 수 있겠는가?"
회정은 승려로서 할 수 있는 일이 아니어서 고사하였으나 해명방은 눈을 부릅뜨고 크게 화를 내며 소리를 질렀다. 회정은 어쩔수없이 해명방의 말을 따랐다. 해명방은 기뻐서 49일 동안 그를 위해서 법요를 베풀어 주겠다고 했다. 회정은 어려워 모두 이해하지 못했으나 그럴 때마다 처녀가 쉽게 설명해 주곤 하였다.

회정은 법요가 끝나고 그녀와 함께 잠자리를 가졌는데, 그녀에게는 여근이 없었다. 이에 서로 농을 주고받으며 크게 웃었다. 혼례 뒤 28일째에 회정은 문득 부모를 뵙고 싶어졌다. 해명방이 애써 만류하는 것을 무릅쓰고 회정은 집으로 돌아갔다. 해명방이 탄식하며 혼자서 중얼거렸다.

"괘씸한 문수 같으니! 내가 사는 곳을 기어이 알려주더니만."

회정이 돌아가는 길에 몰골 노인의 집에 들렀더니, 이렇게 말했다.

"그대가 보현과 관음을 버렸으니 이제 어느 곳에서 두 성인이 서로 가까이서 나누는 이야기를 들을 텐가?"

그제야 회정은 처녀가 관음보살이고, 자신에게 법요를 베풀어준 해명방이 보현보살임을 깨달았다. 망연자실하여, 되돌아갔으나 아무도 없고 함께 살던 집도 사라진 채 아무 흔적도 남아 있지 않았다. 바위와 밭두둑에 핀 꽃들이 산에 붉은 빛을 비추고 물소리만 적막히 흐를 뿐이었다. 회정은 비로소 성인이 되는 것이 힘든 일임을 깨닫고, 종신토록 성인을 따라 수도하지 못함을 한탄하며 송라암으로 돌아왔다. 전처럼 참선수행을 하고 있던 어느 날, 백의 노파가 다시 꿈에 나타나 말하였다.

"너의 전신은 보덕 비구였느니라. 만폭동으로 올라가서 수행을 하라. 옛 절터가 아직 남아 있을 터니, 어찌 안 가볼 손인가."

회정은 곧바로 금강산 만폭동으로 들어갔다. 그때 홀연히 해명방의 집에서 자신과 결혼했던 처녀가 냇가에서 두건을 씻고 있는 모습이 보였다(이곳이 바로 지금 세두분洗頭盆이라고 부르는 곳이다). 회정이 기뻐서 뛰어가 말을 건네려 하니 돌아다보지도 않고 날아가 버렸다. 회정이 온힘을 다해 쫓아갔으나 미칠 수가 없었다. 처녀는 굴로 들어가 사라졌는데, 따라가 보니 굴 안에 경전과 향로가 마치 지금 막 갖추어 놓은 듯 준비되어 있었다. 그 뒤로 회징 신사는 그 옆에 띠집을 짓고 살며 유유히 대비관행大悲觀行하며 남은 생을 보냈다. 그의 입에서는 빛이 나왔고 영험한 이적이 아주 많았다. 널리 법문을 베풀고, 건물을 지어 관음도량으로 삼았다.

이 창건담은 사실 중간 중간에 문맥이 끊기며 건너뛰는 데가 있고, 자세한 설명도 부족하여 애매한 부분이 많아서 상황을 좀더 쉽게 이해할 수 있도록 원의를 거스리지 않는 범위에서 약간 윤문을 해본 것이다.

위에서 읽은 것 중에서 승려를 고려시대에는 '거지'라고 불렀다는 대목은 지금까지 잘 알려지지 않은 새로운 자료로 보인다. 또 하나, 처녀가 두건을 씻었다는 시냇가를 '세두분'이라고 했다는 것도 흥미로운 대목이다. 앞으로 보덕암을 찾을 때 근처 시냇가에 이런 이름이 붙은 곳이 있는지 한 번 찾아본다면 보덕암을 찾는 재미가 한층 더하지 않을까 싶다.

이 현판은 이어서 보덕굴의 연혁을 설명하고, 그 다음에는 보덕암 중창에 관한 기록이 나온다. 다만 고려나 조선 중기까지의 사적은 전하지 않았는지 그 사이의 일은 훌쩍 건너뛰고, 가정 19년(1540) 왕실의 힘을 얻어 재건하였고, 강희 14년(1676)에도 왕실에서 나서서 3창을 했다고 한다. 그리고 옹정 4년(1726)에는 신도들의 힘으로 4창을, 가경 13년(1808) 5월에 율봉 스님의 노력으로 5창을 이루었다는 얘기 등도 보인다. 그 밖에 회정 선사가 각각 만났다는 관음·문수·보현 보살에 대한 찬탄이 이어지고 있어서 앞에서 인용한 것 외에는 내용을 생략하겠다.

현판을 지은 부림 보욱은 자신을 소개하기를, 1808년에 보덕굴을 중건한 율봉栗峰의 증손 제자라고 하고 있다. 그런데 이 현판에 대해, 일제강점기에 건봉사의 주지를 지냈고 또 보덕암에도 머물렀던 회명

묘길상 마애불상 앞 석등

일승晦明日昇 스님은 「보덕굴연혁」에서 이렇게 말했다.

"오늘에 이르러 절에 걸린 글을 보니 오로지 회정 선사의 행적의 전말에 대해 주로 언급하고 있다. 보덕 성사의 역사적 자취와 자세한 연대에 대해 나와 있기는 해도 내가 본디 문장에 어두운 때문인지 옳고 그름을 잘 모르겠다. 그런 까닭에 전해 내려오는 말을 듣고서 나 나름대로 다시 적어보았다. 뒤에 나타날 눈 밝은 이들의 질정을 기대할 따름이다."

말하자면 일승 스님이 생각하기에 이 현판에 나오는 보덕 스님의 행적은 확실한지 아닌지 알 수 없고, 또 보덕사의 역사에 대해서는 너무 간단하게만 언급되어 있으니 자신이 「보덕굴연혁」을 지어 보충하겠다는 것이다.

또 현판을 지은 보욱 스님은 스승이 중건한 보덕암을 찾고는 커다란 감회에 젖어 이렇게 말했다.

"선사께서 이룬 공을 직접 손으로 만져보니 더욱 더 우러르는 마음이 나온다. 하지만 이러한 공적도 이곳을 유람한 사람들이 읊은 시의 제목에나 나오고 고로들의 입으로만 전해질 뿐이라면, 언젠가는 그 사실이 끊겨버리지 않겠는가? 이는 장차 찾아올 후손들에게도 매우 미안한 일이다. 이에 현판에 글을 써서 그 전말을 적어놓으니, 비록 졸렬한 문장이기는 하나 앞으로 영원히 전하기 바랄 따름이다."

불교에서 자랑할 만한 가치 중 하나가 바로 이 같은 선사先師에 대한 추모가 아닌가 싶다. 앞서 살았던 사람이나 스승에 대한 각별한 이해와 찬미는 그 시대의 역사가 튼튼히 굴러가고 있음을 상징하기 때문이다.

현재 보덕암은 북한 국보급 유적 98호로 지정되어 있다. 20m가 넘는 절벽에 7.3m의 구리기둥과 쇠줄이 암자를 지탱하고 있는 기기묘묘한 모습은 이곳을 찾는 사람들의 찬탄을 그치지 않게 한다. 그런데 이 글 중에, "보덕굴은 참으로 절경이다. 전각에 달린 풍탁과 주변의 못에서 나는 폭포 소리는 요란하고, 처마 끝에 걸친 노을은 4층 전각에 광채를 더하니 더욱 아름답다"라고 한 말이 눈에 띈다. 전각의 현태를 4층으로 묘사한 것은 옛 그림이나 최근의 실측도면을 보면 이해가 잘 된다.

한편 지금의 모습이 언제 중건된 것인지에 대해서도 논란의 여지가 있다. 예컨대 건물을 받치고 있는 쇠기둥을 지금 학계에서는 1511년에 세운 것으로 보고 있다. 하지만 여기에 대해서 보욱 스님은, "지금 암자를 받치던 구리 기둥이 정덕 6년(1511)에 만든 것이라고 하는데 그것은 상당히 의문이다"라고 하면서 1808년에 자신의 스승인 율봉 스님이 중수했음을 암시한 것도 참고해 볼 만한 이야기가 아닌가 한다.

회정은 관음·문수·보현 보살과 가까이 있으면서도 그들을 알아보지도 못했다. 그렇기는 했어도 전생에 얼마나 큰 선업을 닦았는지 남들은 꿈도 꾸지 못할 최고의 홍복을 누린 것도 사실이다. 이 현판에 나오는 말마따나, "세 성인을 친견하고, 한 달 동안 두 분 성인과 벗했으니" 말이다. 이 글을 읽다보면, 자신이 실은 지금 이 순간 누구보다도 아름다운 사람과 함께 행복한 시간을 보내고 있는데도 그것을 못 알아보다가 한참 세월이 흐른 뒤에야 후회하는 게 인간의 숙명인지도 모르겠다는 생각이 든다.

사실 이 보덕암 창건담은 이미 알려진 이야기다. 사찰사전이라든지 혹은 근래 출판된 북한지역의 사찰을 소개한 책들에서도 보덕암을 설명할 때 빠지는 법이 없다. 하지만 책마다 내용에 약간씩 차이가 나고, 더러는 부정확하기조차 하다. 어느 것도 이 현판만큼 정황이 자세하고 스토리가 정연하지 않다. 그런 의미에서 이 현판은 보덕암 창건담의 가장 확실한 결정판이라고 손을 들어줘도 무방하지 않을까 싶다.

모든 설화와 전설에는 등장인물들의 범상치 않은 행위가 나오고 독특한 스토리가 전개되므로 자칫 여기에만 관심을 쏟기 쉽지만, 실상 중요한 것은 이런 재미로 포장된 내용 자체의 상징성이다. 사찰에 전해지는 창건담이나 전설 역시 마찬가지다. 얼핏 들으면 뭐 저럴까 싶은 내용이 여과 없이 쏟아져 나오지만, 기실 여기에 더 큰 가치가 있게 마련이다. 이 현판을 예로 든다면 승려인 회정이 스승의 딸과 결혼한다든지 9척 장신의 노인이 지팡이를 짚고 나와 사람들을 마구 쫓아낸다든지, 또는 거지 차림의 뼈만 앙상한 몰골옹이 집에서 울고 있다든지 하는 것 등이 그것이다. 회정이 결혼한 것은 파계가 아니라 지혜를 얻기 위한 방편이요, 나아가서는 무애다. 해명방으로 나오는 보현보살이 사람들을 내쫓는 것은 일상에 만연된 거짓과 부박한 행위에 대한 경고라고 할 수 있다. 그리고 문수보살의 화신인 몰골옹이 앙상한 몰골을 하고 집에서 울고 있는 것도 미망에 빠져 헤어날 줄 모르는 인간세상에 대한 비탄의 울음이다.

하지만 회정은 그들의 겉모습과 눈에 드러난 행동에만 정신을 빼앗겨 결국 세 성인의 진정한 가르침은 놓치고 말았다. 이는 인간의 얄팍한 정신과 그로 인한 수행의 한계를 은유한 것으로 보인다. 비록 이미 상당한 경지를 이루었던 회정조차 그러했으니, 그 수준에도 한참 못 미치는 우리 같은 보통 사람들은 늘 스스로를 경계하고 겸손하게 살아야 한다는 것을 말하는 것이 아닐까.

普德窟事蹟拾遺錄

窟名普德何謂也 懷正禪師前世之名也 禪師於楓嶽山松蘿庵中 持誦大悲呪 願見大悲像 持滿三年 一白衣婆夢諭曰 有沒骨翁 解明方者 應往彼問 持其名而處處尋覓 無有知者 忽於山家 見一老翁 繩網爲冠 涕垂霑衣 正揖問曰 沒骨翁或識否 曰我卽是也 粟飯蒜飼之 非常葷穢 辭之不得 翌日指其解明方所住處 滄溪窮

日到其家 有童女 年可十八九 曝衣於掛竿曰 何處巨之(高麗呼僧之俚言) 何事來到 曰解明方在否 曰吾爺也 不久歸還 然 若不聽命 難可支保 凡所逆順 勿驚勿疑 忽有一僧 身長九尺 擔柴而來 荷杖呵逐者數回 念其童女之言而還入 方曰 此漢膽大 仍自室中 不起而眠者七日 招懷正曰 汝能作吾壻否 正將擬固辭 方瞋目厲聲 正思童女之囑 仰俯從之 方七日七日爲說法要 卒聞難知 童女每爲重演 正與共宿 都無女根 弄脚相與大笑 至四七日 忽發省親之心 力辭歸鄉 方嘆曰 無賴文殊漢 指我住處 還到沒骨翁家 翁曰 捨彼普賢觀音 欲之何處 正聞二聖 互指之說 茫然不省 來而復尋 家與人蹤 闃然無痕 巖畔叢花 依然紅於山光水聲寂寞之中而已 始覺聖化難測 恨未終身給侍坐側 還入松蘿庵 依前觀行 白衣婆又夢諭曰 汝之前身卽普德比丘也 修道於萬瀑洞上 古基尙存 胡不往之 正卽入萬瀑洞 忽見解明方家童女 洗巾於溪邊(今稱洗頭盆也) 喜躍欲語 翩翩不顧而去 力趁不及 童女入窟而沒 往見窟中 經卷香爐宛如今日 自後禪師結茆其傍 遊戱大悲觀行 口角放光 靈異甚多 神聲普聞 建閣爲觀音道場 層崖蒼壁 又與平地階砌 有銅柱之撑 鐵索之構 鏟以補階 釘以塡瓦 似非人力所造 嘉靖十九年 自大內 新爲再建 康熙十四年 又大內之造爲三興 雍正四年 衆力之勞爲第四 嘉慶十三年戊辰五月 我栗峰和尙之功 爲第五 未詳初創年代 然 銅柱等物 正德六年所鑄云則 或其時耶 大矣哉 觀世音之化也 奇秀峰巒 稱其名爲號者偏多 絶勝道場 讚其德扁額者甚衆 歸佛者必塑奉 禳災者必敬念 豈惟明敎之博學 法琳之護法哉 以故 孩稚蠢蠢 擧解稱念 不知其然而然 非夫還法界爲一家 磬萬有爲一子 念念應身 聲聲救苦者 諸佛名號菩薩名號 許多之中 奚獨如是耶 偉哉偉哉 大悲呪之力也 懷正一生 參三聖之容 一朔作二聖之友 豈比馬婦之但留金體 唐帝之或見蛤像哉 所以設齋最宣誦 服緇先習學 不知其爲而爲 非夫窮十方之秘道 極三世之密法 囊括無餘者 諸佛說呪菩薩說呪 許多之中 奚獨餘是也 奇矣哉 普德窟之勝也 殿閣寶鈴和八潭水瀑聲而共流 簷端落霞 凝四層殿彩光而飄然 登之如梵宮 拜之若現像 豈異南海普光山上 西天廣月宮中 是以 頑嚚闡提 不覺合掌肅敬 不知其尊而尊 非夫七寶窟內 金剛座上 湛然眞身常住道場者 諸佛宮殿菩薩宮殿 許多之中 奚獨如是耶 可謂仰彌高鑽彌堅 德無得而稱焉 吾曹得免八難 得其得 遇其遇 優遊聖境 不逮懷正 幸且悲夫 余於栗峰爲曾孫 而暫棲古窟 摩挲先功 益勤瞻仰 然 如彼奇蹟 盡塡遊人題名中 恐絶古老之口 將貽來者之憂 欲改而書揭 則往往

熹微 無由全稽 逐以拙辭 圖其不墜云爾 咸豊四年甲寅重陽日 芙林子保郁錄

Ⅲ. 현판을 읽는 또 다른 재미와 가치

현판 부기문

현판의 부기문附記文에 대해서

나는 이 책을 통해 전국의 사찰에 보관되어 온 현판을 소개하고 거기에 담겨 있는 내용을 살펴보면서 사찰의 역사 또는 사찰에 관련된 사람들의 일화에 대해 설명했다. 나 나름대로 오래 전부터 현판 자료의 확보와 내용 고증에 정성을 기울여 왔던 것은, 지금껏 살펴본 것처럼 현판이야말로 우리의 불교사를 풍요롭게 해주는 중요한 사료라고 생각했기 때문이다. 학술적 가치로 보더라도 금석문의 하나로 꼽힐 만한 충분한 자격이 있음에도 불구하고, 아쉽게도 그동안 별다른 주목을 받지 못한 채 방치되다시피했던 것을 조금이라도 바로잡아보고 싶은 생각이었다. 그리고 그러한 내 생각을 펼쳐보이는 유일한 장場이 바로 이 책이며, 이에 대한 나의 애정은 각별했다고 감히 독자들에게 말씀드릴 수 있다.

 지금까지 소개해드린 현판은 주로 현판문의 본문 위주였다. 현판문을 내용상으로 분석해 보면 제목이 가장 먼저 나오고(당연한 말이지만), 이어서 사찰에 관련된 내용이 나온다. 이 부분을 본문이라고 부를 수 있다. 그리고 나서 현판에 나오는 불사에 관계된 사람들의 명단, 곧 시주질施主

秩이 이어진다. 시주질은 다시 몇 가지로 세분되는데, 이에 대해서는 뒤에서 자세히 설명하겠다. 어쨌든 시주질이 현판의 끝이 아니고, 시주질에 이어서 그 불사를 칭송하는 시詩라든지 축문 같은 게 나오기도 한다. 이어서 현판을 지은 사람의 이름이나 직위, 그리고 그 현판을 지은 시기를 적고 나서야 현판문은 끝을 맺는다.

그런데 나는 시주질 이하 부분을 통틀어서 부기문附記文이라고 부르려고 한다. 용어의 적합성 여부를 떠나서 일단 본문과 구분되는 말이 필요해서다. 부기문을 잘 이해하는 것은 현판을 읽어 내려가는 데 매우 요긴한 일이므로 부기문의 가치와 독법讀法을 설명해 보겠다.

종합해 보면 현판이란 제목, 본문, 그리고 부기문으로 이루어진다고 할 수 있다. 본문이란 말 그대로 문장의 주된 이야기를 담고 있는 부분이니, 당연히 중요하다. 현판을 짓고 만들게 된 인연과 과정, 관련 인물들의 행적 등이 소상하게 나오므로 현판 중 본문이 가장 중요한 부분이라고 하지 않을 수 없다. 무엇보다도 여기에는 '스토리'가 담겨 있다. 스토리 없는 현판은 자료로서의가치 유무를 떠나서 읽기에 무미건조하기 짝이 없다. 우리가 현판에 많은 가치를 부여하는 것도, 어찌 보면 다른 금석문에 비해 여과 되지 않은 표현과 이야기가 가득 담겨 있기 때문일지도 모른다. 여과되지 않았다고 말한 것은, 일반적으로 비석 같은 금석문은 아주 오랜 옛날부터 그 자체로 역사적 서술이라는 인식이 강했기 때문에 비석에 써넣을 글에도 자연 갖은 정성을 다했었던 데 비해, 현판은 아무래도 그런 과정이 옅었던 것으로 생각되기 때문이다. 다시 말해서 비석은 공적公的 서술이라는 공통된 인식이 컸지만 현판은 사적私的 서술이라는 느낌이 짙다. 그렇다고는 해도 역사에 쓰이는 사료史料라는 측면에서 본다면 부기문 역시 중요하기는 매한가지다. 우선 어떤 사찰의 어떤 불사에 참여했던 사람들의 이름이 적혀 있으니 주체를 알 수 있어 중요하고, 시문이 적혀 있다면 국문학적으로 의미가 있으며, 맨 마지막에 나오는 지은이나 지은 연대는 그 현판의 시대성을 담보하는 가치가 있어서 당연히 중요하다. 특히 불사에 참여했던 사람들의 명단인 시주질의 경우, 사찰뿐만 아니라 관과 민이 한데 어우러져 있는 등 그야말로 각계각층 사람들의 지위와 명단이 나와 있어 불교사 전체로 볼 때도 아주 긴요한 정보임은 말할 필요도 없다. 허지만 지금까지 일반사학계는 물론이고 불교사학계에서조차 이 현판의 시주질을 관심 있게 살펴보고 이것을 역사의 한 부분으로 편입시켜 보려는 시도가 너무 미약했던 게 사실이다. 그렇게 된 까닭에는 현판 자체를 자료로 활용하려는 노력, 다시 말해서 현판이 있는 곳을 직접 찾아가 확인하고 공부하려는 노력이 부족하지 않았나 싶다.

이제부터 부기문에 대해 좀더 자세히 설명을 드리려고 한다. 부기문의 구성과 거기에 나오는 용어를 이해하고 나서 보면 현판의 내용이 좀더 풍족해지고 깊어지는 것을 느낄 수 있을 것이다.

우선 부기문의 구성을 보면, 가장 먼저 해당 사찰의 소임자 이름이 나오고, 다음으로 시주자 명단이 나오는 게 통식이다. 이 부분을 시주질 施主秩이라고 부를 수 있다. 시주질 중에서도 승려 명단을 본사질本寺秩이라고 하는데 그 사찰의 지위에 따라 다시 몇 가지로 세분된다. 한마디로 각종 직함이 열거되어 있는데, 이러한 직함의 명칭과 역할을 알아 두면 현판을 읽는 재미가 한층 커진다. 우선 조실祖室이라고 해서 사찰의 최고 어른을 먼저 적는 경우가 많다. 조실이라는 말은 지금도 쓰고 있는데 사찰의 정신적 지주랄까 상징적 존재라는 의미가 있다.

그 다음은 삼강三綱이 나오기 마련이다. 삼강은 그 사찰에서 가장 중요한 일을 하는 세 명의 승려를 가리킨다. 헌데 굳이 세 명이 아니고 한 명이나 두 명, 혹은 세 명 이상을 적고도 '삼강'이라고 쓴 경우가 드물기는 해도 있는 것으로 볼 때 삼강은 꼭 세 명만 두는 게 아니라 그 사찰에서 가장 핵심적 직함을 맡은 사람을 적은 것으로 보면 될 것 같다. 삼강에 이어서 수승首僧이 나온다. 수승은 오늘날의 주지에 해당될 수도 있고 전혀 별개일 수도 있다. 의미상으로는 주지로 볼 수도 있지만, 주지라는 직함이 별도로 기재되는 경우도 있기 때문이다. 따라서 굳이 행정적 우두머리라는 뜻보다는 실제로 그 사찰을 이끄는 분이라고 보면 될 것 같다. 최고 원로를 삼강이라고 하는 것과는 구분된다. 그 밖에 지전持殿이나 입승立繩 같은 직함이 있다. 지전은 知殿이라고도 쓰며, 노전爐殿과도 같은 말이다. '불전佛前이나 법당을 맡아서 예불하는 것을 지휘하는 사람'이 그 사전적 의미인데 그 밖에 사찰의 행정실무를 담당하는 역할도 한다. 또 입승入繩은 절에서 기강紀綱을 맡은 소임으로, 일명 유나維那라고도 한다.

이제 사진을 통해 부기문의 실례를 직접 보면 좀더 이해가 빨리 올 것 같다. 사진은 경상북도 영천 운부암雲浮庵에 걸린 1900년에 지은 「운부암 보화루 중건기」라는 현판의 부기문이다. 현판 상단에 '본사질'이 시작되면서 조실인 용희 일상龍羲一祥 스님 외에 별당別堂으로 환응 도희喚應度喜 등 5명의 이름이 보인다. 조실은 앞서 말한 것처럼 사찰의 최고 어른이다. 별당은 글자 그대로 보면 '별도의 집(방)을 갖고 있는 분'이란 뜻이니 조실에 버금가는 사찰의 원로들을 가리킨다고 볼 수 있다. 본래 사찰에서는 단체행동이 원칙인데 수행이 높은 스님을 예우하는 차원에서 별도로 기거하게 하는 관습에서 나온 명칭으로 생각된

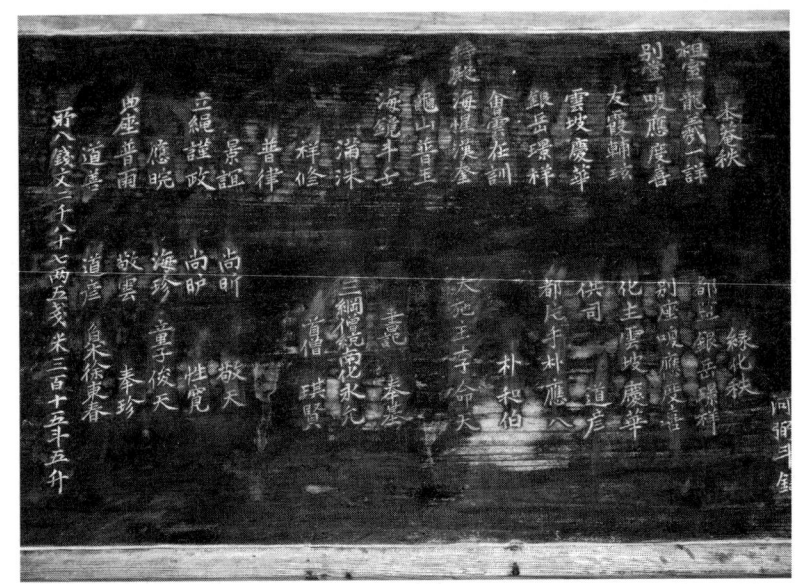

운부암 현판 시주질. 불사에 참여했던 여러 사람들의 이름과 직함을 알리고, 아울러 회계보고서도 겸했음을 알 수 있다.

다. 거기에 이어서 지전 7명, 입승 2명의 이름이 적혀 있다. 현판 하단에는 연화질緣化秩이 적혀 있다. 본사질과 연화질의 차이는 본사질은 해당 사찰, 그러니까 이 현판에서는 운부암에 소속된 스님들을 말하고, 연화질은 운부암 소속은 아니지만 운부암 불사에 참여했던 스님들의 명단이라고 보면 될 것 같다. 아마도 은해사나 주변 사찰에서 운부암 불사를 위해 기꺼이 모였던 스님들일 것이다. 현판 하단의 중간 부분에 삼강이 나오고 그 아래로 세 명의 직함과 이름이 보인다. 서기書記에 봉기奉基, 승통僧統에 남화 영윤南化永允, 수승首僧에 기현琪賢 등의 이름이 적혀 있다. 앞서 말한 대로 운부암에서 가장 핵심적 위치에 있는 세 사람이라고 보면 된다. 승통이란 조선시대 후기에 일반화된 직함인데, 임진왜란 때 승군僧軍이 조직되면서 생긴 군사적 직함이다. 전쟁 후에는

백흥암의 관찰사 사인(수결)이 들어간 현판

군사적 의미와는 멀어지고 사찰 자체적으로 부여했으며 주지 급에 해당한다. 사찰에서 굳이 이런 세속적 호칭이 필요한가 말할 수도 있겠지만, 한편으로는 이렇게 조직화해 놓음으로써 관가 등의 간섭에서 벗어나거나 능동적으로 대처해 나갈 수 있었던 이점도 있었기에 이런 명칭이 유지되었다고도 봐야 한다. 말하자면 사찰 자체적으로 권위를 세움으로써 외부의 부당한 간섭에 대처해 나갈 수 있었다는 것이다. 또 하나 이 현판의 부기문에서 눈여겨봐 둘 만한 것은 맨 왼쪽에 있는 '所入 錢文二千八十七兩五戔 米三百十五斗五升'이라는 숫자다. 이것은 보화루를 중건할 때 들어온 시주금의 총액을 적은 것으로, 돈 2,087량 5전과 쌀 315두 5승이 모금되었다는 것을 대중에게 공포한 일종의 회계보고서이기도 하다. 이렇게 현판은 어떤 불사를 하고 난 뒤 대중을 위한 재정 공지 역할도 했다.

위에서 '승통' 이야기를 하면서 조선시대 공권력에 의한 사찰의 수난에 대해 잠깐 말했었는데, 사실 조선시대에는 사찰이 관이나 고약한 유생들로부터 상당한 수탈을 당했던 것이 사실이다. 이러한 수탈에서 벗어나는 길로서 사찰 자체적으로 권위를 세우거나, 관찰사 같은 최고 지방행정권력으로부터 보호받는 사찰임을 대중에게 알려두어야 했다. 앞 사진의 현판 끝부분에 보이는 기묘한 그림은 바로 그런 표식이다. 이 현판은 백흥암에 있는 것인데, '완문完文 현판'이라고 한다. 완문이란 중앙관서나 지방관청이 개인·사찰·서원書院 또는 하급관청에 조세나 부역 등에 관한 결정사항을 통보한 문서를 말한다. 백흥암의 이 완문 현판은 1798년 지방관청이 백흥암에게 조세를 징수하지 않겠다는 방침을 알린 내용인데, 사진에서 보는 것처럼 관찰사가 사인을 해서 이 같은 사실을 확인해 주고 있다. 위가 약간 볼록하게 올라간 가로로 기다란 곡선 아래에 점 세 개를 찍은 그림이 수결手決, 곧 관찰사의 사인이다. 이처럼 현판의 부기문에는 비록 짧고 단순한 내용이 주로 실려 있지만 경우에 따라서는 비석 같은 다른 금석문에서는 보기 힘든 다양한 내용이 담겨 있기도 해서 사료로서의 가치를 높이고 있는 것이다.

그 밖에 화주化主, 도감都監, 편수片首, 대목大木 등의 다양한 직책을 통해서 당시 승단의 구성을 짐작해볼 수 있다. 화주는 불사에 드는 비용 조달을 책임진 사람으로 요즘도 쓰는 말이다. 말하자면 재정담당인 셈이다. 돈이 마련되지 않고서는 어떤 일도 할 수 없는 거야 당연하니 이들의 역할은 불사의 기본이라고 할 수 있을 것이다. 하지만 조선시대야 숭유억불의 불교 침체기였으니만큼 사찰이나 승려 입장에서 불상이나 불화, 혹은 전각을 짓겠다고 자금을 모으러 다니는 일은 여간 힘들지 않았을 게다. 축대를 고친다거나 절 앞을 가로지르는 개울에 돌다리 놓는 정도의 불사라면 마을에서 시주를 얻을 수 있으니 그래도 낫겠지만, 삼존불상이나 금당을 짓는 따위의 대규모 불사에는 당연히 비용도 엄청나게 들기 마련이다. 이럴 때는 마을 단위로 화주를 다녀서는 당장의 집 짓는 일은 고사하고 자금 마련하는 데만 하세월이기 십상이다. 대처로 나아가야 한다. 적어도 지금의 도道 단위, 아니면 서울까지 올라가서 자금을 마련해 와야 한다. 경제력 있는 대감집 마나님의 시주가 필요하고, 궁중 내의 상궁들에게도 공명첩을 쥐어주어야 한다. 따라서 화주는 안면도 넓어야 하고 천리 길을 마다 않고 다닐 정도로 각별한 신심과 체력이 요구되었을 것이다. 요즘처럼 전화나 이메일, 자동차나 기차로 해결될 수 있는 일이 아니었으니, 조선 시대 화주들의 노력과 정성은 그야말로 상상 이상이었다.

  도감이니 편수니 대목이니 하는 말들은 모두 불사를 직접 담당한 장인匠人을 가리키는 용어인데 일반인에게는 낯설 것 같다. 도감은 글자로만 본다면 지금의 현장감독에 해당하지만, 그보다는 불사가 이루어지는 사찰의 주지나 그에 준하는 역할을 하는 스님이 맡는 경우가 대부분이었다. 그러니까 행정적으로 불사의 모든 권한과 책임을 갖는 직함이었다. 그에 비해서 직접 일을 감독하고 관리하는 사람이 편수였다. 편수는 대체로 분야별로 여러 명이 맡으므로 이들을 대표하는 사람을 따로 '도편수'라고 불렀다. 실질적 현장책임자라고 할 수 있다. 요즘은 편수니 도편수니 하는 말은 잘 안 쓴다. 내 친구들 중에 불교미술에 종사하는 사람이 여럿 있는데, 작업현장에서 가끔 우스갯소리 삼아 이들끼리 서로를 편수, 도편수라고 부르는 것을 종종 본다.

물론 재미삼아 하는 말로, 실제로 이런 직함을 명함에 적어넣지는
않는다. 대목은 건축물 조성의 총책임자고, 그에 비해서 전각 안에
별도로 설치되는 닫집·불단·문 등을 만드는 장인은 따로 소목小木이
라고 부른다. 그 밖에 정통淨桶(현장에서의 식사 담당), 다각茶角(차와
간식 등 부식 담당), 서기書記(불사의 시말 등 기록 담당) 등등 매우
다양한 직함이 현판에 보인다.

또 직책은 아니지만 승통僧統이니 가선대부嘉善大夫니 하는 명칭도
있다. 큰 사찰에서 주요 승려들에게 내렸던 일종의 명예직이라고 할
수 있다. 승통은 주지나 수승首僧과는 다른 개념인데 주로 본사本寺급의
커다란 사찰의 원로에게 부여하는 직함이었다. 조선시대 중기에 일어
난 임진왜란으로 승병들이 조직되고 이들을 지휘할 승통이 임명되었는
데 당시는 나라에서 내린 직함이었다. 전쟁이 끝난 뒤에도 한동안
승군 조직은 남아 있었고, 나중에 조직이 해체된 다음에도 직함만은
관례적으로 불려졌다. 물론 이때는 나라에서 부여한 것이 아니라 사찰
내에서 자체적으로 주요 스님에게 부여한 것이다. 가선대부는 본래
종2품 문무관에게 내리는 품계인데, 앞서 말한 것처럼 임진왜란으로
승군이 조직되면서 나라에서 내려준 품계였다. 이런 관습이 종전 후에
도 이어져 주요 스님들에게 부여되었고, 그래서 현판뿐만 아니라 비석
에서도 종종 가선대부니 절충장군折衝將軍이니 하는 말이 적혀 있는
것이다.

아무튼 이런 명칭을 통해서 당시 사찰이라는 공간을 중심으로 이루어
졌던 승가僧伽의 조직이나 위계질서 같은 것을 알 수 있으니 좋은
자료임에 분명하다. 따라서 이런 부기문이 사찰의 직접적인 역사 그
자체는 아니라 할지라도 우리들이 아직 잘 모르는 당시 승단의 유기적

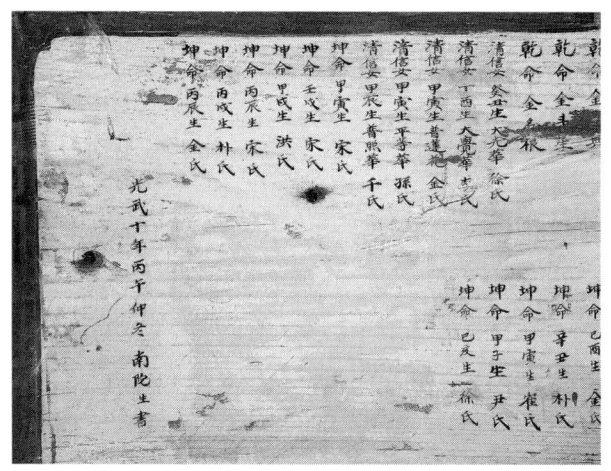

시주질에 보이는 시주자들의 이름 (강화 전등사)

연결고리 등을 알려주는 실마리는 충분히 된다. 그러니 결론적으로 현판에서 빼놓아도 될 만한 부분은 하나도 없다는 이야기가 된다. 예컨대 사진에서 보는 것과 같이 시주자들의 이름만 나열된 현판이라도 나름대로 충분한 자료가 되는 것이다.

현판을 얘기하다 보니 근래 있었던 일이 생각난다. 같은 분야를 연구하는 친구와 함께 어느 절에 갔을 때의 일이다. 그곳 누각에 현판이 가득 걸려 있어 눈이 번쩍 띄었다. 그럴 때의 내 기분이 지붕 위에 탐스럽게 열린 호박덩어리를 보는 듯하다면 어떻게 들릴는지. 어쨌든 한참을 걸어 올라오느라 기진맥진했던 몸이 언제 그랬나싶게 갑자기 활기를 띠며 한참 동안 읽고, 사진 찍고 하면서 시간 가는 줄 몰랐다. 그러다가 문득 얼마 전에 보았던 책 생각이 났다. 문화재청에서 출판한 『궁궐의 현판과 주련』이라는 책이었다. 궁궐에 걸린 현판과 주련을 한데 모아 낸 것인데 한꺼번에 세 권이나 나왔다. 비록 현판은 내용 번역이 거의 없고 해설도 빈약한 편이었지만, 장정과 편집은 훌륭했고 사진도 컬러로 아낌없이 실은 게 마음에 들었다. 무엇보다, 드디어 유교건축에서도 현판을 주목하기 시작했구나 하는 생각이 들어 기분이 좋았다. 현판은 내가 처음 주목해서 그에 관한 책을 이미 2권 냈는데, 정부기관에서도 이렇게 나서서 유교현판 책까지 내니 얼마나 좋은 일인가. 분명히 나의 불교현판 연구에 자극받아 이렇게 책으로까지 내게 된 것이려니 하며 흐뭇하기까지 했다. 그래서 옆에 있던 친구에게 그 얘기를 해 줬다. 내가 처음 시작한 현판 연구가 유교 분야에도 영향을 주었노라 하는 약간의 자랑이 전혀 섞이지 않았다고는 할 수 없지만, 그래도 좋은 책이 하나 나온 데 대한 소개 수준이었다. 그런데 그 친구의 반응은 전혀 뜻밖이었다.

"이봐, 자네. 그게 뭐 그렇게 기분 좋은 일인가? 자네야 말하자면 현판 전문가라 할 수 있는데, 그 사람들(문화재청 사람들)이 현판 책을 낼 양이면 자네한테 최소한 자문이라도 받았어야 하지 않았어? 그런데 자네가 현판 전문가인 걸 그 사람들이 알기나 해? 불교현판 아무리 써봐야 그 사람들한테 알려지지도 않았다면 그거 문제 아니야? 불교계는 뭐하고 있나? 유교현판은 기관에서 나서서 멋지게 책으로 내는데, 그보다 훨씬 많고 역사적으로 의미도 깊은 불교현판에 대해 왜 불교계에선 아무런 움직임도 없는 거야? 결국 자기들 유산을 대수롭지 않게 생각한다는 건데, 좋아할 게 아니라 반성할 일 아닌가?"

나는 잠시 할 말을 잊었다. 칭찬 받자고 한 말은 아니었지만 오히려 비난에 가까운 말을 들으니 일단 어안이 벙벙했다. 그 같은 당혹함이 가시고 나서도 입이 떨어지지 않았던 건, 아닌 게 아니라 그 친구 말 중에 틀린 게 없었기 때문이다. 누가 먼저 했다는 게 중요한 건 아니다. 하지만 불교사의 보물창고나 다름없는 현판을 활용하고 일반

초서로 쓴 시문 현판(남원 선국사)

에 널리 알리려는 움직임이 정작 당사자 격인 불교계에서는 아직까지 거의 없다는 게 문제다. 그 사이 유교현판은 국가기관이 나서서 적극 알리고 있다. 이것이 불교문화계의 현주소가 아닌가 싶어 씁쓸한 마음이 가시지 않았다. 이 책의 첫 번째 권이 나온 지도 10년이 넘었다. 하지만 아직도 현판 연구가 대중적으로 활발하고 다양하게 펼쳐지고 있는 것 같지는 않다. 그에 대한 자책이랄까, 아쉬움이랄까 좌우간 그런 서글픈 마음이 들어 떠올린 말이지만, 앞으로 독자 많은 사람들이 계속 관심을 갖고 현판을 대해준다면 훨씬 나아질 것으로 믿어 의심치 않는다.

지금까지 현판의 부기문에 대해서 성글게나마 소개를 해 봤다. 스토리는 담겨 있지 않지만 가장 정확하고 성실한 태로 함께 참여했던 인물들을 섞었다는 점에서 충분히 사료로서의 가치가 있다고 생각한다. 차후 이에 대한 연구가 깊어진다면 분명 소중한 성과가 나올 거라고 믿는다. 한편으론, 부기문처럼 아직까지 연구가 많이 되지 않았지만 역시 중요한 부문으로서 시문詩文 현판이란 게 있다. 이는 그 사찰의 역사나 주변 경관 등을 주요 소재로 하여 스님이나 문인들이 지은 시를 적어넣은 것인데, 아직까지 국문학적인 주목이 거의 없었음은 역시 아쉬운 일이 아닐 수 없다. 내 경험으론 시문 현판에 적힌 시 중에는 문학적으로 뛰어난 성취를 이룬 작품도 적지 않았다. 그 중 상당수가 읽기 힘든 한문으로 적혀 있는 까닭에 더더욱 접근하기 어려워서 그랬는지는 모르겠지만, 바로 그렇기 때문에 서예사적인 가치도 적지 않다. 사진으로 예를 든 선국사 현판의 시문은 얼마나 아름다운가. 이런 현판을 한데 모아 책으로 엮는다면 국문학과 서예, 그리고 불교사가 하나로 연결된 종합문화가 집대성될 텐데 하는 생각이 든다. 그야말로 현판의 세계는 무궁무진하다. 이런 귀중한 자료가 잊히거나 소홀하게 다루어지지 않도록 사찰과 불교 관련 기관 그리고 그곳을 찾는 사람들이 현판에 더욱 많은 관심을 가져주길 바란다.

찾아보기

【ㄱ】

가란타迦蘭陀 장자長者 161
가선대부嘉善大夫 264
가야산 96
가운루駕雲樓 47
가학루駕鶴樓 47
각수 조백刻手照白 63
각진 국사 복구覺眞國師復丘 110, 113
각훈恪訓 200
강덕윤姜德潤 178
강산糠山 137
강산사糠山寺 138
강선루降仙樓 14, 23, 28, 47
개금改金 172
개채改綵 172
거기巨磯 33, 34
거류산巨流山 39
거지巨之 246
건봉사乾鳳寺 248
경림사敬林寺 163
경묵敬嘿 155
경붕 익운景鵬益運 16, 18, 20, 21, 24
경신警愼 119, 121, 125
경운 원기警雲元奇 18, 20, 24
경잠景岑 154
경허鏡虛 180
계청戒淸 231

고경古鏡 96
관명루觀溟樓 47
관향루觀香樓 47
광명루光明樓 47
광한루廣漢樓 72
교룡산蛟龍山 73, 74, 76, 77, 79, 198
교룡산성蛟龍山城 73, 76, 77, 79, 198, 199, 203, 204
구룡산九龍山 58
궁현당窮玄堂 101, 102, 103, 105
권상로權相老 129
극락암極樂庵 59, 61
금강계단金剛戒壇 191, 192, 193
금강동 74
금산사 187
금지국金地國 129
금파 응신金波應信 195
기현琪賢 260
김개남金開男 73
김규진金圭鎭 223
김대엽金大燁 113
김두환金斗煥 238
김복연金福淵 138, 139, 141
김봉태金奉澤 205
김봉필金鳳弼 200
김삼의당金三宜堂 77
김영택金永澤 181
김옥균金玉均 239

김현암金玄巖 80

【ㄴ】

나옹懶翁 244
남덕루覽德樓 47
남유南瑜 장군 86
남화 영윤南化永允 260
내장산內藏山 52
냉산冷山 163
노전爐殿 259
능파교凌波橋 221

【ㄷ】

다각茶角 264
담무갈보살曇無竭菩薩 231
담엄사曇嚴寺 163
담화曇華 96
대루원待漏院 51
대목大木 262
대목통정大目通政 63
대산 청봉臺山晴峯 153
대선루待仙樓 47
「대원사기大原寺記」 123, 124, 125
대조루對潮樓 47
대흥사大興寺 195
덕밀암德密庵 199
덕윤암德潤庵 166
도감都監 262
도갑사道岬寺 137
도료장都料匠 156, 158
도리사桃李寺 163, 164, 171
도산都山 231
도산사都山寺 230
도선道善 60
도성암道成庵 59
동림사 88
동미산인東湄散人 214

동선 정의東船淨義 236
동호東護 103
두륜산 195
두운杜雲 168, 169
등곡燈谷 96

【ㅁ】

만경루萬經樓 48
만세루萬歲樓 47, 49
망양루望洋樓 47
명성황후明成皇后 25, 130
모례毛禮 166
모연募緣 123
목마산성 57
묘길상妙吉祥 244
무루전無漏殿 48
무차루無遮樓 55
묵암 최눌默庵最訥 119
문수전文殊殿 123, 125
미지산彌智山 185
민영채閔泳采 130, 134
민영환閔泳煥 239

【ㅂ】

박삼화朴三華 89
박용준朴龍駿 212, 213
반학루伴鶴樓 47
배자拜子 158
백련사 白蓮寺 91
백상렬白尙烈 178
백암사白巖寺 145
백화암 230, 236, 244
백흥암 262
범궁梵宮 80
범영루泛影樓 48
범운梵雲 170
범일梵日 168

270

범종루梵鍾樓 48
법량사法良寺 166
법성포法聖浦 109
법왕루法王樓 48
법주사 154
법천사法泉寺 129, 131
별당別堂 259
보덕굴 248
「보덕굴연혁」 249, 250
보덕寶德 244
보암寶菴 237, 240
보욱 250, 251
보응普應 18
보장암普莊庵 166
보제루普濟樓 48
보조 국사 88
보주 국사 131
보화루寶華樓 47, 261
봉갑사鳳岬寺 123, 124
봉기奉基 260
봉덕루鳳凰樓 47
봉래루蓬萊樓 48
봉래산蓬萊山 97, 211
부림 보욱扶林保郁 242, 248
분황사芬皇寺 163
불갑사佛甲寺 50, 109, 137
불교진흥회 101
불상佛相 158

【ㅅ】

사경승寫經僧 24
사령운謝靈運 91
사명대사泗溟大師 유정惟政 185
사송 죄백四松最栢 59, 63
사자루獅子樓 48
삼강三綱 259
삼보사찰 23

삼불암 230, 236, 244
삼성암三聖庵 59, 66, 68
삼익三益 158
삼정헌三鼎軒 55
삼지三池 57
상궁 천씨 102, 106
상문桑門 89
상월霜月 18
상월 새봉 20
서기書記 260, 264
서당굴誓幢窟 70
서동균 223
서산 대사 244
서석산瑞石山 163
서훈瑞訓 52
「석가여래 사리기」 31
석린錫璘 164
석상암石床庵 52, 53
선봉사 23
선암사 120
선허船虛 170
설저雪渚 18
설파 상언雪坡尙彦 53
설휘雪輝 59, 60, 63
성담 법운聖潭法雲 42, 44
성윤性允 59, 60
성재암聖齋庵 123, 125
성종인成種仁 32
성지性智 131
성천객사成川客舍 28
성호性湖 156
세두분洗頭盆 247, 248
송광사 120
송라암松蘿庵 245
송병준宋秉畯 238, 239
송파 58
수룡 호징水龍浩澄 43, 45
수석정水石亭 223

수승首僧 259, 260, 264
수충영각酬忠影閣 230
순응順應 96
숭장崇長 239
승달산僧達山 131
승선교昇仙橋 14, 23
승통僧統 260, 262, 264
신계사 228
신단申壇 54
신동영辛東泳 214
신림사神琳寺 235
신미信眉 96
신화信和 52
심장心匠 156, 158
십현지문 102, 103
쌍계루雙溪樓 48
쌍봉 정원雙峰淨源 185
쌍수거사雙修居士 20

【ㅇ】

아도阿度 116, 123, 163, 164, 166
안양루安養樓 48
양재영梁裁英 80, 81
양주楊朱 28
양칠윤梁七潤 203
여산礪山 91
여훈如訓 18, 19
연담 대사 131
「연천옹유산록」 220
영묘사靈妙寺 163
영오永悟 179, 180
영주瀛珠 171
영추문迎秋門 51
영축산 88
영친왕英親王 181
영통사 23, 235
영파 성규影波聖奎 193

영해 약탄 122, 124, 125
『영해집影海集』 123
옥룡玉龍 131
와월臥月 18
완문完文 262
왕사성 194
요의了義 51
용문사龍門寺 185
용천사 50
용파 원감龍派圓鑑 63
용호 172
용화사龍華寺 42, 44
용희 일상龍羲一祥 259
우화각 221, 222
우화루雨華樓 49
운부암 260
운학루雲鶴樓 47
원감圓鑑 63
원기 24, 25, 28
원오圓悟 123
원종圓宗 25
원효元曉 44, 58, 66, 67, 68, 70
원효굴 70
월담月潭 185
월영月泳 29
월파月波 63
월하月河 63
위청渭淸 119, 121, 122
유나維那 259
유야리국維耶離國 194
『유점사본말사지』 243
육림암六林庵 166
윤백尹白 179
윤성구尹成求 222, 223
율봉栗峰 248, 251
은적사 120
은적암 119, 120
을유년(1885) 대홍수 42

응신應信 196
의상 대사 138
의천義天 153, 154, 157, 235
이건창李建昌 14, 17, 19, 20, 21
이곡李穀 230
이근업李根業 178
이돈식李惇植 204
이봉호李鳳鎬 87, 88, 91
이색李穡 146, 148, 150, 220, 221, 223, 230
이성중李晟重 54
이승소李承召 51
이씨 마마 238
이완용 201, 239
이유원李裕元 93, 95, 99
이준민李俊民 87
이중하李重夏 87
이태창 124, 125
이토 주로伊東四郞 74
이하덕李河德 80, 81, 205
이홍규李弘圭 110, 111, 113
인계印契 155
인소印沼 223
인휘印輝 156
일명산日明山 111
일우一愚 171
일진회 239
임진섭林震燮 75, 76, 77, 79, 81, 82
입승立繩 259

【ㅈ】

자장慈藏 31, 193, 194
장안사 228, 244
장연사 230
장의암 41
적천사 55
전좌典座 35

절충장군折衝將軍 264
정광암淨光庵 166
정극섭 134
정도전鄭道傳 148
정명淨明 129
정양사正陽寺 19, 95, 97
정토사 145
정통淨桶 264
조계산 23, 119
조림趙琳 232
조매계曺梅溪 96
조실祖室 258
조위曺偉 98
종죽암種竹庵 165
종죽암宗竹庵 165, 166
죽림사 161, 164
죽림정사 194
죽헌竹軒 96
중봉산中峯山 161, 163
「중봉산 죽림사 사적」 164
지군知郡 32
지변智辯 119
지안志安 187
지전持殿 259
지전知殿 259
진문震文 179
진불암眞佛庵 66
진찰晉札 164

【ㅊ】

채성采性 119, 121
처영處英 203
처인處仁 53
천봉산天鳳山 116
천왕사天王寺 163
철은哲訔 158
청계淸溪 113

찾아보기 273

청곡사青谷寺 45
청련암青蓮庵 59
청봉 154, 157
청운대青雲臺 66
청풍루清風樓 48
청학 235
초우初愚 170
초의 선사 129
최눌 120, 122, 124, 125, 127
최동식崔東植 101, 104
축서산 33
침계루枕溪樓 49, 220, 221
침명枕溟 한성 18, 20

【ㅌ】

탁오卓悟 123, 124, 125
탁휘卓輝 158
탑묘塔廟 15
태곡산인苔谷散人 164
태연泰演 119, 121, 122
퇴암 순희退庵淳禧 94

【ㅍ】

파섬坡暹 52
팔공산八公山 68
팔공산 비로봉毘盧峰 66
편수片首 262
포허 성감飽虛性鑑 53
표훈 235
표훈사 228, 230
필한㻫閑 123, 124

【ㅎ】

학조學祖 96
함명函溟 태선 18, 20
함준평 134

해감海鑑 비구니 123, 124
해명방解明方 245, 247, 252
해주海珠 171
행관幸寬 156
행민幸旻 179, 180
허행虛行 155
현창玄彰 163
혜각慧覺 96
혜국사 180
혜봉慧峰 96
혜암惠菴 156, 158
혜원惠遠 88, 91
혜정惠淨 51
호암 체정虎巖體淨 54
홍석주洪奭周 220
홍재하洪載夏 67, 69
홍칠섭 69
화계사華溪寺 237
화산華山 18, 237, 239, 240
화상和尙 35
화엄십문 104
화영華永 16
화왕산火旺山 57
화왕산성火旺山城 57
화주化主 262
환공桓公 91
환명幻溟 170
환선정喚仙亭 24, 27, 28
환성 지안喚惺志安 18 19, 185
환암 43
환응 도희喚應度喜 259
황룡사黃龍寺 163
회광晦光 101, 106
회명 일승晦明日昇 249
회정懷正 244, 245, 246, 247, 248, 252
효봉 129
흥룡사興龍寺 163, 164
희섬希暹 54

지은이 **신 대 현**

동국대학교 사학과, 대학원 미술사학과 졸업.
사찰문화연구원에서 『전통사찰총서』 총 21권을 기획·편찬하고 집필에 공동 참여하며 전국 1천여 전통사찰을 답사했다.
저서로 『한국의 사찰 현판』 1~3권, 『한국의 사리장엄』, 『산중일기』(역서), 『한국의 옥기공예』, 『진영과 찬문』, 『우리 절을 찾아서』(이상 혜안출판사), 『적멸의 궁전 사리장엄』(한길아트), 『닫집』(공저), 『전등사』, 『화엄사』, 『송광사』, 『불영사』, 『성주사』, 『대흥사』(이상 대한불교진흥원), 『낙산사』(솔바람) 등 한국의 불교문화와 문화유산에 관련된 책들을 썼다. 현재 『불교신문』 논설위원. 우리 불교문화의 전통적 의미와 가치 그리고 사찰의 역사가 대중에게 갖는 의미를 알리는 활동을 하고 있다.

한국의 사찰 현판 3

신 대 현 지음

2011년 6월 30일 초판 1쇄 발행

펴낸이·오일주
펴낸곳·도서출판 혜안

등록번호·제22-471호
등록일자·1993년 7월 30일

㉠ 121-836 서울시 마포구 서교동 326-26번지 102호
전화·3141-3711~2 / 팩시밀리·3141-3710
E-Mail hyeanpub@hanmail.net

ISBN 978-89-8494-423-7 03910

값 13,000 원